始 于 一 页 ， 抵 达 世 界

大宋之法

吴钩 著

GUANGXI NORMAL UNIVERSITY PRESS

广西师范大学出版社

·桂林·

图书在版编目(CIP)数据

大宋之法 / 吴钩著. -- 桂林：广西师范大学出版社, 2022.10

ISBN 978-7-5598-5232-8

Ⅰ.①大… Ⅱ.①吴… Ⅲ.①法制史－中国－宋代 Ⅳ.①D929.44

中国版本图书馆CIP数据核字(2022)第140060号

DASONG ZHI FA
大宋之法

作　　者：吴　钩
责任编辑：谭宇墨凡
装帧设计：陈威伸
内文制作：燕　红

广西师范大学出版社出版发行

广西桂林市五里店路9号　邮政编码：541004
网址：www.bbtpress.com

出　版　人：黄轩庄

全国新华书店经销

发行热线：010-64284815

北京华联印刷有限公司

开本：860mm×1092mm　1/32

印张：10.75　　图片：10幅

字数：230千字

2022年10月第1版　2022年10月第1次印刷

定价：78.00元

"包青天"与"潘金莲"

这个小集子本来打算以《包青天与潘金莲》为书名。

包青天与潘金莲都是元明时期下层文人塑造出来的文学人物。虽然包青天史有其人,即北宋的包拯(999—1062),但小说、戏曲中的包青天,除了借用了包拯的姓名、身份之外,故事基本都是编造出来的;至于潘金莲,更是虚构的人物。按小说、戏曲的人物设定,包青天主要生活在宋仁宗朝(1022—1063),潘金莲则在宋徽宗朝(1100—1126),两者相隔数十年,因此,再脑洞大开的文人都不会让包青天与潘金莲相遇,发生点什么事。

考虑到《包青天与潘金莲》似乎会给人怪诞不经的感觉,不若以《大宋之法》为名更准确。不过,我们也不妨将"潘金莲""包青天"当成两个符号使用,"潘金莲"象征罪行——按宋朝法律,通奸与谋杀亲夫都是罪行;"包青天"象征宋代的法律体系与司法制度。这也是本书要讲的主题。

需要说明的是，元明清时期出现的大量包公戏、包公案小说，虽然讲的是包公审案、断案的故事，涉及对宋代司法的呈现，然而，由于入元之后，宋朝司法制度出现中断，而编写小说、戏曲的下层文人又不可能受过史学训练，他们在编撰戏文的时候，只能按照自己的想象，顶多是根据自己接触到的元明清司法制度，来再现包公审案、断案的情景。所以，包公戏、包公案小说讲到的司法情景，都不是宋代司法制度的再现。让我举一个例子。

京剧《赤桑镇》讲了这么一个故事：包公的侄子包勉，为萧山县令，因贪赃枉法被人检举，奉旨出巡的包拯亲审此案，查明真相后，下令铡死亲侄子。编写剧本的文人大概是想用这个故事来表现包青天的执法如山、大义灭亲。而今天的法学家一看，这很不对劲啊，包公亲审侄儿，这不正是传统司法缺乏回避制、"忽略了法律程序和司法裁判过程的正当性——程序正义"的体现吗？但文人与法学家都弄错了。因为宋代司法有着非常严格的回避制，法律绝不允许法官与原告、被告之间存在亲嫌关系，假如包公接到包勉案，他要做的第一件事是申请回避，而不是亲审侄儿、大义灭亲。

如果我们想通过包公戏、包公案小说来了解宋代司法制度，我们肯定会被带偏。可惜许多人都是通过包公戏了解传统司法制度与司法文化的；甚至一些学者也以包公戏为样本，煞有介事地分析传统的"人治司法模式"。这种对传统司法的负面想象，很大程度上是因为对宋代司法制度缺乏足够了解。

其实研究法制史的学者非常清楚宋代司法制度的历史地位。

法学家徐道邻先生说，"中国传统法律，到了宋朝，才发展到最高峰"；"就制度来讲，这一段时期，确实是举世无双"。宋史学者王云海先生说，宋代司法制度"达到我国封建社会司法制度的顶峰"，其"周密的判决制度在中国古代实在是首屈一指的"。法律史学者张晋藩也说，"在中华法制文明史上，两宋是继唐之后成就最辉煌的时代"。但是大众恐怕很难有兴趣去阅读关于宋代制度研究的学术论著。

向读者介绍宋代中国在法制方面所取得的文明成就，一直是我的心愿。几年前，《南方周末》编辑约我写专栏，借此机会，我写了一系列与宋代司法有关的漫谈、随笔。诸位现在看到的这本书，便是这些文章的结集。不过结集付梓时，我增补了约二分之一的内容，并且作了分辑。分辑只是为了方便阅读，并不十分严谨。文章也不是严肃的学术论文，而是个人化的漫谈，但我保证，文章讲述的宋代司法制度及其实践，都是真实的，史有明载的。

在一篇考据德国"国王与磨坊"故事的文章中，我写道："自近代以来，津津乐道'德国皇帝与磨坊主'故事的启蒙主义知识分子似乎更热衷于给我们构建优良的异邦传统，哪怕是以讹传讹。他们的确成功地借着'国王与磨坊'的故事传播了'国家应该尊重居民财产权'的价值观，但构建异邦传统的叙事性质却让这样的价值观游离于中国人的历史与传统之外，宛如异己之物。为什么不转过身来，讲述那些生长在我们的历史之内的故事呢？为什么不将那些美好的价值观构建在我们自己的文明传统之内呢？"

讲好我们自己的"国王与磨坊"故事，就是我写作的初衷。我当然不是为了证明我们的"祖上曾经阔过"（鲁迅语），而是希望读者诸君能够抛开清末近代以来新式知识分子制造的成见，重新审视传统文明，因为我相信，我们都活在传统中，被传统塑造，同时也在塑造传统——如果我们都认为传统尽如新式知识分子断言的一片黑暗，那么恶便如同命中注定；如果我们能相信传统中有我讲述的美好，善便绽放在我们的历史深处，成为历史演进的内在动力。

目 录

自序 "包青天"与"潘金莲" / i

第一辑 法理篇

"人命至重,是以圣贤重之" / 003

刑罚归刑罚,人道归人道 / 007

为何国王不能兼任大法官? / 011

"快意事更做不得一件" / 015

天子也得尊重法律 / 020

一位公正的法官为何受到"围攻"? / 025

法官需要服从的,只有头顶的三尺法与内心的良知 / 029

宋朝台谏官的司法审查权 / 033

"乌台诗案"的另一面 / 037

宋人断案是"卡迪司法"? / 043

宋朝奴婢与唐朝奴婢有何不同？ / 049

路见不平一声吼，该出手时就出手 / 053

私闯民宅，后果自负 / 057

宋代为何会盛行"民告官"之风？ / 062

"官告民"的法治意义 / 066

为何君主不能当被告？ / 070

第二辑　制度篇

开封府中没有公孙策 / 077

每一个宋朝人都可以提出立法建议 / 082

今日之法，不可绳昨日之事 / 086

失落的宋朝司法考试 / 091

法官的社交为何要受限制？ / 097

到开封府找包公告状，用不用下跪？ / 101

包公能审判自己的侄子吗？ / 105

宋朝"警察"是怎么抓捕犯人的？ / 110

谁说古人不重司法程序？ / 114

为何"事实审"与"法律审"要分离？ / 118

罪人若喊冤，案子须重审 / 122

被遗忘的宋朝缓刑制度 / 126

集体判决可以怎么问责？ / 130

"与其杀不辜，宁失不经" / 134

从小白菜案说到司法赔偿 / 139

为何文明社会都保留了特赦制度？ / 143

当"尚方宝剑"遇到"丹书铁券" / 147

宋朝为何没有丹书铁券制度？ / 151

第三辑　刑事篇

"儿子"与"国民" / 157

国与家之间有一道矮矮的围墙 / 161

"奸从夫捕"有何深意？ / 165

私人复仇的罪与罚 / 169

一个判例：刺死辱母者 / 173

杨志杀了牛二，依法当如何判？ / 178

从西门庆与潘金莲说起：为何会有通奸罪？ / 182

假如杀武大郎的人是西门庆，潘金莲会被判死刑吗？ / 186

奸幼女者，罪无可恕 / 190

为何要将贩卖人口定为罪行？ / 194

闹市"飙车"，该当何罪？ / 198

为何要设立"见危不救罪"？ / 203

宋朝衙内如果犯了法 / 207

"零口供"也可以定罪 / 211

杖刑究竟是怎么个杖法？ / 215

宋仁宗为何要动用凌迟之刑？ / 219

第四辑　民事篇

中国自古无民法？ / 227

"国"对"家"的监护 / 232

"父债"未必要"子还" / 236

讲述我们自己的"国王与磨坊"故事 / 240

条例，还是斧头？ / 248

宋朝拆迁，每户能补偿多少钱？ / 254

家里有矿，是祸是福？ / 260

挖到金块归谁所有？ / 265

"涨海声中万国商"背后的财产权保护 / 270

宋朝女性有没有财产继承权？ / 274

从李清照闹离婚说起 / 279

李清照可以向她的丈夫提出离婚吗？ / 284

武大郎死后，潘金莲能不能自由改嫁？ / 290

给"断由"：特别的民事判决制度 / 296

宋朝圣旨的著作权归谁？ / 301

怎样的司法判决才让人心悦诚服？ / 305

附 录

"武大郎与潘金莲"的所谓真相 / 311

你听到的对包拯的称呼，几乎都是错的 / 316

第一辑

法理篇

"人命至重，是以圣贤重之"

　　北宋嘉祐二年（1057），二十一岁的苏轼应礼部进士试，当时的策论题目为"刑赏忠厚之至论"，是一道考查士子对于传统司法慎刑理念之理解的论述题。苏轼引经据典，洋洋洒洒一挥七百字，持论中正，文风清新，让主考官欧阳修忍不住击节叫好："读轼书，不觉汗出，快哉快哉！老夫当避路，放他出一头地也。"（《与梅圣俞书》）苏轼的文章提到一个典故："当尧之时，皋陶为士。将杀人，皋陶曰'杀之'三，尧曰'宥之'三。"说的是，尧为天子时，皋陶是大法官。法庭判处了一名罪犯死刑，皋陶三次说此人"当杀"，但尧帝却三次宽赦了他，因为尧帝对死刑抱有最审慎的态度。

　　欧阳修怎么也想不出这个典故出自何处，最后不耻下问，向苏轼请教。苏轼说，这是他自己杜撰出来的。这个轶事，成了科举史上的一段佳话。不过，典故虽为苏轼杜撰，但其立论，则完全契合宋代士大夫所追求的"明德慎罚"思想；而且，这个"'宥之'三"的典故其实也有所本，并不是全然凭空想象，因为据《周礼》的记载，西周司法制度中便有"三宥"的原则（宥，意为宽恕）。

原来我们的先贤认为，"人命至重，难生易杀，气绝不续者也，是以圣贤重之"。（《资治通鉴》卷七十三）生命没有第二次，死刑为不可逆的大辟之刑，一旦错杀，便无法挽回，无可弥补。所以，中国早在先秦之时，便已经确立了"与其杀不辜，宁失不经"的疑罪从轻、从无的司法原则。为落实这一司法原则，又特别设立"司刺"一职，"掌三刺、三宥、三赦之法，以赞司寇听狱讼"。（《周礼·秋官·司刺》）

所谓"三刺"，是一道体现古典司法民主的程序设计，相当于英美法系中的大陪审团制度："一刺曰讯群臣，再刺曰讯群吏，三刺曰讯万民。"这里的群臣为士大夫等贵族，群吏为政府官员，万民为"民间有德行不仕者"。意即，司法机关在审判一起死刑案时，如果发现案情有疑，罪名难决，或事关重大，那么就需要召集从士大夫、众吏、庶民中遴选出来的三组陪审员，共同听审，群士坐于法庭之左，群吏坐于法庭之右，众庶坐于法庭之前。他们的意见，决定了犯人应不应接受严厉的刑罚。

之所以设立"三刺"的程序，其原理跟普通法系的陪审员制度差不多：以存于人们心里的朴素良知、情感、经验与价值观，来对冲法官基于狭隘专业主义的司法专制，防止法官滥权、冤杀无辜。用唐代经学家贾公彦注疏"三刺"的话来说，"若不以此法，恐有滥入者；由用三法，故断民得中"。（《周礼注疏》卷三十六）滥入，无罪者被定罪、罪轻者被重判之意；得中，裁决公正之意。

所谓"三宥"，是说有三种罪行应当获得从轻发落的机会："一宥曰不识，再宥曰过失，三宥曰遗忘。"这段话需要解释一下，按照汉代郑玄的《周礼注》，"不识"，乃是指将陌生人甲误当成仇人乙杀伤了；"过失"，相当于现在的过失伤害、过失杀人；"遗忘"，则是指在不知情的情况下误杀伤别人。现代法治社会的法律，同样承认对过失杀人罪的定刑应当轻于对故意杀人罪。

所谓"三赦"，则是说有三类人如果犯了死罪，应当获得赦免，不可以施以极刑："一赦曰幼弱，再赦曰老旄，三赦曰蠢愚。"幼弱，为未成年人；老旄，为八十岁以上的老人；蠢愚，为缺乏行为能力的智障人士。这一司法原则，同样符合现代司法理念。

根据这样的司法设计，先秦的法官如果面对一桩充满争议的死刑案件，将会被要求启动"三刺"程序，并甄别是否属于"三宥""三赦"的范围。这个程序，由"司刺"的法官负责。只有当三组分别来自贵族、众吏、庶民的陪审员都认为犯人的罪名成立、可执行死刑，而且排除了"三宥""三赦"的适用性时，才可以施以刑杀："以此三法者求民情，断民中，而施上服、下服之罪，然后刑杀。"如此处决一个死囚，方能彰显司法的正义，方能衡平顾及情、理、法，方能让天下人口服心服。

那么现在来假设一下：在《周礼》描述的时代，假如几个形同盗贼的吏人进入乡里扰民，有平民误将吏人当成了盗贼，奋起反抗，最后将吏人杀了。按照当时的司法制度，误杀吏人的平民会不会被法庭判处死刑呢？我觉得，不会。因为西周的礼法是承认"正当防卫"不为罪的，《周礼》记载："凡盗贼军、乡、邑及家人，杀之无罪。"即使"正当防卫"不成立，案子的裁决一时难以定夺，那按规定，则要启动"三刺""三宥""三赦"的程序，误杀吏人的情形符合"一宥曰不识"的界定，属于可以获得轻判的案件。

周制被秦制取代之后，"三刺""三宥""三赦"的司法制度也不复存在。不过，慎杀恤刑的司法精神则一直为历代所继承。在苏轼所生活的宋代，以"回向三代"为志，慎刑更是其不可动摇的司法原则，在这一原则之下，宋朝司法形成了一套严密的防止错杀的司法程序，包括"录问""翻异别勘""鞫谳分司"等设置。

最后，我想引用苏轼《刑赏忠厚之至论》中的一段话，来作为这篇文章的结尾——"《书》曰：'罪疑惟轻，功疑惟重。与其杀不辜，宁失不经。'呜呼，尽之矣。可以赏，可以无赏，赏之，过乎仁；可以罚，可以无罚，罚之，过乎义。过乎仁，不失为君子；过乎义，则流而入于忍人。故仁可过也，义不可过也。"意思是，《尚书》说："罪行轻重有疑时，宁可从轻发落；功劳大小有疑时，宁可从重行赏。与其错杀无辜之人，宁可不守常法。"此言道尽刑赏忠厚之义了。可赏可不赏，赏是过于仁；可罚可不罚，罚是突破义。过于仁，不失为君子；突破义，则流为残忍。因此，仁可以不封顶，义则不可突破底线。

刑罚归刑罚，人道归人道

几年前，我读清人方苞（1668—1749）的《狱中杂记》，对清代狱政的印象十分糟糕。方苞是清初的大学者，康熙年间，因为受一起文字狱的牵连，被关进刑部大牢，出狱后写了此文。他见识到的监狱，可谓人间地狱："苟入狱，不问罪之有无，必械手足，置老监，俾困苦不可忍，然后导以取保，出居于外，量其家之所有以为剂（贿赂），而官与吏剖分焉"；连死囚都未能免受勒索："凡死刑狱上，行刑者先俟于门外，使其党入索财物。……其极刑，曰：'顺我，即先刺心；否则，四肢解尽，心犹不死。'其绞缢，曰：'顺我，始缢即气绝；否则，三缢加别械，然后得死。'……富者赂数十百金，贫亦罄衣装。"

方苞所记，系亲身见闻，自然非虚。不过，如果我们依据一篇《狱中杂记》，就认为传统中国的狱政暗无天日，则未免有些一叶障目。我认识一位教授，向学生讲授传统法制文化时便是这么总结的：传统中国办案，"一靠熟，二靠钱，我把它总结为'买法卖狱'，如果不信，请看方苞的《狱中杂记》"。

我想说，方苞见到了清代监狱的黑暗一面，但这并不是传统狱政的全部。我更愿意讲述被启蒙主义知识分子忽视的传统狱政的光明面。中国自古就比较强调"恤囚"，用现代人的话来说，就是给予囚犯人道主义关怀。"恤囚"不仅是一种理念，也落实为各种制度，比如设立病囚医院。汉语"医院"一词，最早便是南宋人对苏州一所病囚治疗机构的命名，今天我们从传世的南宋《平江图》上，还可以找到这所病囚医院，上面标有"医院"二字。

南宋平江府（今苏州）病囚医院由地方官林介修建于宝庆元年（1225），又名安养院。时林介为浙西提刑，驻姑苏，主政一路刑狱。他见囚犯常为疾病所困扰，说道："死于刑，吾不忍也，而有死于病者，若之何忍之？"乃决心为囚犯建造一所医院。其后，安养院落成，规模颇大，有屋百楹，田三顷（可以田租维持医院运转），"饮食卧藉薰燎之物靡不具，护视典领临督之人靡不力，贮藏颁给激犒之法靡不臧"。（陈耆卿《安养院记》）

浙西路各州县监狱关押的犯人，如若犯病，均可送平江府安养院收治。南宋学者陈耆卿撰写的《安养院记》介绍了安养院收治病囚的制度："囚略不舒，识之历，历至，囚亦至；既至，医拯疗如法；洎愈，囚与历归。"意思是说，囚犯如感不适，可以申请登记病历，然后，狱方将病历与病囚同时送至安养院，即按程序进行治疗，候痊愈，在病历上记录清楚，复送病人与病历回监狱。

当时，平江府有一些士大夫对林介建造病囚医院之举是不理解的，他们私下议论说："因有罪者也，果死，死有罪者也；医有罪，使不死，岂过欤？"但陈耆卿认为："不然。均是民也，均是耳目肢体也。其罪至死者，法也；欲生之者，吾心也。纵不可生，当死于法，而不当死于病也。或罪不至死，而亦死于病，官实死之也。夫不能生其所可死，而至于死其所可生，是假狱以阱也。"囚犯有罪，自有法律惩治，而不应该被疾病折磨；即使所犯是死罪，也应死于法，而不是死于病。刑罚归刑罚，人道关怀归人道关怀，两者并不相悖，完全可以并存。

八百年后，我读到陈耆卿的这段文字时，仍忍不住动容。我其实并无圣母式的情怀，甚至对学界"废除死刑"的呼声颇不以为然，因为我坚持认为，有些极端的罪恶（比如故意杀人罪），只有死刑才能彰显公平。但我对宋人说的"纵不可生，当死于法，而不当死于病也"，却不敢不赞同，因为这便是"文明"。

宋人给予死囚的人道主义，不仅表现在为其治病上，还体现为临刑之际的终极关怀。让我再讲一个事例吧。北宋有一位叫宋玘的司法官，"掌狱凡十年，所蔽数千，无一违误者"。每当有死刑犯即将处决，宋玘都要拿着判决书告诉他们："尔罪应死，尽召家人，使之相见。"还给死囚安排了比较丰盛的饮食。临刑之际，"囚皆叩颡感泣"。

你也许会说，这只能说明宋玘是一位很有同情心的法官。不过我无意于过多地强调个人的美德，因为宋玘所执行的，并不是他本人的独创，而是一套在法律上确定下来的死囚"临刑关怀"制度。

这套制度包括七个层面：

一、死囚被处决之前，"仍先给酒食"，允许犯人的最后一餐吃好喝好；

二、"听亲戚辞诀"，犯人享有在临刑前会见亲人、进行人生告别的权利；

三、"示以犯状"，即当众宣读犯人的罪状、判决、断由（法律依据），不搞秘密宣判；

四、"不得掩塞其口"，即禁止用东西塞住临刑死囚之口，要允许他说话；

五、若死囚"翻异，或其家属称冤"，必须中止行刑程序，快马"递申提点刑狱司审察"；

六、死囚一般在未申时分行决，"经宿乃许收瘗"，尸首第二天由亲属领回收葬，官府不得阻挠；

七、没有亲属、家人的死囚，由官府给予体面的安葬，"诸囚死，无亲戚者，皆给棺，于官地内权殡。其棺并用官物造给……置砖铭于圹内，立牓于上，书其姓名"。（《明钞本天圣令》）

当然，宋玘的做法更加周全——待犯人伏法之后，又替他们请来僧人"诵经忏罪"。那些被宋玘送上路的死囚都很感念宋玘的恩德，对他说，"若勿化有知，当为宋府君作狗马，偿厚德"。

我们都知道，今日西方一些保留死刑的国家或地区，在执行死刑前夕，通常会允许犯人的家人、朋友前来见最后一面；并为犯人提供最后一餐，尽可能满足犯人对最后一餐提出的要求；如果犯人有宗教信仰，狱方还要请神职人员为其告解。但我们未必知道，现代社会的这种种临刑关怀，早在宋朝时便有先贤在践行了。

为何国王不能兼任大法官？

在中国，相信不少人都应该读过（或听过）西方法学史上的一个经典事例——17世纪初英格兰大法官爱德华·柯克爵士与国王詹姆斯一世论争的故事。

故事发生在1608年（明万历三十六年）11月的一个星期日。[1] 按柯克爵士的自述，那一天詹姆斯国王召见了英格兰的法官，提出一项要求：既然法官只是国王的代理人，国王自然有权直接裁决诉讼案，因此，不管什么案件，我都可以"以王者的身份"作出判决。但詹姆斯一世的要求受到皇家民事法院首席大法官柯克的反对：国王本人不能裁决任何案件。

---

1 以下关于柯克与詹姆斯国王论争的转述，基于于明《法律传统、国家形态与法理学谱系——重读柯克法官与詹姆斯国王的故事》（《法制与社会发展》2007年第2期）对柯克《判例报告》的翻译。

詹姆斯一世说："法律以理性为基础，除了法官之外，我和其他人一样具有理性，为什么就不可以裁决诉讼案？"柯克大法官说："确实，上帝赋予了陛下卓越的技巧和高超的天赋；但陛下对于英格兰本土的法律并没有研究，而涉及陛下之臣民的生命或遗产或货物或财富的案件，不应当由自然的理性，而应当依据技艺理性和法律的判断来决定，而法律是一门需要长时间地学习和历练的技艺，只有在此之后，一个人才能对它有所把握。"

柯克的回答，让詹姆斯一世感觉"受到了极大的冒犯"，他说："如此说来，国王岂不是处于法律之下？你们要知道，这种说法是构成叛国罪的。"柯克引述了13世纪英国法学家布雷克顿的名言来回应国王："国王不应当受制于任何人，但应受制于上帝和法律。"

这个富有寓意的异邦故事，一直以来，被我们理解为司法史上的里程碑事件，用来阐释司法制度的要旨之所在。许多讲述这一故事的人都告诉我们：爱德华·柯克大法官对国王詹姆斯一世的抗议，体现了西方世俗君主对于法官独立性与专业性的尊重，也展示了一种与古代中国皇权专制主义迥然不同的法治传统。

这些讲述"柯克与国王"的朋友却不会告诉你，前引那段发生在英格兰"星期日会议"上的对话，很可能是柯克爵士多年后虚构出来的，至少是修饰过的，因为据另一位"星期日会议"参与人的记载，在柯克提出反对国王兼任法官的意见之后，詹姆斯一世"勃然大怒"，"柯克爵士感觉到落在他头上的全部力量，忙不迭地祈求陛下怜悯他，宽恕他"。实际上，柯克还是强势王权的支持者，曾代表王室提起过多起叛国罪的公诉。

而英国的国王也并不是如同你想象的那样谦卑地屈服于法官柯克。詹姆斯一世认为，"君主拥有的是一种绝对权力，他们是凭借上帝的意志和万物的自然秩序而有此职位的"。而柯克本人的遭遇也显示了王权的伟力：他生前，许多手稿都因为受到王室的禁制而"未能发表"；逝世之后，当时的国王查理一世又下令"查封了柯克所有的手稿"。

倒是在11世纪，中国的宋王朝发生过一次跟"柯克与国王"有点类似的君臣对话。当时的君主为宋仁宗，他跟詹姆斯国王一样也曾想过一把大法官的瘾，内廷有一些近侍犯了罪，仁宗皇帝便绕过司法机构，径自作出判决，"不下吏劾实，不付有司议法"。

有一位叫王贽的谏官（在宋代，谏官拥有类似于司法审查的权力），像爱德华·柯克那样站出来抗议：天子岂可如此亲揽细故？仁宗说：为何？王贽说："情有轻重，理分故失，而一切出于圣断，前后差异，有伤政体，刑法之官安所用哉？"

王贽谏官此言，可以跟柯克大法官回答詹姆斯国王的话相互参注。"情有轻重，理分故失"，是审理任何一起案件都必须分辨清楚的关键，关涉到罪名之小大、刑罚之轻重，其中的微妙之处，只有受过法律训练、通晓法理的专业司法官，才可以做到平衡把握。君主哪怕有天纵之英明，也未必知晓司法的"技艺理性"，因此，"出于圣断"的司法裁决，很容易"前后差异，有伤政体"，损害司法权威，破坏司法制度。而且，皇帝亲自当了法官，那还要配置专业的司法官员干什么？

因此，王贽建议："请自今悉付有司正以法。"从今以后，所有涉及内廷近侍犯罪的刑案，都请移送司法机构依法审判，陛下您就不要插手了。宋仁宗不敢逞强，"诏可"，批准了王贽的提议。

我讲这个故事，当然并不是想说宋仁宗比詹姆斯一世更开明，更尊重司法；也不是想说王贽比柯克更有见识与骨气。我想说的是，不管在中国，还是英国，历史都是由一连串或正面或负面的"故事"（过去之事）组成，如果叙述历史的人们致力于整理、编撰、讲述、阐释更多诸如柯克与国王、王贽与宋仁宗这样的"故事"，那么，"故事"便会内化为一种绵连不断的文明传统，引导历史演进。

"柯克与国王"是不是真有其事并不重要，重要的是英国贵族、士绅、法官、学者对于"柯克与国王"的历史叙述，一遍一遍确认了法官的独立性与专业性原则，为英伦司法制度的良性演进提供了来自历史深处的驱动力。这样的驱动力，也内在于我们的历史与传统中，只不过许多人对此视而不见。

"快意事更做不得一件"

北宋元丰五年（1082），宋朝用兵西北，与西夏在陕西永乐城爆发战争，结果宋人新筑的永乐城被雨水浸塌，城破，宋师大败。战况传至京师，宋神宗震怒，"内批出令斩一漕官"，御笔批示将一名督运粮草不力的路转运使斩了。次日，尚书右仆射兼中书侍郎（宰相）蔡确奏事，神宗问他："昨日批出斩某人，今已行否？"蔡确说："不可斩，方欲奏知。"神宗："此人何疑？"蔡确曰："祖宗以来，未尝杀士人，臣等不欲自陛下始。"神宗沉吟良久，又说："可与刺面配远恶处。"这时，门下侍郎（副宰相）章惇站出来说："如此即不若杀之。"神宗问道："何故？"章惇说："士可杀不可辱。"神宗声色俱厉地说："快意事更做不得一件！"章惇不客气地顶了一句："如此快意事，不做得也好。"

"快意事更做不得一件"——这并不是宋神宗一个人的牢骚，其实是宋朝君主处处受掣肘的常态。今天许多人以为皇帝一定是口含天宪、出口为敕，但这一想象并不符合宋朝史实，因为宋朝君主的权力是受到法律约束的。

首先是祖宗法。宋明两代最重祖宗法。宋朝每有新君登基，都要强调一遍对"祖宗成规"的忠诚：太宗即皇帝位，申明他将"恭禀遗训，仰承法度，不敢逾违"；真宗即位，亦称"先朝庶政，尽有成规，务在遵行，不敢失坠"；仁宗即位，诚惶诚恐说"凡百机务，尽有成规，谨当奉行，不敢失坠"；英宗即位，还是重申"悉有成规，惟谨奉行"；神宗即位，也是谦称"虽寡德之未类，敢旧章之或隳"……

不过，宋明二朝祖宗法的形成机制又有很大差别，明朝的祖宗法是由开国皇帝朱元璋亲手订立、颁行的成文法，要求子孙永世遵守："今令翰林编辑成书，礼部刊印以传永久。凡我子孙，钦承朕命，无作聪明，乱我已成之法，一字不可改易。非但不负朕垂法之意，而天地、祖宗亦将孚佑于无穷矣！"宋代的祖宗法，却不是哪一个皇帝制定的，而是由一系列先帝故事、习惯、惯例、故典所组成。特别需要指出的是，这些故典与惯例的整理，通常都是由士大夫群体来完成，而士大夫在筛选、阐释祖宗法的过程中，毫无疑问融入了儒家的治理理想，因此，宋朝的祖宗法甚至不能说是哪一位赵宋皇帝本人的意思，而是士大夫集体塑造出来、经过漫长时间形成的非成文宪法性惯例。

祖宗法旨在约束君主行为、确立政治运行原则，这一点跟规范士民行为的一般性法律有着本质性的差异。当现任君主做出不符合儒家理想的行为时，士大夫集团往往就会搬出祖宗法，令君主不得不让步。宋真宗曾经想给他宠信的内侍刘承规讨个节度使的名衔，宰相王旦即以"陛下所守者，祖宗典故，典故所无，不可听也"为由，断然拒绝了真宗皇帝的要求。

在非成文的宪法性惯例之外，宋朝当然也有规范皇室行为的成文法，叫"条贯"。开国之初，宋太祖已意识到条贯乃预防后世君主肆意妄为的妙法。来看宋人马永卿《元城语录》记载的一个故事：

> 太祖即位，尝令后苑作造熏笼。数日不至，太祖责怒。左右对以"事下尚书省、尚书省下本部、本部下本曹、本曹下本局，覆奏，又得旨，复依，方下制造，乃进御。以经历诸处，行遣至速须数日。"太祖怒曰："谁做这般条贯来约束我？"左右曰："可问宰相。"上曰："呼赵学究来！"赵相既至。上曰："我在民间时，用数十钱可买一熏笼；今为天子，乃数日不得。何也？"普曰："此是自来条贯，盖不为陛下设，乃为陛下子孙设，使后代子孙若非理制造奢侈之物、破坏钱物，以经诸处行遣，须有台谏理会。此条贯深意也。"太祖大喜，曰："此条贯极妙！若无熏笼是甚小事也。"

按照宋朝的条贯，内廷要增添几只取暖用的"熏笼"，需经过繁复的程序，层层审批，走完这些程序，最快也得几个工作日。其间如果台谏觉得不妥，还可以驳退回去。宋太祖草莽出身，对这样的条贯开始时很不耐烦，但经过宰相赵普的解释，太祖就明白过来了，庙堂不比民间，民间可以用数十钱买一熏笼，皇室的用度取之民脂民膏，当然需有条贯约束，否则后世君主挥霍无度，岂不后患无穷？

从实际的情况来看，这一条贯对于宋朝君主是有约束力的，如宋仁宗"好食糟淮白鱼"，然而按"祖宗旧制，不得取食味于四方"，所以"无从可致"，一直过不了吃一顿糟淮白鱼的嘴瘾。后来，还是宰相吕夷简家中有糟淮白鱼，吕夫人便给皇后送了两筐鱼。

又如宋代的内廷嫔妃，例分五等，各有俸钱，皇帝不能随便给宠爱的嫔妃升工资，曾有几名妃子缠着宋仁宗"请降御笔进官"，皇帝答应了，"取彩笺书某宫某氏特转某官"，至给俸日，这几名妃子"各出御笔乞增禄"，但有司以不合条贯为由，"悉退回"，众妃只好找皇帝投诉，将御笔彩笺撕掉，说："元来使不得。"仁宗"但笑而遣之"。

对宋朝君主的权力构成有力约束的还有"誓约"。誓约是宋太祖所立，宋王朝每一任嗣君即位之初，都必须恭读这份誓约。对誓约一事记述最详者，为署名陆游的《避暑漫抄》：

艺祖（宋太祖）受命之三年，密镌一碑，立于太庙寝殿之夹室，谓之誓碑。用销金黄幔蔽之，门钥封闭甚严。因敕有司，自后时享及新天子即位，谒庙礼毕，奏请恭读誓词。是年秋享，礼官奏请如敕，上诣室前，再拜升阶，独小黄门不识字者一人从，余皆远立庭中。黄门验封启钥，先入焚香、明烛、揭幔，亟走出阶下，不敢仰视。上至碑前，再拜，跪瞻默诵讫，复再拜而出，群臣及近侍皆不知所誓何事。自后列圣相承，皆踵故事，岁时伏谒，恭读如仪，不敢漏泄。虽腹心大臣如赵韩王（赵普）、王魏公（王旦）、韩魏公（韩琦）、富郑公（富弼）、王荆公（王安石）、文潞公（文彦博）、司马温公（司马光）、吕许公（吕夷简）、申公（吕公著），皆天下重望，累朝最所倚任，亦不知也。

靖康之变，犬戎入庙，悉取礼乐祭祀诸法物而去，门皆洞开，人得纵观。碑止高七八尺，阔四尺余，誓词三行。一云："柴氏子孙有罪不得加刑，纵犯谋逆，止于狱中赐尽，不得市曹刑戮，亦不得连坐支属。"一云："不得杀士大夫及上书言事人。"一云："子孙有渝此誓者，天必殛之。"

靖康末年，徽宗、钦宗两帝被金人所掳，有一位叫曹勋的官员随徽宗北狩，未久他有了一个机会逃归南方，临行前，徽宗向他嘱托国事："归可奏上（指宋高宗），艺祖有约，藏于太庙，誓不诛大臣、言官，违者不祥。故七祖相袭，未尝辄易。"

我们应该怎么理解这份誓约呢？你可以说它是太祖的遗诏，但更准确地说，这其实是宋皇室与上天之间的立约，赵宋的君主如果违背誓约，则"天必殛之"。在天受到人间敬畏的时代，这样的"誓约"具有比一般的遗诏更大的约束力。从历史事实来看，两宋三百多年，皇帝也确实不敢违背这份誓约。

在上文我们讲述的第一个故事，宰相蔡确硬撑宋神宗："祖宗以来，未尝杀士人，臣等不欲自陛下始。"神宗不得不让步，便是因为有这份誓约存在。既然君权受到誓约、祖宗法与条贯的约束，难怪宋朝君主要感叹"快意事更做不得一件"了。

天子也得尊重法律

在上一篇文章中，我引用了宋神宗感叹"快意事更做不得一件"的轶事，故事载于宋人高文虎的笔记《蓼花洲闲录》，为叙述方便，我再引述一遍：

神宗时以陕西用兵失利，内批出令斩一漕官。明日，宰相蔡确奏事。

上曰："昨日批出斩某人，今已行否？"

确曰："方欲奏知。"

上曰："此人何疑？"

确曰："祖宗以来，未尝杀士人，臣等不欲自陛下始。"

上沉吟久之，曰："可与刺面配远恶处。"

门下侍郎章惇曰："如此即不若杀之。"

上曰："何故？"

曰："士可杀不可辱。"

上声色俱厉曰："快意事更做不得一件！"

惇曰："如此快意，不做得也好。"

曾有朋友反问我：这个故事中，漕官是生是死，就看皇帝与大臣的博弈结果，而不是"以法律为准绳，以事实为依据"，这不正是人治吗？

这个反问很有力。不过，我们要注意一点：宋人笔记往往带有浓厚的演义成分，前面这个神宗欲斩漕官的故事也是如此。我们需要找出故事的原型，以原型为根据来分析宋朝法制。

这则神宗轶事提到"宰相蔡确"，查蔡确执政的时间，为元丰二年（1079）至元祐元年（1086）；轶事又称"陕西用兵失利"，那么故事的背景要么是元丰四年（1081）的五路伐夏，要么是元丰五年（1082）的永乐城之役。

但检索正史，未见神宗当时有批示斩某转运使的内降指挥，倒是元丰六年（1083）发生的一件事让神宗发出了"朕平生未尝作快意事"的感叹。

当年四月初六，抗夏名将种谔病逝于陕西延州，十几天后的四月廿一日，神宗发现种谔弥留之时给朝廷发了多份奏状，这是非常奇怪的事情："鄜延路经略使种谔四月辛亥卒。病笃之际，必神识昏愦，前死数日，陈奏尤多，未知出于何人裁处。"于是诏陕西转运副使、权鄜延路经略司范纯粹体量以闻。

五月，范纯粹回奏："今体量得种谔未死以前奏请，皆是徐勣裁处。"徐勣是鄜延路经略司的管勾机宜文字官，种谔的幕僚，竟然冒用主帅种谔之名给朝廷发送奏状。

神宗震怒。早朝时，他对辅臣说："朕通夕不寐，思与卿等相见。种谔死鄜延，其属有徐勣者盗用经略司印，调发兵马，奏举官吏，几何而不为乱也！可命所在斩之。"

尚书右丞王安礼说："矫用印宜若有罪。当帅臣新亡，其处报机急，容有前期草定而未发者，一旦用之，以追成其志；与夫窃发于平时，以规其私者则有间矣。愿下于理，以从吏议。"认为徐勣究竟有何罪责，应该由大理寺来裁决。

神宗问他："卿独安取此？岂以勣文吏故，且大臣有荐之者，而善为之地？然则韩存宝何罪？"

神宗所说的韩存宝，是宋朝将领，元丰四年受命征讨泸州蛮，因为"出师逗挠，遇贼不击，杀戮降附，招纵首恶"，被以军法处以死刑。神宗心里可能是很不愿意判韩存宝死刑的，所以才拿他来说事。

王安礼说："臣不识徐勣，而存宝之罪所未谕也，陛下以存宝为非罪而就戮，则如勣者，尚可效尤耶？"

神宗叹息说："朕平生未尝作快意事，如卿兄安石不斩沈起，至今有遗恨。"熙宁末，宋王朝与交趾打了一仗，时知桂州的沈起被认为是挑动交趾与宋朝之战的罪人，神宗恨不得斩了他，却未能如愿，所以才有"平生未尝作快意事"之叹。

门下侍郎章惇这时回了神宗一句："快意事岂宜作？"

元丰六年神宗与王安礼、章惇的对话情景，与宋人笔记中的神宗欲斩漕官轶事何其相似。我们相信，前者正是后者的故事原型。

尽管神宗很想杀了徐勋，但他不能凭自己的好恶爱憎处死一个人。徐勋究竟有何罪行，当负什么罪责，须走司法的程序。神宗遂派御史张汝贤、入内供奉麦文昺至延州置狱，追劾徐勋案。

神宗还不放心，又要求三省给张汝贤发敕令："敢出勋罪者，以重论之。"

王安礼说："臣欲有所请，愿于诏语'出'字下增一'入'字，则于文为完。"将敕令的措辞改为"敢出入勋罪者，以重论之"，表明朝廷的态度是不偏不倚，既禁止罗织徐勋之罪，也不准放纵徐勋之责。

最后查实：徐勋在种谔患病后，以种谔的名义撰写奏状，奏举鄜延路几名文武官员，并擅自使用鄜延路经略司的官印，给奏状盖了章，发给朝廷。经大理寺检法定谳，徐勋被处以"除名"的责罚，即开除公职。蔡确知道神宗对这个判决不满意，鼓动神宗：将徐勋"投诸荒裔"，即流放远恶之地（蔡确的意见，与《蓼花洲闲录》所载轶事又有不同）。王安礼说："陛下察知勋情，付之于法，而确有此举，不过乘陛下前日之怒耳。"最终徐勋受到的惩罚只是"除名"。

这个史实告诉我们：宋神宗虽是比较强势的宋朝君主，但他也不能随意干预司法系统的运行，臣子有没有犯罪，究竟犯了什么罪，当受什么惩罚，不是君主说了算，而是要通过司法系统的审理，依法作出裁定。皇帝也应该尊重法律，用宋人李觏的话来说，"法者，天子所与天下共也。……故王者不辨亲疏，不异贵贱，一致于法"。

今人囿于意识形态偏见，多以为传统中国尚"人治"，但宋人并不这么认为，宋人称他们"尚法令"。南宋的思想家陈亮与叶适总结说："汉，任人者也；唐，人法并行者也；本朝，任法者也"；"吾祖宗之治天下也，事无大小，一听于法"。所谓"任法""一听于法"，套用现代的术语，就是"以法治国"的意思。

法家也讲究任法，但法家认为君主是绝对的立法者，如汉代酷吏杜周干脆宣称："前主所是著为律，后主所是疏为令。"什么是法律，由皇帝说了算。宋朝的士大夫显然不可能有这样的思想。在陈亮看来，人间法之上，还有自然法（天）。立法即是则天，执法则是奉天："礼者，天则也。……夫赏，天命，罚，天讨也。天子，奉天而行者也。赏罚而一毫不得其当，是慢天也；慢而至于颠倒错乱，则天道灭矣。灭天道则为自绝于天。"显然，天高于皇权，天子应当服从于天，换言之，即服从于则天的礼法。这便是宋人的"法治"观。

一位公正的法官为何受到"围攻"?

汉朝有位名臣叫张释之,受文帝赏识,拜为廷尉,即首席大法官。一日,文帝出行,经过长安城北的中渭桥时,有一个人突然从桥下跑出来,导致拉皇舆的马受惊,文帝也差点受了伤。于是皇帝命令侍卫将那人擒住,交给张释之审讯。经讯问,原来那人是长安县的乡下人,因为听到开路禁行的喝道声,便躲到桥下,过了许久,以为皇帝的乘舆车骑已过,便跑了出来,谁知竟冲撞了皇舆(在当时,这叫"犯跸")。

张释之向文帝报告了案情,然后提出处罚意见:"依大汉朝的法律,一人犯跸,当课罚金。"文帝听后大怒,说:"此人惊了我的马,幸亏这马儿驯良,要是换了别的马,说不定就将我摔伤了。廷尉你竟然只判处他罚金?"张释之告诉文帝:"法者,天子所与天下公共也。今法律如此规定,当依法执行。陛下如欲加重惩罚,则法不信于民也。那人犯跸之时,陛下你若将他杀了也就罢了，但现在已交到我廷尉这里，廷尉自当公正执法，若有偏差，则天下的法官都会任意轻重，那老百姓岂不是要手足无措？望陛下明察。"文帝思之良久，说道："廷尉当是也。"承认张释之是正确的。

显然，法官张释之所秉持的司法理念是，一项法律确定下来之后，天子当与天下人共同遵守；一个案子进入司法程序后，应由法官依法裁决，皇帝也不可干预。张释之那句掷地有声的宣言——"法者，天子所与天下公共也"，也多次为后世的司法官所引述，用来对抗君主徇私枉法的意图。

如果故事就这样结束，还不足以体现我们的先贤追求司法公正与独立审判的认真劲儿，我也大可不必专门写一篇文章来讲述一个简单的故事。这个故事最有价值的地方在于它后面引发的讨论。

张释之当廷尉，秉公执法，"时无冤人，绵历千祀，至今归美"（《通典》卷一六九）；他对"犯跸案"的审判，也不可谓不公正。但后世的学者、法官提起这个案例时，还是对张释之很不满意，因为张释之不仅说了那句"法者，天子所与天下公共也"，还说了一句"那人犯跸之时，陛下你若将他杀了也就罢了（方其时，上使诛之则已）"。他们认为，作为负责司法的廷尉，实在不应该说出这种违背法理的昏话。

宋代的洪迈说，这一句"上使诛之则已"，无异于"启人主径杀人之端"。唐代的杜佑也认为，张释之所言，就算是"一时权对之词，且以解［文帝］惊跸之忿"，也伏埋下无穷后患，因为"王者至尊无畏忌，生杀在乎口，祸福及乎人"，如果皇帝"淫刑滥罚，引释之之言为据"，则将"贻万姓有崩角之忧"，使老百姓生活在暴虐统治的恐惧中。因此，杜佑提出，班固著《汉书》之时，应当将"方其时，帝使诛之则已"删去不载，以免误导后世帝王。

因为错说一句话，张释之就这样成了"箭垛子"，历代反驳他的人很多，也驳得很在理，其中尤以明代理学家丘浚最为深刻。丘浚在编撰《大学衍义补》时，借用"杨氏曰"的口吻，说道："既曰'法者，天子所与天下公共'，则犯法者，天子必付之有司，以法论之，安得越法而擅诛乎？"意思是说，张释之既然明白"法者，天子所与天下公共"，那么凡是触犯法律的人，都必须一概交给法司依法裁断，岂可容许天子"越法而擅诛"？换言之，天子并没有权力越过司法程序，"使诛之"。

宋代的理学家陆九渊也对张释之提出了深刻的批评。他从一个很刁钻的角度发出诘问：假设汉朝的法律规定"犯跸者杀无赦"，那廷尉是不是也应该坚定地按照法条办案，将那个倒霉的乡下人杀掉呢？

陆九渊的答案当然是不可杀。他说，张释之不应该只是以"今法如是"来塞皇帝的嘴，更应当向皇帝阐明"不可杀"的法理所在。这个法理，陆九渊追溯到《尚书》记载的一项古老的司法原则："乃有大罪，非终，乃惟眚灾，适尔，既道极厥辜，时乃不可杀。"这句话需要逐字翻译一下：非终，指偶犯；眚灾，指因过失造成灾害；适尔，指偶尔；道极厥辜，指坦白自己的罪行。整句话的意思是说，如果有人犯了大罪，但属偶犯、出于过失而非故意，而且坦白了自己的罪行，那么他就不可被判死刑。

根据这项古老的司法原则，陆九渊认为，"犯跸案"中的那个乡下人，只是偶尔的过失，不存在犯罪故意，即使他使汉文帝受了伤，也应该从轻发落，何况文帝并未受伤。如果当时的法律条文违背了这样的司法原则，"苟法有不善"，张释之身为廷尉，则有义务提请皇上修订法律，使法条合乎正义。但张释之不能阐述清楚法理，"以去文帝之惑"，而只知道说"今法如是"，这个廷尉当得可不合格，难怪后世出现了"任法之弊"。

陆九渊非凡的见解，拓宽了历代对张释之"犯跸案"的批评维度，也拓深了先贤对司法原理的认识深度——法官，不仅要据法决断，也当依照古老而永恒的法理审查法条。这些法理蕴含于永恒的天道人情（自然法）中，记录于古老的法典中，由饱学的儒家给予发现、阐述。显然，皇帝应当接受这些先于他存在的法理；以皇帝名义制定出来的法条，也要符合永恒法理，方为"善法"。这样，既能够保持司法之独立，也可以避免法家式的"任法之弊"。说到这里，诸位也许会发现，这种儒家式的法官，已经相当接近普通法系下的大法官了。

围绕张释之"犯跸案"所展开的批评，虽然发生在不同时段，却似乎在历史深处相互响应，让我觉得，仿佛有一群饱学而庄严的法官，聚在一起检讨某一个有缺陷的判例，并再三确认了他们对于司法原则的理解：法官司法的准则，唯法，唯法理，而不是君主的意志与权力。

法官需要服从的，
只有头顶的三尺法与内心的良知

唐太宗时，发生过一件影响恶劣的案子：有一个叫李好德的河内人，因为得了精神病，说了一些"妖狂"的话，被官府抓起来治罪。主审法官张蕴古认为"癫病不当坐治"，将李好德放了，结果却被御史弹劾"故出人罪"，唐太宗大怒，将张蕴古"斩于东市"。张蕴古之死，让唐朝的法官从此"以出罪为戒"，断案宁可"失入"，也不"失出"，宁枉毋纵。于是，许多无罪的人被冤枉，罪轻的人被重判。

唐太宗毕竟不算太昏庸，意识到司法风气不对劲，便询问大唐最高法院首席大法官——大理寺卿刘德威："近日刑网稍密，何也？"刘德威说："此在主上，不在群臣。人主好宽则宽，好急则急。如今法官断案，'失入'免受问责，'失出'却获大罪，所以法官问案时才会竞相往重里判刑。陛下若改了赏罚的规则，此风立变矣。"唐太宗采纳了刘德威的意见，"断狱者渐

为平允"。（《旧唐书》卷三十）

史书记载这个事件，大概是想赞美唐太宗的从谏如流吧。但明朝时，有个叫丘浚的大学者，对唐太宗与刘德威的那一番对答很不以为然，他说："人主好宽则宽，好急则急，此就人君言之耳。为刑官者，执一定之成法，因所犯而定其罪，岂容视上人宽急而为之轻重哉？"又说："刑狱之事，实关于天，典刑者惟一循天理之公，而不循乎人欲之私，权势不能移，财利不能动，如此用刑者无愧于心，受刑者允当其罪，吾之心合天之心矣。"

丘浚的意思是说，作为一位法官，他需要服从的，只有头顶的三尺法与内心的良知。至于君王一人的好恶，根本就不需要考虑。

这样的司法理念，实际上是中华法系中非常古老的一项司法传统，也是现代司法制度之"独立审判"原则的法理渊源。今日许多人固执地认为传统中国的司法缺乏独立性，法官是皇权的附庸，殊不知，历史上许多时候，特别是在宋代，保持法官的独立审判权一直都是君臣的共识。宋人陈经说："君之喜怒无常情，法之轻重有常理，不徇君而徇理之中也。君言苟是，从君可也，非从君，乃从理也；君言苟未是，则从理可也，从理乃所以从君也。"

宋人不但这么说，而且将独立审判的原则写入法律。让我先引述几则宋朝的法律条文吧。

北宋咸平二年（999），应御史中丞张咏之请，朝廷立法："自今御史、京朝官使臣受诏推劾，不得求升殿取旨及诣中书咨禀。"意即御史官接受皇帝的委派，组成特别法庭审理案件，不得听取宰相与君主对案件的指导意见。"州县鞫狱，在法不得具情节申监司，及不得听候指挥结断"，即根据宋朝法律，州县法院独立行使审判权，不得请示、征求上级法司——路提刑司的意见。

宣和四年（1122），宋廷又立法强调："应因在禁，如监司指挥具情节，及令听候指挥结断者，州县不得承受，一面依条施行。"提刑司如果发批示干预州县法院的司法审判，州县法院不必理睬，一概依照法律办事。"应因在禁，如监司指挥具情节，及令听候指挥结断者，以违制论"，即干涉下级独立审判的上级法司，将以"违制"追究责任。

一名有骨气、有操守的宋朝法官，也会自觉保持司法过程中的独立性，而拒绝外界的影响，包括来自皇帝的影响。宋神宗元丰年间的大理寺卿韩晋卿，便是一位这样的大法官，他既深明法理，又铁面无私。宋神宗很赏识他，每碰到"事连贵要、屡鞫弗成"的案子，总是委任他主审。有一次，韩晋卿又受皇帝委派，前往宁州按治狱事。依照惯例，官员赴任之前，应当入对，即入宫面圣，向皇帝辞行，同时也听听皇帝有什么吩咐。

但韩晋卿没有入对，"受命即行"，拿到任命状就径自启程走了。我们来听听韩晋卿是怎么说的："奉使有指，三尺法具在，岂应刺候主意，轻重其心乎？"（《宋史·韩晋卿传》）我奉命办案，以法律为准，国法摆在那里，就不必征求皇帝的意见了，免得干扰了司法。时人也没有觉得韩晋卿的做法有什么不妥。

如果皇帝出面干预法官的审判呢？让我再讲两个小故事：端拱元年（988），陈州团练使陈利用自恃受宋太宗宠爱，"恣横无复畏惮"，杀人枉法，被朝臣弹劾，本应判处死刑，但太宗有意祖护他，要求轻判。御史官不同意，太宗说："岂有万乘之主不能庇一人乎？"宰相赵普抗议道："此巨蠹犯死罪十数。陛下不诛，则乱天下法。法可惜，此一竖子，何足惜哉。"最后，皇帝不得不同意判陈利用死刑。

还是端拱元年，宋太宗次子、许王、开封府尹赵元僖因犯了过错，被御史中丞弹劾。赵元僖心中不平，诉于太宗跟前："臣天子儿，以犯中丞，故被鞫，愿赐宽宥。"这一次，宋太宗不敢再徇私，对儿子说："此朝廷仪制，孰敢违之！朕若有过，臣下尚加纠摘；汝为开封府尹，可不奉法邪？"最后，贵为皇子的赵元僖"论罚如式"。

实事求是地说，当然不是所有的宋朝皇帝都能像宋太宗那样尊重司法官的意见，宋太宗也不可能在所有的时候都能保持克制不干预法官的独立审判。但是，这两个故事的出现，可以说明，至少在观念中，宋人追求的司法原则乃是不受皇权粗暴干涉的法官独立审判。

宋朝台谏官的司法审查权

中国人非常早就认识到权力必须接受监督与制衡的道理，因此，我们的祖先在建成发达之行政组织的同时，又设立了监督与制衡行政组织的监察机构——如秦汉时期的御史大夫、御史中丞，唐宋时期的御史台与谏官。特别在宋代，台谏官的权力与独立性都获得了空前发展，谏议之盛可谓历代之冠。

现在我们都习惯将古时台谏称为监察机构，这当然没有错，对行政系统加以监察正是台谏官的重要职责之一，但宋代台谏的职能不仅仅是监察行政。北宋天禧元年（1017），宋真宗下诏确立了台谏官的权力："或诏令不允、官曹涉私、措置失宜、刑赏逾制、诛求无节、冤滥未伸，并仰谏官奏论，宪臣弹举。"可知宋时台谏，不但可以弹劾"官曹涉私"的权力腐败与"措置失宜"的行政失当；还有权纠察司法，纠正"刑赏逾制""冤滥未伸"；监督财政，纠正"诛求无节"；而且，台谏官还具有司法审查的权力。

我当然知道，"司法审查"是一个源自普通法系的现代概念，宋朝人肯定没有听说过这么一个术语，但是，这并不表示宋朝不能形成类似于司法审查的机制。真宗皇帝说，"或诏令不允"，"仰谏官奏论"，换成现在的说法，即是承认台谏官具有审查法令的权力。

所谓诏令，通常出自君主与宰相。但我们不要以为，皇帝与宰相能够口含天宪。实际上，来自君相的敕命需要接受审查。在宋代，对诏命的"司法审查"可以分为事前审查与事后审查。负责事前审查的是中书舍人与给事中；负责事后审查的是台谏官，用一位南宋宰相杜范的话来说，"凡废置予夺，一切以宰执熟议其可否，而后见之施行。如有未当，给舍得以缴驳，台谏得以论奏。是以天下为天下，不以一己为天下，虽万世不易可也"。

按宋制，敕命经皇帝许可、发出之后，需送中书省，由中书舍人签发，中书舍人如果认为敕命有违祖宗法与条贯，或者存在其他不当，可以拒绝签发，封驳回去；经由中书舍人签发，敕命送达门下省，由给事中审读，给事中如果认为敕命不当，也可以拒绝"书读"（署名），封驳回去。这便是"给舍得以缴驳"。而一道敕命如果没有中书舍人与给事中的签名，会被认为是"墨敕斜封"，缺乏正当性与法律效力。

南宋初，宋高宗批出一道圣旨：提拔御医王继先为"武功大夫"。但圣旨被给事中富直柔驳回，因为这一人事任命不合宋朝的"技术官法"。高宗将圣旨第二次发下，并交代说："此为特例，可特令书读行下，仍谕以朕意。"但富直柔再次封驳。最后高宗不得不"屈意从之，所有已降指挥可更不施行"。

由于中书舍人与给事中的审查程序在敕命生效之前，所以我们称之为事前审查。敕命生效、颁行之后，台谏官还有权对其进行事后审查。按宋时制度，尚书省执行的法令，都必须抄录成副本，关报御史台与谏官案，以便台谏官审议。

当然，严格来说，宋朝台谏官围绕审查敕命发起的谏议，跟现代司法审查制度并非同一回事，因为谏议并不是一项权力，缺乏强制性的法律效力。不过，在正常情况下，谏议形成的政治压力，通常可以迫使君主追改诏命。这便是宋人说的"台谏得以论奏"。

宋仁宗曾自言："国家动有祖宗故事，苟或出令，未合宪度，便成过失，以此须经大臣论议而行。台谏官见有未便，但言来，不惮追改也。"台谏官可以审查君主与大臣"论议而行"的法令、政令是否符合"宪度"，是否会造成"未便"，可以要求将"未合宪度"、出现"未便"的诏令追回修改，你说，是不是跟今天我们常说的"司法审查"很接近？

那有没有诏书被追改的实际例子？有。元祐初年，朝廷废止新法，起用旧党，同时为避免旧党清算旧账，垂帘听政的高太后以宋哲宗的名义下了一道诏书，要求对于神宗朝的变法与新党，"言者勿复弹劾，有司毋得施行"。但这一道诏书受到台谏官的集体反对，因为台谏官认为"言者勿复弹劾"这一句话"与体未便"，侵犯了言官的弹劾权。迫于台谏压力，高太后只好追回前诏，删去"言者勿复弹劾"六字，亦即承认言官有权清算旧账，对神宗朝的人事与政策提起弹劾。

诏命尚且如此，政府的一般行政行为，更是不可能不接受台谏官的合法性审查了。按照惯例，宋朝宰相若召开"都堂集议"（相当于部长会议），御史台要派员列席，监督集议的整个过程，其间若有人提出不合法度的动议，御史可以马上驳正。台谏官出于审查政令之需要，也有权向政府各部门"取索文字及会问事件"，而"其被受官司，仍须画时供报，不得隐匿漏落"。

如果我们将"司法审查"的主旨理解为：现行法律、法令、行政行为是否合宪，是否正当，例由一个独立的、最高阶的国家机构作出审查与裁定（在美国，这个机构是最高法院；在英国，这个机构是上议院），那么我们可以认为，宋朝台谏官行使的一部分权力，便是事实上的"司法审查"。

"乌台诗案"的另一面

说起北宋的"乌台诗案",大家应该都很熟悉。前面我们讲到苏轼因为一篇《刑赏忠厚之至论》得到主考官欧阳修的赏识,不过他踏入仕途之时,正值宋神宗任用王安石主持变法。由于同变法派政见不合,苏轼遭到排挤,便申请外任,得以看到新法的诸多流弊,并形诸诗文。元丰二年(1079),苏轼被御史何正臣等上表弹劾,随后押至御史台监狱受审。据《汉书·薛宣朱博传》记载,御史台中有柏树,野乌鸦数千栖居其上,故称御史台为"乌台","乌台诗案"由此得名。

但我今天要说的是"乌台诗案"的另一面。

相信许多人都注意到:御史对苏轼的弹劾词是杀气腾腾的,似乎必欲置苏轼于死地。比如何正臣说,周成王时,"人有小罪非眚,乃惟终不可不杀";李定说,"昔者尧不诛四凶,而至舜则流放窜殛之,盖其恶始见于天下",暗示苏轼可流放。舒亶亦检控苏轼"指斥乘舆，盖可谓大不恭矣"，这是非常严重的指控："指斥乘舆，臣民之大禁，至死者斩，而旁知不告者，犹得徒一年半，所以申天子之尊于海内。"

不过，危言耸听、杀气腾腾也算是宋代台谏官的常见文风了，我们去找宋朝台谏官弹劾政府官员的奏疏来看，就会发现里面充斥着大量上纲上线、喊打喊杀的激切之词，这是宋朝政治弹劾的特点，是宋代台谏官说话的毛病，不可等同于司法起诉书的控罪。

而在立案之后，御史台推勘官的鞫问重点，则是查清苏轼究竟写了哪些"讥讽朝廷及谤讪中外臣僚"的诗歌，并寄给了哪些人，"意图众人传看"。也就是说，"乌台诗案"进入制勘程序后，御史台诏狱对苏轼的司法控罪，跟杀气腾腾的政治弹劾还是有很大区别的。

"乌台诗案"在御史台审了三个多月，于十一月廿八日走完推勘的程序。于是，御史台以类似于公诉人的身份，将苏轼一案移送大理寺，由大理寺判罪。这里体现了宋代司法的一项原则——鞫谳分司，即一起刑事案的"鞫"（审讯推勘）与"谳"（检法定罪）由两个不同的法官或法司独立进行。宋政府建立这套"鞫谳分司"制度，目的自然是为了防范司法腐败与法官滥用权力："狱司推鞫，法司检断，各有司存，所以防奸也。"（周琳语，《历代名臣奏议》卷二一七）

御史台在提交给大理寺的"乌台诗案"《根勘结按状》上，列出了已经查明的苏轼的四条罪状：

一、苏轼与驸马王诜存在不正当的钱物往来。

二、苏轼在上皇帝谢表中诋毁朝廷。

三、苏轼作诗赋等文字"讥讽朝廷及谤讪中外臣僚"，并寄送王诜等友人，甚至镂板印行。

四、苏轼到御史台狱后，在接受审问时，"累次虚妄不实供通"。

不过大理寺在检法定罪时，并没有认定苏轼的第一条罪状。也许大理寺认为苏轼与王诜之间的钱物往来属于正常范围内的人情交往，不是"入己赃罪"；也许大理寺是按"据状鞫狱"的司法原则拒绝了御史台的追加罪名，因为宋朝法律规定："诸鞫狱者，皆须依所告状鞫之。若于本状之外别求他罪者，以故入人罪论。"

御史台对苏轼的第二、第三与第四项控罪，则得到大理寺的认定。

大约十二月中旬，大理寺对苏轼案作出裁决：

一、"准敕，臣僚不得因上表称谢，妄有诋毁"，不过宋朝法律未对这一行为指定刑名，大理寺将其归为"不应为"，"准律不应为事理，重者杖八十断，合杖八十，私罪"。

二、苏轼"作诗赋及诸般文字寄送王诜等，致有镂板印行，各系讥讽朝廷及谤讪中外臣僚。准敕，作匿名文字，嘲讪朝政及中外臣僚，徒二年"。

三、苏轼"到台累次虚妄不实供通，准律，别制下问按推，报上不以实，徒一年；未奏减一等，合杖一百，私罪"。

四、从八月三十日开始，苏轼"便具因依招通"，属于"按问欲举自首"，可减刑："准《刑统》，犯罪按问欲举而自首，减二等。

合比附。"苏轼作匿名文字谤讪朝政及中外臣僚,本当徒二年（即上述第二点），比附减等后，只徒一年。

五、综上合计，苏轼应处"徒二年"之刑。

六、士大夫有以官抵刑的特权："准律，犯私罪以官当徒者，九品以上，一官当徒一年"，苏轼可用"夺官"的方式抵换刑罚，合追二官，勒停（即停职）。

七、苏轼所犯各事的时间均逢神宗大赦，"会赦当原"，苏轼应该免罪释放。

这便是大理寺对苏轼案作出的裁决意见。换言之，御史台抓了苏轼，辛辛苦苦审了三四个月，移送大理寺定罪时，大理寺却裁定：苏轼之罪"当徒二年"，以官换刑，"合追二官"，又"会赦当原"，可"原免释放"。

御史们当然不服大理寺的判决，提出强烈抗议。案子又按程序送审刑院复核，审刑院顶住御史台的压力，维持了大理寺的判决。

元丰二年十二月廿六日，神宗发出御批："某人（即苏轼）依断，特责授检校水部员外郎，充黄州团练副使，本州安置。"团练副使本为唐时设立的军职，宋代沿置，改为无职掌的闲职，一般用于安置贬谪的官员。复旦大学教授朱刚先生分析说，出自神宗旨意的这一最终裁决包含了两层意思：首先，"'依断'表明皇帝认可司法机构对苏轼'当徒二年，会赦当原'的判决，本应'原免释放'"；其次，"特责"又显示神宗皇帝"也许考虑到此案的政治影响，或者御史台的不满情绪"，乃运用君主的合法特权，对苏轼酌情作出处分。[1]

"乌台诗案"是"文字狱"吗？如果是，它又跟明清时期的"文字狱"有什么不同？可能有人会说，"乌台诗案"毕竟没有杀人，而明清"文字狱"却动辄杀头、灭族。也有人会说，"乌台诗案"是偶发的个例，而明清"文字狱"却遍地开花，清乾隆时期更是形成了"文字狱"的一座历史高峰。

这些当然都是值得注意的差异。不过，我还想指出北宋"乌台诗案"与明清"文字狱"的另一个重大差别："乌台诗案"尽管也有"政治案"的成分，但它至少在形式上，是当成一个"普通法律案"来处理的。不管御史们的弹劾多么危言耸听，"乌台诗案"进入司法程序之后，御史台对苏轼的司法控罪要比之前的政治弹劾克制得多，不再上纲上线、喊打喊杀，而是在法律框架下劾治苏轼的违法行为，司法上对于苏轼的指控只是普通罪名；而且，推勘官并没有捏造事实构陷苏轼，提交大理寺的苏轼"罪状"都有确证而非深文周纳；整个制勘的过程亦严格遵守宋朝司法的程序；大理寺更是严格依照法律对苏轼作出免罪的判决。

反观明清时期的"文字狱"，情况恰恰相反：哪怕是鸡毛蒜皮的事情，也要无限政治化，上不封顶，下无底线，寻常的文学修辞可以上升为"大逆不道"的政治重罪。诸位去看清代"文字狱"档案，便会发现清廷使用最多的罪名是"谋反大逆"。

---

1 朱刚：《"乌台诗案"的审与判——从审刑院本〈乌台诗案〉说起》，《北京大学学报（哲学社会科学版）》，2018，55（6）。

我这么说，当然不是想给"乌台诗案"洗白，因为宽仁的政治，应该如张方平（1007—1091）所言："诗人之作，其甚者以至指斥当世之事，语涉谤讟不恭，亦未闻见收而下狱也。""乌台诗案"显然违背了这样的历史惯例。不过从宋朝司法系统对"乌台诗案"的审判，我们还是可以看到宋朝政治与司法制度的一抹文明底色，正是这文明底色，使得"乌台诗案"毕竟不同于明清时期的"文字狱"。

宋人断案是"卡迪司法"？

　　一些学者倾向于将中国传统司法描述成"卡迪司法"，比如有一位法学教授直言："我认为，我们的古典司法真正就像德国著名的思想家马克斯·韦伯所提出的卡迪司法（Khadi justice）。"因为在他看来，中国古代官员判决案件，并不需要遵循已经确立的规则，而仅仅根据此时此地的案件本身包含的是非曲直，然后根据经书所创立的原则对案件进行判决，"遇到了情节完全一样的案件，也不需要遵守今天刚刚做的一个判决，而是完全依据明天的案件事实来判决。这样的一种司法本身不能够叫司法，简直可以叫'司无法'；没有法律可以遵循，而只是一个伦理型的准则或原则，这就是我对中国古典司法的一个看法"。[1]

　　"卡迪司法"是德国社会学家韦伯提出来的一个概念，用来

1　贺卫方：《法学方法的困惑》，《未名法学》2007年第1期。

描述中国古代司法的特点。卡迪，即阿拉伯国家部落的长老，负责调处、仲裁部落纠纷，但他调处与仲裁的原则并不是遵循明确、理性化的法律体系，而是受情感、伦理等因素支配，裁决具有明显的随意性。韦伯认为，中国的传统司法就是非理性化的卡迪司法。

元明清时期风行一时的包公审案故事，似乎正好说明了传统司法具有"卡迪司法"的非理性特点。有一本成书于明代万历年间的《百断奇观重订龙图公案》，收录有广泛流传的宋代包拯审案断狱故事一百则。法制史研究者发现，"包公断狱故事百则，没一个引用《宋刑统》或者相关司法解释条文的。他善走群众路线，从来是具体情况具体分析，所以司法的功能明显指向具体纠纷的解决，而不在于确认一般性规则，轻典章律令之辨，重天理人情之虑"。

研究者认为，《百断奇观重订龙图公案》的故事尽管是虚构的，却是中国传统司法制度的反映："包公审案，凭借天理人情，重纠纷解决和个案正义，不重一般性规则的确认，是个典型的法律实用主义者。对于此种审判方式和司法功能特征，皆需从古典中国社会的特征出发，才能有一个较为妥当的理解和把握。"[1]

然而，包公断案故事真的是宋代司法制度运行的如实反映吗？元明清时期流行的包公案，没有一则出自正史，基本上都是民间戏曲、小说文人编造出来的，这些作者一般生活于社会底

1　姜峰：《一次性智慧、诱惑侦查与小鬼儿帮忙——包公断狱与中国古典社会中的司法》，《山东大学法律评论》第 3 卷，山东大学出版社 2006 年版。

层，没受过正规的经史教育，对典章制度、历史文献都缺乏了解，只能凭自己的视野去想象"皇帝的金扁担"，就如河南坠子《关公辞曹》唱词所言："曹孟德在马上一声大叫，关二弟听我说你且慢逃。在许都我待你哪点儿不好，顿顿饭包饺子又炸油条。你曹大嫂亲自下厨烧锅燎灶，大冷天只忙得热汗不消。白面馍夹腊肉你吃腻了，又给你蒸一锅马齿菜包。搬蒜臼还把蒜汁捣，萝卜丝拌香油调了一瓢。"底层文人所能想象到的王侯将相的奢华生活，就是顿顿吃饺子油条，他们对宋代司法制度的了解，也好不到哪里去。

事实上，宋代立法积极，法律浩如烟海，既有通行全国的"海行法"，又有只适用于一司一路一州的"部门法"与"地方法"；既有刑法，也有行政法、民商法。宋朝的中央与地方都设有专业的司法机构，配备有专职的司法官，这些司法官需要先通过司法考试才能获得任职。正因为成文法繁多，"虽有官吏强力勤敏者，恐不能遍观而详览"（《续资治通鉴长编》卷三八五），才需要设置专业的检法官，如此才可以做到准确地援法定罪。

宋人深知法官的重要性："一府之所是莫能胜法曹之所非，一府之所非莫能胜法曹之所是。"因为法官掌握着司法之权："决曹为郡僚，列纠掾理官下，品秩微矣。然律令所在，职有常守，自二千石之势，临制境内，如古诸侯，可谓贵重矣。至于断狱弊讼，不敢专也，必取平焉。官虽卑，贤者为之，可使郡政如权衡之公，是岂可忽哉？"

宋人也深知专业性对于司法官的重要性："我朝以仁厚家法、金科玉条宝之万世，藏之令甲，散之列郡之司法掾。其事简，其任专，非已试吏者（通过司法考试者），不得处是职，可谓重矣。"（汪之矓《司法题名记》）有一件事可以看出宋人对司法官专业知识的重视。绍兴十二年（1142），大理寺丞叶庭珪被任命为大理寺正，但这一人事任命受到臣僚的反对："庭珪前日为丞，乃治狱之丞；今日为正，实断刑之正。断刑职事与治狱异，祖宗旧制，必以试中人为之。庭珪资历颇深，初无他过，徒以不闲三尺，于格有碍。"（《宋会要辑稿·职官二四》）反对者的意见是，大理寺正的工作是检法断刑，而叶庭珪过去当大理寺丞，工作是治狱（类似于刑警的审讯工作），与断刑职事相异。按祖宗旧制，断刑官必须从通过"试法官"考试的人中选拔，而叶庭珪虽然资历深，工作也无过失，但他对法律与法理并不非常熟悉，因此不适合担任断刑官。宋高宗只好收回对叶庭珪的任命状，"诏别与差遣"。

一个对法官专业化如此看重的司法体系，怎么可能是所谓的"卡迪司法"？

判断宋代的司法实践是不是"卡迪司法"，还可以看看当时司法官的判决是不是"以法律为准绳"。我们去查阅南宋的判决书选集——《名公书判清明集》，便会发现南宋司法判决书中，"在法""准法""准律"等司法用词俯拾皆是，表明法官的裁决是根据法律规定作出来的，而不是法官按照伦理、教义的自由发挥。

由于司法裁决是遵循明确的法律所作出，司法官对相类案子的判决应该是一致的，不会在法理上构成冲突。宋史学者柳立言先生的研究显示："遇到同类或同一案件时，宋代的民事裁判能否超越时、地、人的不同，达到前后判决的一致？就立嗣与分产来说，南宋中晚期二十多年间，五位来自三路、四州府、五县的审理者，在东至两浙东西路，北至京西南路和淮南西路，还有中部的江南西路和荆湖南路等广大地域，作出相当一致的判决。一致的原因，首推依法而判，反映出南宋的立法相当周严，以及审判者受到制度的约束，如要求援引法条。"[1]

有的法学学者认为中国传统社会的司法官"遇到了情节完全一样的案件，也不需要遵守今天刚刚做的一个判决，而是完全依据明天的案件事实来判决"，但这样一种判断顶多只符合明清包公案的情节，并不符合宋代的司法实践。

进而言之，明清底层文人编造出来的包公断案故事，非但不符合宋代的司法制度，甚至与明清时期的司法情景也相去甚远。中国历代王朝其实都强调依法判决，《唐律疏议》规定："诸断狱皆须具引律令格式正文，违者笞三十。"这一审判原则延续至《大明律例》《大清律例》。

从明代《四川地方司法档案》来看，明王朝的司法文书通常分为三个部分：招由栏、议由栏和照由栏，分别以"问得""议得"和"照出"开头，其中招由栏记录的是犯罪的招供、犯罪情由；议由栏的内容则是司法官根据犯人罪情，援引法律条文作出的议法意见。

黄宗智教授曾经针对"卡迪司法"的假说，对《宝坻档案》《巴县档案》《淡新档案》这三份清代地方司法档案作了统计研究，结果却发现，在三份档案收录的二百二十一件经过庭审的案子

1　柳立言：《南宋的民事裁判：同案同判还是异判》，《中国社会科学》2012 年第 8 期。

中，"有百分之八十七都是明确通过法律加以解决的。其余的一半以上是暂被搁置以待进一步调查的案件（计十七件，占百分之八），或者是交还乡族集团处理的案件，如此等等。这样，便只剩下十一件案子（占总数的百分之五）确是由知县用法律以外的原则仲裁处理，当事双方都在各自的要求和利益上作了些退让"。[1]

韦伯对中国传统司法的所谓"卡迪司法"论断，显然是不能成立的。

---

1 ［美］黄宗智：《民事审判与民间调解：清代的表达与实践》，中国社会科学出版社 1998 年版，第 78 页。

宋朝奴婢与唐朝奴婢有何不同？

电视剧《知否知否，应是绿肥红瘦》中有个情节，讲盛明兰给贴身婢女丹橘赎了身，将她风风光光嫁出来。出嫁当日，盛明兰把卖身契与装有户籍的盒子交到丹橘手里，说："这是身契，这里面是户籍，府里面都办妥了，以后你就脱了贱籍，是平头的良民了，要好好的。"考虑到《知否知否，应是绿肥红瘦》的背景设定在宋代，这样的情节并不符合宋朝的奴婢制度；如果放在唐朝，才切合历史真实。这是因为，宋朝奴婢与唐朝奴婢是不同的概念。

简单地说，唐朝奴婢是贱民。唐朝政府将全国人口分成两大类别：良民与贱民。良民在法律上的身份是自由民，需要履行国民的义务（比如纳税、服役），同时也拥有国民的权利（如财产权、人身权、参加科举的政治权利）。贱民呢？在法律上的身份是不具国民资格的低等人口，没有独立的法律人格，丧失了人身自由，必须以人身依附于主家（这个主家可以是私人，也可以是政府部门）。

现在不少崇尚自由的文人，对"大唐盛世"都有一种浪漫想象。我们随手在网上一检索，就能搜到许多文青式的句子："在遒劲飞舞的字里行间，我读到了大唐的包容、大度、自由、自信和开放"；"那的确是一个伟大的时代，古代中国似乎从未有过如此多元开放、包容自由的盛世"；"自由开放的社会风气，让后人充满了对唐朝的憧憬和向往，真想梦回大唐"。

梦回大唐，听起来多么浪漫！但我觉得应该提醒他们：真要回到大唐，你们可千万别降生在贱户之家。考虑到盛唐的贱民规模十分庞大，贱户制度空前发达，《唐律疏议》涉及良贱身份的律疏就有一百余条，约占唐律的五分之一，梦回唐朝的文人成为贱民的概率还是挺大的。

穿越回宋朝才没有沦为贱民之虞，因为宋朝在法律制度上不再将奴婢列为贱民。我讲一个小故事：北宋淳化四年（993），有一个叫牟晖的开封市民，跑到京师的直诉法院——登闻鼓院，起诉奴婢弄丢了他家的一头小公猪，要求得到赔偿。宋太宗尽管觉得此等小事擂登闻鼓很是可笑，但还是叫人送了一千文钱给牟晖，作为经济补偿。

——这是宋代法制史上的一则趣闻，却是中国社会史的一个标志性案件：意味着宋朝的奴婢与主家都是平等的法律主体，双方如果有了纠纷，可以通过诉讼解决，主家可以起诉奴婢，奴婢也可以起诉主家。我觉得，"主告奴"甚至比"奴告主"更有意义：奴婢成为被告，恰恰说明他们的民事主体身份得到法律承认。若是在唐朝，家奴弄丢了主人的财物，主人肯定完全用不着起诉，因为直接按家法处分就可以了。

这个故事告诉我们：唐宋均有奴婢，但他们的法律身份是完全不同的。简单地说，唐朝奴婢属于贱户，没有人身权，不具备法律人格，法律地位等同于主家的私有财产；非经放良，他们世世代代都是主人的奴隶，都是贱民。宋朝奴婢属于自由民，具有人身权与法律人格，其与主家的关系不再是人身依附关系，而是经济意义上的雇佣关系，合同约定的期限一满，雇佣关系便宣告结束。盛明兰身边的婢女，依宋朝法律，并不是入了贱籍的贱民，而是受雇于盛家的女使。

我们将典型的唐朝奴婢（包括官奴婢与私奴婢）命名为"贱口奴婢"，将典型的宋朝奴婢命名为"雇佣奴婢"，宋人有时候也称之为"人力"（男佣）、"女使"（女佣）。雇佣奴婢虽然名为奴婢，却不是唐朝式的贱民，而是暂时出卖一部分人身自由的编户齐民，有点像近代社会的用人。宋人也注意到唐宋奴婢的差异："古称良贱者，皆有定品，良者即是良民，贱者率皆罪隶。今之所谓奴婢者，概本良家，既非气类之本卑，又非刑辟之收坐，不幸迫于兵荒，陷身于此"（葛洪语）；"古称良者，即是良民，贱者，率皆罪隶。今世所云奴婢，一概本出良家，或迫饥寒，或遭诱略，因此终身为贱"（罗愿语）。

根据宋朝立法与社会惯例，凡雇佣人力、女使，双方需订立契约："自今人家佣赁，当明设要契。"契约上写明雇佣的期限、工钱，合同到期之后，主仆关系即可解除："以人之妻为婢，年满而送还其夫；以人之女为婢，年满而送还其父母；以他乡之人为婢，年满而送还其乡。"（《袁氏世范》卷三）

为防止出现"终生为奴"的情况，宋朝法律还规定了雇佣奴婢的最高年限："在法，雇人为婢，限止十年"，"其限内转雇者，年限、价钱各应通计"。奴婢受雇的期限，最多只能是十年，其间若有转雇，时间通计在内。南宋时，有一些品官之家典雇女使，为避免立定年限，妄称是收养了养女，"其实为主家作奴婢役使，终身为妾，永无出期"。针对这一钻法律空子的行为，宋政府立法禁止"品官之家典雇女使妄作养女立契"，"如有违犯，其雇主并引领牙保人并依'律不应为'从杖八十科罪，钱不追，人还主，仍许被雇之家陈首"。

我相信，在宋人的观念中，奴婢是人，而不是畜产。唐律允许奴婢交易，从法理上说，人口若可以买卖，无疑是将人视为商品。宋政府却不能同意这样的预设，尽管《宋刑统》沿用了《唐律疏议》的"奴婢贱人，律比畜产"之条，但我们要知道，宋人修刑统，几乎照抄唐律，连诸多不合时宜、无法执行的条款也抄下来。到南宋时，便有学者提议，"《刑统》，皆汉唐旧文，法家之五经也。当国初，尝修之，颇存南北朝之法及五代一时指挥，如'奴婢不得与齐民伍'，有'奴婢贱人，类同畜产'之语，及五代'私酒犯者处死'之类。不可为训。皆当删去"。(赵彦卫《云麓漫钞》卷四)

我们认为，宋人观念的嬗变，代表了一种全新的时代精神，推动着良贱制度的瓦解、贱口奴婢的消亡。

路见不平一声吼，该出手时就出手

施耐庵小说《水浒传》改编成'98版电视连续剧时，用了刘欢演唱的主题曲《好汉歌》（"路见不平一声吼哇，该出手时就出手哇，风风火火闯九州哇……"），大概想歌颂梁山好汉见义勇为的风格。但坦率地说，梁山泊中，杀人不眨眼的匪徒居多，见义勇为的好汉寥寥可数，给我留下深刻印象的只有一个鲁智深。

鲁智深原为一名提辖，因为见小民金老汉与女儿金翠莲被恶霸郑屠欺凌，出手教训了郑屠，谁知出手太重，闹出了人命，才丢了提辖之职，跑到五台山出家当和尚。做了和尚后，一日在刘太公的庄园投宿，正好碰上桃花山的二当家周通带人上门强娶刘太公的女儿，鲁智深立即出手，将周通揍得鼻青脸肿，并迫周通立誓：从今以后，不再踏入刘家庄半步。

后来，鲁智深在东京大相国寺与林冲相识。林冲的妻子当时在隔壁的岳庙上香还愿，不想撞见高衙内，被拦住了不肯放。

林冲听说有人调戏娘子，马上赶过去，只见一名后生正拦着他娘子，纠缠不休："小娘子，你且上楼去，和你说话。"林冲赶到跟前，将那后生肩胛扳过来，喝道："调戏良人妻子，当得何罪？"待下拳打时，认得是高太尉的义子高衙内，先自手软了，虽然心里愤怒，但还是放走了高衙内。

这时，鲁智深提着铁禅杖，大踏步抢入庙来。林冲见了，叫道："师兄哪里去？"鲁智深说道："我来帮你厮打。"林冲只好劝住他："原来是本官高太尉的衙内，不认得荆妇，一时间无礼。林冲本待要痛打那厮一顿，太尉面上须不好看。且饶了他。"与鲁智深相比，林冲未免缺少一点血性。

假设高衙内在调戏林冲娘子的时候，被赶过来的鲁智深一顿暴打，导致出现"结肠破裂"之类的伤害，按水浒时代的法律，鲁智深会不会因此被问罪？

再假设，周通带人上刘家庄抢亲，被鲁智深痛打后，跑到衙门控告鲁智深故意伤害，鲁智深又会不会被治罪？

当然不会。因为《宋刑统》明明白白规定："诸被人殴击折伤以上，若盗及强奸，虽旁人皆得捕系，以送官司。"并用"议曰"的形式作出补充说明："有人殴击他人，折齿、折指以上，若盗及强奸，虽非被伤、被盗、被奸家人及所亲，但是旁人，皆得捕系，以送官司。"周通抢亲与高衙内调戏妇女的行径，大致可归入古人所说的"强奸"范畴，属于谁见了都可出手抓捕的不法行为。

《宋刑统》的这一规定，显然是在鼓励见义勇为：在你看见有人施暴、抢劫、性侵他人时，即使事不关己，你都应该"路见不平一声吼，该出手时就出手"，法律不会因此追究你的责任。

其实，不管是在宋朝，还是宋朝之前、之后，国家立法中都不乏鼓励见义勇为的条款。比如《周礼·秋官》载："凡盗贼军乡邑及家人，杀之无罪。"据此立法，凡发现盗贼行凶、抢劫，危及乡亲或家人的生命财产安全，人们可以无限自卫，即便将盗贼杀掉，也不用负法律责任。

《周礼·地官》则载："凡杀人而义者，不同国，令勿仇，仇之则死。"所谓"杀人而义"，即指因见义勇为而杀死犯罪分子，在这种情况下，法律要求被杀死之人的子孙不可以复仇。须知，西周尚鼓励血亲复仇，血亲复仇被视为合法的正当行为。但是，被见义勇为者杀死的犯罪分子，其血亲却不得复仇。

——这两条立法，大概是中国历史上最早的给予见义勇为者的保护条款。汉朝法律规定："无故入人室宅庐舍，上人车船，牵引人欲犯法者，其时格杀之，无罪。"格杀"欲犯法者"的人，如果是当事人，即为自我防卫；如果是第三方，则是见义勇为。不管是自我防卫，还是见义勇为，都豁免法律责任，用现代刑法学概念来说，这就是"正当防卫"。

《唐律疏议》规定："诸被人殴击折伤以上，若盗及强奸，虽旁人皆得捕系，以送官司。"这一立法条款为《宋刑统》所继承。与宋王朝并存的西夏，也有保护见义勇为行为的立法："诸人已为盗诈时，畜物主人及喊捕者求别人帮助，于盗人逃后追赶，除先追者外，其他人见其盗追赶者，将盗人射、刺、杖、斫，盗人死伤时，追者不治罪。"

在传统中国，不仅见义勇为的行为受法律保护和鼓励，而且紧急情况下，个人能力范围内的见义勇为甚至是一种国民义务，比如《唐律疏议》与《宋刑统》均规定："诸邻里被强盗及杀人，告而不救助者，杖一百；闻而不救助者，减一等。力势不能赴救者，速告随近官司，若不告者，亦以不救助论。"

大略了解了传统中国的立法条款与立法精神之后，我们敢说，根据宋朝法律，桃花山的草寇往刘家庄抢亲，邻居均有救护的义务。在抵御强盗的过程中，鲁智深即使出手太重，失手将周通打死，也不必坐罪。

不管古今中外，见义勇为都是一种受到赞赏的行为。今天不少发达国家和地区都制定有"见义勇为法"，鼓励见义勇为，豁免公民在见义勇为过程中产生的法律责任，比如加拿大的安大略省《见义勇为法》规定，自愿且不求奖励报酬的个人，不必为施救过程中因疏忽所造成的伤害承担责任。一些国家和地区甚至将见义勇为列为公民义务，比如德国法律规定："遇到事故、险情或紧急情况，可以施救但拒绝施救者——尤其是在不会给本人带来危险以及不会与其他重要责任构成冲突时，可处一年以下监禁或罚款。"将见义勇为当成犯罪行为，设法将见义勇为者送入监狱的做法，纵览古今中外，还真特少见。[1]

---

1 本文发表于 2019 年 2 月 21 日。背景是由福州赵宇案再次激起的关于正当防卫的全国大讨论。

私闯民宅，后果自负

让我先讲宋人刘攽《中山诗话》记述的一则小故事：北宋年间，河南府洛阳有一名司录参军（司法官员），叫张湍。这年年末，知府照例要筹备腊月二十四日的祭灶事宜，便叫吏员买了一头肥猪，准备宰了，作为祭灶的牲品。但这头猪没有看牢，夜里闯入张湍的家里。张湍也不客气，干脆将猪捉住，宰了，打了牙祭。吏员便向知府报告了这件事。知府叫来张湍，要追究他的责任。张湍说："按律，诸夜无故入人家，主人登时杀者，勿论。"知府听后，大笑，很佩服张湍的急智，不再追究，叫人另买一头猪祭灶。

这虽然是一则段子式的故事，却反映了宋人一个普遍的法律观念：夜间无故闯入别人家，被屋主登时杀死，后果自负。

张湍引用的律，指《宋刑统》的"夜入人家"条款："诸夜无故入人家者，笞四十；主人登时杀者，勿论；若知非侵犯而杀伤者，减斗杀伤二等；其已就拘执而杀伤者，各以斗杀伤论，至死者，加役流。"根据这一立法，夜里无缘无故闯入别人家，即构成犯罪，要接受"笞四十"的刑罚；万一被屋主登时杀死，屋主也不用负法律责任；如果屋主明知闯入私宅者非故意侵犯而将他杀伤，则需负法律责任，但罪责比一般伤害罪减二等；如果入侵私宅者已经被制服，失去了伤害能力，屋主还将他杀伤，则按伤害罪处罚。

《宋刑统》还用"议曰"的形式对本条款的几个概念进行了说明：夜，"依刻漏法，昼漏尽为夜，夜漏尽为昼"；辄入人家，"谓当家宅院之内"；登时杀者，指"登于入时被主人格杀之"；知非侵犯，"谓知其迷误，或因醉乱，及老小疾患并及妇人不能侵犯"之人。

《宋刑统》又用答疑的形式，解释了一种特殊情况下的法律适用原则：假如屋主已预知有外人（比如仇家）夜间会入侵，先做好了准备，等外人一侵入私宅，即趁机将其杀死。这种情况下，是不是也可免于追究法律责任？立法者回答说：制定本条款的目的是"防侵犯之辈"，非法入侵私宅，法所不容，屋主将非法入侵者杀死，如果因其有预谋而加罪，恐怕会助长他人的入宅侵暴行为，"登时许杀，理用无疑"，"即明知是侵犯而杀，自然依律勿论"。

《宋刑统》的"夜入人家，许杀勿论"立法，沿袭自《唐律疏议》相关条款。唐律则继承自汉律："无故入人室宅庐舍，上人车船，牵引人欲犯法者，其时格杀之，无罪。"汉律的渊源又可追溯到更古老的立法，据《周礼·秋官》，西周时便有立法："凡盗贼军乡邑及家人，杀之无罪。"

宋代之后，"夜入人家，许杀勿论"的立法又为元明清三朝所继承。元朝刑法规定："诸夤夜潜入人家被殴伤而死者，勿论。"大明律与大清律均规定："凡夜无故入人家，杖八十；主家登时杀死者，勿论；其已就拘执而擅杀伤者，减斗杀伤罪二等；至死者，杖一百，徒三年。"可以说，私宅遭受不法入侵之际，登时杀死入侵者可免负责任的司法理念，在传统中国是源远流长的。

今天我们可以怎么理解"夜入人家，许杀勿论"立法条款的积极意义呢？显然，这一古老的法条与法理跟现代法律中的"私宅不容侵犯"原则是相贯通的。光绪年间刊印发行的《中外宪法比较》，便将各国宪法中有关"住宅不受侵犯"的规定与《周礼》、汉律、唐律的"夜无故入人家"条款并举，相互参证。

有一些朋友还以为"私宅不容侵犯"是近代西来的法律观念——源于英美法系的"城堡主义"（Castle Doctrine），却不知对于传统中国人来说，这只是生活常识。《西游记》里有个细节值得我们注意：猪八戒在高老庄打不过孙悟空，逃回福陵山云栈洞，闭门不出。孙悟空打上门来，一棍将云栈洞的两扇门打得粉碎。猪八戒恼怒难禁，厉声骂道："你这个弼马温，着实憝懒！与你有甚相关，你把我大门打破？你且去看看律条，打进大门而入，该个杂犯死罪哩。"连猪八戒都知道，私宅不可侵犯，犯者依律要治罪。

"夜入人家，许杀勿论"的立法，也是中国传统法律承认正当防卫的体现。一些学者已注意到，"中国古代法律中没有对正当防卫制度的一般规定，但存在对某些具体侵害行为进行正当防卫的具体规定，其代表性律条便是自唐律之后的历代律典中的'夜无故入人家'条"。[1]清代法学家沈之奇注释"夜入人家，许杀勿论"成立的要件："必是黑夜，必是无故，必是家内，必是主家，必是登时杀死。"这基本符合现代正当防卫的要旨。前面我们还说到，"夜无故入人家"条可以追溯到西周立法："凡盗贼军乡邑及家人，杀之无罪"，西汉《义疏原案》注释说："军中乡邑有盗贼来劫，窃其财物及家人者，当时杀之则无罪也。盖奸人起于仓卒，不杀人则反为彼所伤，故不可以擅杀罪之。"这一注释也深得正当防卫之立法精神。

因此，在晚清的法律近代化进程中，传统的"夜无故入人家"法条自然成了正当防卫立法的本土法理渊源。清末新修《刑律草案》第十五条规定："对于现在不法之侵害，而出于防卫自己或他人之权利之行为，不为罪。但防卫行为过当者，得减本刑一等至三等。"即从唐宋法律"夜无故入人家"条款演化而来。

说到这里，让我再讲述一个发生在宋代的小故事，借以说明传统司法对于正当防卫的支持。建中靖国元年（1101），昌州州院受理了一宗案子：有一个叫阿任的女子，丈夫已去世十年，但她没有改嫁。亡夫的亲兄弟卢化邻垂涎嫂子的美色，一日闯入阿任家，图谋不轨。阿任无可逃免，只能奋起反抗，打斗中刺伤了卢化邻，致其伤重身亡。案发后，昌州官府收捕了阿任，介入调查这起杀人案。

州法院很快查明案情，将案子上报梓州路提点刑狱司。由于案情比较特殊，提刑司又上报中央法司，奏请裁决。最后，

1　闵冬芳：《唐律"夜无故入人家"条源流考》，《法学研究》2010年第6期。

经中央法司裁断,报宋徽宗,由徽宗皇帝下诏,作出终审判决:"卢阿任免勘特放,封旌德县君,仍支赐绢五十疋。"阿任不但免负刑事责任,而且受到嘉奖。

谁说传统司法不文明?

宋代为何会盛行"民告官"之风？

现代法学中的行政诉讼，可以用一个通俗的说法来概括："民告官"。中国古代尽管没有"行政诉讼"的概念，但"民告官"的讼案还是屡见不鲜的。不妨来看看宋朝人怎么说。黄庭坚在一封致友人的书信中提到，江西路的"健讼之民"，平日"一不得气"，即"诋郡刺史，讪讦官长"。这些"刁民"受了点委屈，便将长官告上法庭。

见多识广的东京开封市民更是不惮于"民告官"。一位宋朝官员发牢骚说："王畿之吏，大抵尚因循，好取誉；民狃悍猾，务不直以乱治，亡所尊畏，侮慢骄狠，或时执上官短长，侧睨若相角，急则投鈔箭，挝登闻鼓矣。"（《文同全集编年校注》卷二六）意思是说，京城之民不畏官吏，常抓着官府的短处不放，跟官员争长短，也不给领导好面色看，急了就写检举信（鈔箭即举报箱），或者到直诉法院（登闻鼓院）控告。

宋太宗端拱初年，布衣翟马周击登闻鼓，起诉李昉"居宰相位，当北方有事之时，不为边备，徒知赋诗宴乐"。登闻鼓院受理了这一诉讼案，呈报宋太宗。最后太宗下诏：马周击所讼有理，"罢昉为右仆射，且加切责"。

南宋时的临安市民也一样。《咸淳临安志》收录的一篇《鼓院题名记》说：从前，平民能够"奔走于官府之庭者，固甚难"，得以"叫号于有司以冀万一之听者，抑又甚难"；而"今也，无远近，无强弱，操盈尺之纸，书平时之愤，曾不崇朝即彻渊听，视帝阍万里若咫尺"。今，即指宋代。宋人向登闻鼓院递交起诉官员的状纸，不用一日工夫，便可送达御前。

宋孝宗乾道年间，知绍兴府的钱端礼因为"籍人财产至六十万缗"，被人起诉至登闻鼓院，"有诣阙陈诉者"。孝宗皇帝得知，将钱端礼贬为"提举洞霄宫"的闲职。但御史范仲芑认为这个处分太轻了，又上书弹劾钱端礼"贪暴不悛"，最后钱氏又被"降职一等"。

总而言之，在宋朝，行政长官被人告上法院，乃是常见的事情。为规范"民告官"的诉讼程序，宋政府于咸平六年（1003）立下"行政诉讼法"："若论县，许经州；论州，经转运使；或论长吏及转运使、在京臣僚，并言机密事，并许诣鼓司、登闻院进状。"平民若提告县政府或县官，可到州一级的法院递状；若提告州政府或州官，可到路一级衙门；若提告高官，则可到设于京师的直诉法院。

宋王朝的直诉法院通常有两个：登闻鼓院、登闻检院。按诉讼程序，"诸人诉事先诣鼓院，如不受，诣检院，又不受，即判状付之，许邀车驾，如不给判状，听诣御史台自陈"。意思是说，告状人首次提起直诉，应先至登闻鼓院递状；如果鼓院不受理，再至登闻检院；如果检院也不受理，必须给出书面意见（判状），告状人可以拿着判状拦驾告御状；如果检院不给判状呢？可以到御史台申诉。

为保证"民告官"得到公正的裁决，宋政府又立法规定："诸州，诉县理断事不当者，州委官定夺。若诣监司诉本州岛者，送邻州委官；诸受诉讼应取会与夺而辄送所讼官司者，听越诉。"明确要求"民告官"的案子不能交给被控告的衙门审理，官府不能同时既当被告又当仲裁官。受理诉状的上级法司如果将案子交回被诉衙门处理，听民越诉。

越诉，即"越级上诉"之意。历代司法均实行审级制度，禁止越诉，如《唐律疏议》规定："诸越诉及受者，各笞四十。"《大明律》规定："凡军民词讼，皆须自下而上陈告。若越本管官司，辄赴上司称诉者，笞五十。"对越级上诉的草民，不管有理无理，先打几十大板再说。北宋前期同样限制越诉，但到了后期，越诉的禁令便松弛了，南宋时，朝廷更是制定了一系列"越诉法"，"广开越诉之门"。

按照宋朝"越诉法"，平民在遭遇到如下情况时，可以合法越诉：

一、司法不公，"民间词诉，……苟情理大有屈抑，官司敢为容隐"，当事人可越诉；

二、官府侵占私产，"官司占田不还，许越诉"；

三、官府横征暴敛，"州县于数外妄有科折，……以加耗为名，大秤斤两，如有违戾，许民越诉"；

四、官府乱收费，宋廷"累降指挥约束州县，不得因公事辄科罚百姓钱物，[违者]许人越诉"；

五、官吏勒索商贾，"现任官员收买饮食服用之物，并随市值，各用现钱，不得于市价之外更立官价，违者，许人户越诉"；

六、发现官员贪污腐败，"命官犯入己赃，许人越诉，其监司不即按治者，重行黜责"。

我们可以发现，越诉案通常都表现为"民告官"形式，被告人往往都是官员。而且，宋政府还要求"人户于条许越诉，而被诉官司辄以他故捃摭者，随其所诉轻重，以'故入人罪'坐之"，即禁止被告的官府、官员巧立名目报复越诉之人。官员若借故报复越诉之人，反坐其罪。因此，我们可以说，宋政府"广开越诉之门"，其实是为"民告官"开放更多通道；宋王朝的"越诉法"，实际上就是古代中国的行政诉讼立法。

在宋朝的行政诉讼立法中，还有一条非常奇特的规定：如果是"民告吏"（属于广义的"民告官"），则即便是诬告，告状之人也不用"反坐"。古代官府对诬告者，一般都会给予"反坐"的惩罚，即如果控告不实，告状人反坐其罪，但宋代的"民告吏"是例外，一位叫吴雨岩的南宋法官说："天下未闻有因诉吏而坐罪者，明知其带虚不坐，明知其健讼亦不坐，盖诉吏犹诉贼失物，终无反坐也。"这位南宋法官因此发出了一声感慨："官终弱，民终强。"

坦率地说，历史上，"官终弱，民终强"的时代，还真不容易见到。

"官告民"的法治意义

　　在古代，"民告官"的行政诉讼并不罕见，难得一见的是"官告民"的案子。这大概是因为，官员相对于平民，具有显而易见的强势，不大可能被平民侵犯，即使被平民冒犯了，也大可动用行政权力处理，用不着到司法部门提告。

　　另外，按照古训，"大人不计小人过"，大人指有官职的士君子，小人则是平民百姓。大人就算被小人冒犯，也应该大人有大量，不必斤斤计较、闹上公堂。举个例子：王旦是北宋真宗朝的宰相，有一年天下大旱，王旦下班回家，途中被一名书生堵住。那书生指着王旦大骂："百姓困旱，焦劳极矣，相公端受重禄，心得安邪？"骂完，还将手中的经书扔过去，正中王旦的脑袋。侍卫赶紧抓住书生，准备押送开封府治罪。但王旦制止他们，说："言中吾过，彼何罪哉？"叫人将书生放走了。此事正好拿来作为"宰相肚里好撑船"一语的注脚。

不过这几年我留意宋代史料，还是发现了几起发生在宋朝的"官告民"诉讼案，有些意思，值得拿出来说说。

让我先来讲第一个案子：南宋时，有一名姓周的民妇，初嫁曾氏，并生子曾岩叟；再嫁赵副将；于开禧二年（1206）三嫁京宣义，但成婚未及一年，周氏便因为京宣义宠溺嬖妾，离开了京家，投奔儿子曾岩叟。四年后，周氏去世，由其儿子曾岩叟安葬，谁知京宣义突然把曾岩叟告上法庭，要求将周氏归葬京家。

原告京宣义，便是一位姓京的官员，"宣义"不是他的名字，而是指"宣义郎"，为元丰改官制之后的寄禄官名，从八品。这起诉讼案的判词提到"京宣义以开禧二年十一月娶周氏为妻，次年八月娶归隆兴府，经及两月，周氏以京宣义溺于嬖妾，遂逃归曾家，自后京宣义赴池阳丞，周氏不复随往"。可以知道京宣义曾担任过县丞（相当于副县长）。而且，他还是"公相之子孙"，是一名身世显赫的"官二代"。

那么京宣义为什么要起诉妻子周氏与前夫所生的儿子曾岩叟呢？原来，按宋人习惯与当时法律，女性的嫁妆是一笔独立于夫家的财产，归妻子自由支配。而且，宋代厚嫁之风极盛，嫁妆可不仅仅是一点首饰，往往是几亩、几十亩田产，宋人称之为"奁产"。周氏从曾家改嫁到赵家，又从赵家改嫁到京家，都带着她的奁产。她离开京家，回到前夫曾家，也带回了她的奁产。现在她去世了，这笔奁产肯定落在曾家。京宣义起诉曾岩叟，要求收葬周氏，自然不是出于夫妇之义，而是贪图周氏留下的奁产。

受理这起诉讼案的法官叫黄干，是朱熹的弟子。他认为，京宣义与周氏结婚，却宠溺小妾，与周氏显然已无"伉俪之情"，换成现在的说法，即"感情破裂"；而且，京宣义前往池阳县赴任，只带着宠妾，而将周氏弃于曾家四年之久，不闻不问，"又岂复有夫妇之义？""在法：夫出外三年不归者，其妻听改嫁"，京宣义弃妻四年，按大宋法律，周氏有权利单方面宣告结束婚姻关系，而她至死不归京家，京宣义四年不认妻子，已构成事实离婚。因此，京宣义没有权利"取妻归葬"，自然也没有权利继承周氏的遗产。

基于这样的理由，法官黄干驳回了京宣义的诉求，作出判决："京宣义公相之子孙，名在仕版，不应为此闾巷之态，妄生词诉；周氏之丧，乞行下听从曾岩叟安葬；仍乞告示京宣义，不得更有词诉。"在这起"官告民"诉讼案中，原告败诉了。

南宋还发生过另一起"官告民"诉讼。宗室贵族福王，在杭州有大片用于出租的房屋，一日，福王将几个租住他房屋的租户告上临安府。这福王可不是一般人家，他是当朝君主宋理宗的弟弟，他的儿子赵禥还是皇储。所以，福王尽管不属于行政官僚，但其权势之大是不必怀疑的。那福王为什么要状告租户呢？因为这几个租户租了福王的房子，却拒不交房租。

受理福王诉讼的临安府尹叫马光祖。他传唤被告人，问他们是不是拒绝给福王交租。几个租户都承认福王所告属实。马光祖说：欠债还钱，僦屋还租，天经地义，你们为何不交租金？租户说：我们租住的房子，屋顶破了好多个洞，晴天还好，下雨天就惨了，漏得满地都是水，我们请求福王修葺，福王又不答应，只好不交租了。

按照宋朝法律，出租房屋的业主确实有修葺房屋的责任，保证房屋可以正常居住。福王拒绝修葺漏水的破屋，是违背法律与情理的。所以，马光祖驳回了福王的诉讼要求，认为在福王出资修葺好房屋之前，租户有权拒交房租。

相传马光祖还将他的判决写成一首打油诗："晴则鸡卵鸭卵（指屋顶都是破洞，透着光，有如鸡蛋鸭蛋一般），雨则钵满盆满（指下雨天屋顶漏水，要用钵盆接雨）。福王若要屋钱，直待光祖任满。"但以我们对宋代司法制度的了解，我认为一名宋朝法官的判词不可能写得如此戏谑。这首打油诗应该是时人根据马光祖的判决写出来讥讽福王的。总而言之，在这一起"官告民"诉讼中，原告也是败诉了。

我觉得，"官告民"比"民告官"更能体现社会的进步，因为"官告民"的出现，显示了官民发生利益争执后，官不是企图借手中权力压制民就范，而是寻求通过司法部门的仲裁来解决争端。这是对法治的信仰。而我们讲述的两起宋朝"官告民"诉讼案，作为原告的官都败诉了，说明平民的权益是受到司法官支持的。这样的判决，让我们看到了司法的温情、权力的谦抑与法治的胜利。

为何君主不能当被告？

我们前面说过，在宋代，"民告官"的行政诉讼挺常见的，宰相都有可能被布衣告上法院。有人就说：民告官不算什么，问题是平民能够告皇帝吗？如果不能告，即便再开明，也是皇权专制。

其实，了解君主制历史与法理的人应该不会提出这样的疑问，因为君主不能成为法庭上的被告，是君主制的普遍情况，跟"皇权专制"并无必要联系。不独宋朝皇帝不会被告上法院，其他王朝的帝王亦是如此。西方君主制国家的国王同样享有这一特权，即起诉豁免权，比如西班牙宪法规定，国王不可侵犯且不承担法律责任。

英国迟至13世纪就已经确立了"国王不能在他自己的法庭被起诉"的王室豁免权（Crown immunity），虽然17世纪时英王查理一世被判叛国罪并处死，但查理二世上台后，整个审判便被宣告为非法，英国的大法官申明："我们十分清楚，不论是上院还是下院，对国王都不具有强制力，更不能判处其死刑，你们也知道囚禁国王就是叛国罪。国王永远都是正确的。"直至今天，根据英国法律，英王仍然不可以被告上法庭，将国王推上审判席的行为属于叛国。难道我们要因此认为英国君主制属于皇权专制？

倒是在中国的民间文艺作品中，有一位宋朝君主曾经成了被告，这位君主便是宋仁宗。成书于清代的长篇公案小说《三侠五义》写道：开封府知府包公访查各地，路经草州桥，流落此地的李宸妃找到包公，说要告状，而她所告之人，即她的亲生儿子仁宗皇帝："为我儿子不孝，故要告状。"而按京剧传统剧目《打龙袍》的敷演，李宸妃还要求包公对宋仁宗作出惩罚："包卿！替哀家拷打无道君！"包公如何敢打皇帝？他便想出了"打龙袍"的主意："在金殿领了国太命，背转身来自思忖。自从那盘古到如今，那有个臣子敢打圣明君。万岁的龙袍你就忙脱定。俺包拯打龙袍犹如臣打君。"

不管是李宸妃诉仁宗，还是包公打龙袍，都是民间艺人编造出来的情节，并不是史实。历史上的宋仁宗当然不曾被人告上开封府；这与赵宋王朝是不是皇权专制没有关系，而跟君主制的法理逻辑有关。按英国一项古老的宪制原则——"君主不容有错"（The King can do no wrong），国王不可以成为法庭上的被告。在传统中国，君主也被认定为"神圣不可侵犯"，起诉君主同样缺乏合法性。

但是，君主不可以成为被告，并不意味着臣民的权益受到君主及王室／皇室的侵犯时得不到法律救济。只不过，当侵权行为人为君主或王室／皇室时，法律救济的方式将不同于一般诉讼。比如说，按照英国的宪制惯例，如果臣民要起诉国王，需要以"权利请愿书"（petition of right）的方式，征得国王同意实施对自身的处罚。

宋朝的臣民固然没有"权利请愿"的概念，但他们发现自己受到皇室侵犯的时候，也可以向官府提起申诉——请不要先入为主地以为申诉没有什么用。让我讲述两个发生在宋仁宗时代的例子吧。

大约明道年间，开封府有一个市民，娶了外戚吴氏的女儿为妻，但婚后吴氏嫌弃女婿，强行将女儿带回娘家。这名市民便到开封府起诉。开封府知府程琳传来吴氏问话。吴氏说，已经将女儿纳入宫中，送给仁宗皇帝了。于是这起寻常的民事纠纷将皇帝牵扯了进来，变得不寻常。程琳敢向皇帝要人吗？敢。他直接找到宋仁宗，说道："臣恐天下人有窃议陛下夺人妻女者。"仁宗赶紧命人将吴氏女儿送出宫，交还她的丈夫。

范讽担任开封府知府时，也有过一起类似的诉讼——一名富民前来申诉，称他家"为子娶妇已三日矣，禁中有指挥令入，见今半月无消息"。能够在禁中发出"指挥"者，不是皇帝，便是太后、皇后。换句话说，这位到开封府告状的富民虽然说得比较委婉，但意思很明显，就是控告皇室强抢民女。当然，他不可以将宋仁宗本人列为被告，不过这不影响他要求官府主持公道。

那么范讽能为提起诉讼的富民主持公道吗？他问富民："汝

不妄乎？"富民说："句句属实。"范讽便说："如实有兹事，可只在此等候也。"马上入宫面圣，向宋仁宗要人："陛下不迩声色，中外共知，岂宜有此？况民妇既成礼而强取之，何以示天下？"宋仁宗道："听皇后说，宫中近日确实有进一女，姿色颇佳，朕犹未见也。"范讽说："果如此，请将此女交臣带回。"宋仁宗表示同意将那女子送回去。范讽又说："臣乞请现在就在这里交割此女，好让臣马上带回开封府，当面交还那位诉者。否则，天下人恐怕就要诽谤陛下了。"仁宗只好即时"降旨，取其女与讽。讽遂下殿"。

一名毫无背景的东京平民，在儿媳妇被人接进宫之后，敢跑到开封府告诉。而接到诉状的知府也不忌惮被诉的对象是皇上（尽管名义上皇帝不会成为被告），立即就去找宋仁宗，请他马上归还民女。这说明什么？说明范讽胆大包天、不惮犯龙颜吗？可是按宋人的说法，范讽当时"不以直声闻"，并不是一个以耿直闻名的官员啊。

为什么一名不是很耿直的官员也敢要求皇帝即刻交人？宋人解释说："盖遇好时节，人人争做好事，不以为难也。"（朱弁《曲洧旧闻》卷一）也就是说，至少在宋仁宗时期，君主若是侵犯臣民权益，臣民还是可以通过诉官的制度渠道获得救济的。

第二辑

制度篇

开封府中没有公孙策

看过清代公案小说《三侠五义》或电视剧《包青天》《少年包青天》的朋友，大概都知道包公身边有一位见多识广的得力助手，叫公孙策，是开封府的主簿。但历史上并没有公孙策这号人，宋代的开封府也不置主簿一职。公孙策其实是清朝文人根据当时的刑名师爷形象塑造出来的文学人物。

师爷是清代地方长官私人聘请的行政顾问，又称"幕友"。在清朝，几乎每一个地方衙门，不论小大，都得有若干幕友，"自督抚以迄州县，凡兵刑钱谷，事极纷繁，苟非佐理有人，岂能免夫丛脞。故一署之中，［幕友］多者十余人，少亦三五人，匡正赞襄，责任颇为繁重"。再小的州县衙门，都得有一个刑名师爷，佐理刑狱与词讼；一个钱谷师爷，佐理财政与税收；公务繁忙一点的衙门，还需要征比师爷、挂号师爷、书启师爷、账房师爷，等等。可以这么说吧，若是没有刑名师爷协助，府县衙门的日常司法就会玩不转。

为什么清代府县衙门离不开刑名师爷呢？晚清的有识之士分析过，原因主要有二。其一，明清时期的府县不配置专职、专业的司法官。明代的府一级，幕职官数目已远少于唐宋时期，但毕竟还设了一名推官，主理讼狱，清代却连推官也裁撤掉；至于州县一级，政府配置就更简陋了，瞿同祖先生称其为"一人政府"，即知县一人统管一切事务，佐贰官不常设，且是闲曹，于是，"以州县一人萃地方百务于其身，又无分曹为佐，遂致假手幕宾"。

其二，明清时期以八股取士，经由科举正途入仕的州县官缺乏足够的专业知识与技能处理讼狱事务，不能不依赖刑名师爷，用晚清人的话来说：今世士子"揣摩入彀，惟在八股；试律亦且不必兼工，乌论治术？八股求之时墨，先正且不及涉猎，何论经史？洎夫弋获以登仕途，则刑名钱谷，一切资之幕友，主人惟坐啸画诺而已"。（《皇朝经世文续编》卷二十六）

刑名师爷的日常工作，是协助地方长官听讼、断案、拟判，属于不折不扣的公务。然而，师爷却不具备公务员身份——他们只是地方长官的私人顾问。因此，当地方长官升堂审案时，刑名师爷是不可以出现在公堂之上的，他只能躲于屏风后面，侧耳倾听案情，然后悄悄递字条指导长官怎么审讯；当然，判决书也出自刑名师爷之手，但署名不是他。也就是说，刑名师爷具有隐秘的司法权，却无法官之名，也不负法官之责，这就无从"循名而责实"。

就连师爷的薪水，也由地方长官自掏腰包支付。清代幕友的薪酬是不低的，一位刑名师爷一年的束脩为八百到一千两银子。要知道，清王朝一名七品知县的年俸，只有四十五两白银，加上养廉银，大概也就一千两银子的样子。换言之，清朝知县的正式收入，只够他聘请一个刑名师爷，自己喝西北风；如果他想再聘用一个钱谷师爷，还得倒贴钱。这意味着什么？只能意味着：当时的地方长官如果不搞灰色收入，就不可能在官场混下去。

生活在清代的民间落魄文人以为宋代的地方政府配置也如本朝，于是便给包青天安排了一位刑名师爷式的助手——公孙策。但是，宋朝时，开封府及其他州县都是不需要什么师爷的，因为彼时的州县都设置了健全的司法机关，配备了专职、专业的司法官，自然用不着公孙策。

以包拯主政过的开封府为例，北宋开封府至少设立了八个法院：左右厅、使院、府院、左右军巡院、勾当左右厢公事。具体点说，左右厅设有判官、推官四员，"日视推鞠，分事以治"；使院相当于开封府办公厅，下设十一案，"每日行遣钱谷、税赋及刑狱诸般文书"，其中的"刑狱案"是司法行政部门；府院的长官为司录参军，职掌之一为"析户婚之讼"，即主持民事诉讼；左右军巡院置左右军巡使、判官各二人，"分掌京城争斗及推鞠之事"，即负责处理发生在京城的治安案及刑事案的推鞠；勾当左右厢公事属于开封府辖下的社区法院，受理轻微刑事案与民商事诉讼，"凡斗讼，杖六十已下情轻者得专决；及逋欠、婚姻两主面语对定，亦委理断"。

在包公戏里，人们到开封府告状，不管大案小案，也无论刑事民事，都由老包一个人审理。若果真如此，以宋代的健讼之风，且"开封为省府，事最繁剧"，那包青天就得像孙悟空那样有分身之术才行。其实，这是因为编写包公戏的文人不了解宋代开封府的组织构架，以为偌大的一个开封府只有包公一个法官，怕老包忙不过来，又给他配了一个公孙策。但以开封府完备的司法官配置，公孙策显然是多余的。

而且，宋代开封府的判官、推官、左右军巡使、军巡判官，都是具有法律专业知识、受过司法专业训练的司法官，他们在就职之前，往往需要先通过严格的法律考试，对于司法的造诣，绝非明清时期只识八股文的官员所能比拟。我曾留意过清代最著名的几个师爷留下的著作，如汪辉祖的《佐治药言》(1786)，觉得就法学修养与司法技艺而言，他们也不及《名公书判清明集》(1261)中的南宋士大夫。因而，从司法专业的角度来说，宋王朝也不需要刑名师爷，开封府亦不需要公孙策。

京师之外，宋朝的其他州郡也设有专门的司法机构，规模虽不及开封府，但一般都置三个法院：当置司、州院与司理院。有些大州的州院、司理院又分设左右院，即有五个法院。当然一些小州则将州院与司理院合并，只置一个法院。

每个州郡都配置了若干法官，包括录事参军（或叫司录参军）、司理参军、司法参军、司户参军。主管当置司的推官、判官，其主要工作也是司法。录事参军"掌州院庶务"，同时"分典狱讼"；司户参军掌管户籍、赋税、仓库，同时受理田宅、婚姻、债务等民商事诉讼；司理参军、司法参军则都是专职的法官，除了司法之外，一般不接受其他差遣。所以，宋朝的其他州郡也不需要公孙策这类师爷。

其实我要表达的主旨，并不是考证开封府没有公孙策，而是想说明一个健全、专业的司法系统的重要性。

每一个宋朝人都可以提出立法建议

历史上，立法最为繁密的时代，可能是儒学复兴的宋朝，而不是法家主义的秦朝。梁启超曾感慨说："宋代法典之多，实前古所未闻。每易一帝，必编一次。甚者每改一元，必编一次。盖终宋之世，殆靡岁不从事于编纂法典之业。其法典内容，非必悉相异，殆因沿前法，略加修正而已，然莫不衰然成一巨帙，少者亦数十卷，多者乃至数百卷，亦可谓极千古之壮观矣"，"由此观之，则宋代成文法之汗牛充栋，实有足惊者"。

生活在宋朝的司马光对此深有体会："勘会近岁法令尤为繁多，凡法贵简要，令贵必行，则官吏易为检详，咸知畏避。近据中书、门下后省修成《尚书六曹条贯》，共计三千六百九十四册，寺监在外；又据编修诸司敕式所，申修到《敕令格式》一千余卷册。虽有官吏强力勤敏者，恐不能遍观而详览。"

我们都知道，古代中国有发达的行政机关，也有专设的司法机构，如大理寺，却从未产生专门的立法部门，因为古时立法的频率极低，并不需要设一个专门的机构来负责立法；唯独宋代设了立法部门，叫"详定编敕所""修敕局""编修敕令所""编修诸司敕式所"，等等，因为非如此，不足以适应当时频繁的立法。

宋朝的法制繁密到什么程度？宋人自己说："今内外上下，一事之小，一罪之微，皆先有法以待之。极一世之人志虑之所周浃，忽得一智，自以为甚奇，而法固已备之矣，是法之密也。"（叶适《水心别集》卷十）

假设有一位生活在宋代的聪明人，热衷于立法，成天都在寻思哪一个领域国家尚未立法，穷尽大半辈子的智慧，突然想出一项新法，自以为新奇，便得意洋洋地跑到衙门，献上立法建议，衙门的人查了大宋法律汇编，告诉他：类似的法条国家早已制定出来了。这位聪明人只好失望地回家洗洗睡。

看到这里，可能会有朋友说，你这个例子不靠谱，因为就算宋朝真的立法频仍，但订立一条什么法律，从来都是皇帝的事，哪里有平民百姓置喙的份？得了吧，还跑到衙门献立法建议，这不是自讨无趣吗？

但是，我要告诉你，在宋代，每一个平民百姓确实可以向朝廷提出立法建议。宋朝繁密的法律体系，有一部分条文也是来自民间智者的献策。

宋朝平民参与国家立法的大门，始终是敞开的。宋神宗熙宁二年（1069），朝廷批准了宰相的一项建议："宜令内外官及诸色人言见行条贯有不便及约束未尽事件，其诸色人若在外，即许经所属州府军监等处投状，缴申中书。俟将来类聚已多，即置局删定编修。……仍晓示诸色人，所言如将来有可采录施行，则量事酬赏，或随材录用。"根据这一政策，任何一名宋朝的臣民，如果认为现行法律存在"不便"或"未尽"之类的问题，都可以在任何时间向所在州政府投状，以书面形式提出修订立法的建议，再由州政府将意见书送达中央政府。当来自各地的立法意见书积累到一定程度时，即可成立修敕所，启动立法程序。凡立法建议被采纳的人，将给予奖励，或者录用为国家公务员。

我相信，在这样的政策激励下，民间必定会产生一批"立法爱好者"，宋人所说的"极一世之人志虑之所周浃，忽得一智，自以为甚奇"，大概便是这类"立法爱好者"。事实上，熙宁变法期间推行的"市易法"（翻译成现在的说法，即为"国有企业贸易法"），便是草泽布衣魏继宗上书献策的。

宋政府成立修敕所、启动立法程序之后，按照惯例，还要在天下各个州县衙门与要闹处贴出公告，宣布国家现在进入立法期，诸色人等如有立法建议，请赶快到州政府投书。比如，政和元年（1111）二月，宋徽宗任命宰相何执中提举修敕所，开始新一轮立法。何执中领导的修敕所很快给诸路监司发出公文，要求诸路各个州县都贴出公告，"晓谕官吏、诸色人"，若是认为现行哪一条法律"有未尽未便，合行更改，或别有利害未经条约者"，可在两个月内前往所在州政府密封投状，州政府收到辖下官民的立法建议书后，以"急脚递"（相当于现在的快递）送至京师。

来自各地的立法建议最后都汇集到修敕所，由立法官加以删定、汇编，作为立法的参考，然后制定出立法草案。草案不能马上生效，还需要向"在京刑法司、律学官吏"征求修改意见，因为"尚虑事理未尽"。这些法律专业人士的意见，"送提举详定官看详。如当改正，即改正刊印颁行"。

刊印颁行的新法律，通常还要在小范围试行一段时间，如宋仁宗天圣七年（1029），在新定编敕出台后，皇帝下诏说："新定编敕且未雕印，令写录降下诸转运、发运司看详行用。如内有未便事件，限一年内逐旋具实封闻奏。"

如果官民发现试行的新法有"未便""未尽"之处，可以向朝廷奏陈新法得失，建议修订。让我再举一个例子吧：南宋绍兴三年（1133），新修订的《绍兴复修敕令格式》试行二年，朝廷发现，由于修法之时，"书务速成，论靡专决，去取之间，不无舛错"，"州县权行"期间，"渐见抵牾"。因此，宋高宗诏令各州县"摭新书之阙遗，悉随所见，条具以闻，然后命官审订，删去讹谬，著为定法"。

现在，如果我说，宋代的每一个平民都有机会向政府提出立法建议，诸位总该相信了。我们不能不承认，宋王朝的立法机制是相当了不起的。用现在的眼光来看，我们会发现，宋人的立法程序其实存在着一定程度的"立法民主"，而这样的"立法民主"，我们在其他王朝中还找不到。

今日之法，不可绳昨日之事

让我们先假设一个案例：有一对夫妇，婚后生活不睦，乃至反目成仇，一日，妻子趁丈夫熟睡，刺了他十几刀，并砍断他的手指。事后，妻子向警方自首。法律规定，杀伤他人的罪犯，如果能够自首，可以获得减刑。本案中，凶手具有自首的情节，因此，法官作出了从宽的判决。过了十年，国家修订刑法，取消了故意杀人罪的自首减刑规定。请问：法院可不可以因为刑法的修改而重新审判十年前的妻子杀伤丈夫案，给凶手加刑？

只要稍具法律知识的朋友都会知道，法院不可以改判旧案，因为这违背了"法不溯及既往"的司法原则。根据这一司法原则，今日之法，不可绳昨日之事，只可用来约束新法生效之后的行为，这样，法律才能够给予人稳定的预期：什么事情不可以做，什么事情可以做。但是，如果法可溯及既往，这种稳定的预期便无从建立，人们不知道今日他做的事情会不会被明日制定出来的法律所惩罚。于是人人自危。所以，现代法治国家都采纳了"法不溯及既往"的原则。

那么，如果我们假设的那个案子发生在古代呢，比如中国宋代？事实上，北宋时，登州真的发生过一起类似的案子：熙宁初年，登州有一个叫阿云的女子，被家族尊长许配给农夫韦阿大。阿云很厌恶韦阿大，因为他长得很丑。一日深夜，阿云摸黑砍了他十余刀，并砍断他的一根手指。案发后，县尉抓了阿云讯问，阿云坦白交代了罪行。在宋朝，这属于"按问欲举"的自首。根据宋朝的法律，谋杀人已伤，当判绞刑，不过阿云有自首情节，可获得减刑，"归首者各得减罪二等坐之"，所以法官许遵判阿云流刑，而不是死刑。

但中央法司驳回了许遵的判决，许遵则不服气地提出申诉，朝廷为此委派王安石、司马光等学士进行议法。王安石认为许遵的判决适当，阿云依法当获得流刑；司马光则坚决反对许遵的判决，认为阿云依法应该判处绞刑。最后，神宗皇帝采纳了王安石的意见，维护了许遵的原判，并用敕文重申了自首减刑的司法原则："谋杀已伤，案问欲举自首者，从谋杀减二等论。"

但事情没有完结。十八年后，宋神宗驾崩，宋哲宗继位，司马光回朝执政，废弃了"谋杀已伤，案问欲举自首者，从谋杀减二等论"的敕文。我看过不少讲述"阿云案"的文章，几乎都添油加醋地说，司马光派人抓回阿云，重审了阿云案，并根据新的立法将阿云处斩。但我可以负责任地说，所有关于"司马光杀了阿云"的说法，全都是胡扯出来的，因为司马光若杀阿云，显然便违背了"法不溯及既往"的司法原则。

说到这里，诸位肯定要问：难道宋朝的司法也讲"法不溯及既往"吗？法制史教材告诉我们："法不溯及既往"的司法原则起源于罗马法。但实际上，中华法系同样发展出"法不溯及既往"的精神。早在汉代时，汉令已规定："犯法者，各以法时律令论之，明有所讫也。"所谓"法时"，即犯法之时。法令的意思是说，对一项罪行的审判，应以犯法之时的律令为准绳，而不可按犯法以后颁布的法令进行定罪与量刑。

到了宋代，关于"法不溯及既往"的立法更为详尽。熙宁十年（1077），朝廷的立法部门经皇帝批准，颁降了新的法律《熙宁详定尚书刑部敕》，共分九门，总六十三条。在推行新法的同时，宋政府申明："未降新敕日前已用旧敕与夺之事，并不得援引新敕追改。"换言之，新的立法只用来约束生效之后的行为，新法生效之前的行为适用旧法；新法生效之前已经援引旧法作出判决的案子，不得引用新法加以改判。显然，宋朝的立法者非常清楚：今日之法，不可绳昨日之事；法不溯及既往。

让我再举一个例子。建中靖国元年（1101）前后，权刑部侍郎周鼎、刑部员外郎许端卿在审核刑案时，根据"元符编敕"的相关规定，对已经按"元丰旧条"裁断过的罪犯作出改判，如将"刺面配"或"刺配"改为"编管"。周鼎、许端卿的做法立即受到台谏官的弹劾："久来条制，凡用旧条已断过，不得引新条追改。今已用元丰旧条断过编配人，乃用刑部看详新条改正。鼎为刑官，尽以元丰之旧条为重法而改之。命下删改之日，奸人舞弊，显属挟情乱法，伏望早降睿旨，黜责鼎等。"台谏官重申了"法不溯及既往"的原则，并要求处分"挟情乱法"的周鼎、许端卿。最后，周许二人均被降官。

南宋庆元年间颁行的法典《庆元条法事类》更是明确规定："即应事已用旧法理断者，不得用新法追改。"只有在一种情况下，宋人才认为法可溯往，即新法颁布、生效之时，犯罪行为尚未暴露，或者其犯罪行为虽已暴露，但法院尚未判决，那么这个时候，司法机关便可以援引新法进行裁决，但是，必须遵循"就轻不就重"的原则。按《庆元条法事类》的规定："诸犯罪未发及已发未论决而改法者，法重，听依犯时；法轻，从轻法。"

在现代法治国家的法律中，"法不溯及既往"主要表现为两个层面：一般情况下，法律没有溯及力；在对被告人有利的情况下，现行法律可溯及既往行为，此即"有利追溯"。体现在刑事诉讼上，可以概括为"从旧兼从轻"，这也是我国现行刑法采用的原则。不过我们却未必知道，宋朝的刑事司法，同样采用了"从旧兼从轻"的原则。

因此，从法理上说，不管司马光执政之后怎么修改法律，新法都不能溯及阿云案。而且从历史事实来看，司马光只是推翻了宋神宗时代的那条敕文，并没有重审阿云案。史料中也找不到司马光杀了阿云的任何记载。

如果司马光生活在明代，倒是可以杀掉阿云，因为明朝的法制出现了倒退，《大明律》规定："凡律自颁降日为始，若犯在已前者，并依新律拟断。"其注云："此书言犯罪在先，颁律后事发，并依新定律条拟断，盖遵王之制，不得复用旧律也。"换言之，在明代，法律是具有追溯力的，可溯及既往。今日立下的法律，可以用来追究昨日做出的行为。明王朝的这一立法，推翻了宋朝时已完全确立的"法不溯及既往"司法原则，明显违背了中华法系的文明传统。

失落的宋朝司法考试

德国学者马克斯·韦伯这么评价传统中国的司法官,说中华帝国的官吏是非专业性的,士大夫出任的官吏是受过古典人文教育的文人,他们接受俸禄,但没有任何行政与法律的知识,只能舞文弄墨,诠释经典;他们不亲自治事,行政工作掌握在幕僚(指师爷、胥吏)之手。我曾将这句话放上微博,询问网友:你认为韦伯说得对吗?果然不出所料:多数网友都认为韦伯说得太对了。不奇怪,在大学里,法制史老师就是这么告诉他们的。

也有不少国内学者赞同韦伯的判断:"韦伯就说中国古代的官员一半是官僚,一半是诗人。在西方,写诗是一件非常专业化的事情,但是在中国,一个官员如果不会写诗,那才是一件让人惊讶的事情。这就是我们科举考试所带来的一个重要的副产品。中国古代官员从小就受经史子集、唐诗宋词的耳濡目染,许多人甚至对这些知识烂熟于胸,然而,对于应试所需之外的其他知识，他们可以说既无兴趣，也不了解。……这样导致的结果就是科举考试成功以后的官僚们在处理案件过程中无法成为法律领域的专家，尽管有刑名师爷给他们出谋划策，但是这只是一些辅助性的工作，幕僚们很难有我们今天法律家意义上的专业法律知识。"[1]

尽管他们言之凿凿，我却无法信服。因为韦伯虽然是具有深邃洞察力的大学者，但他不识中文，也接触不到多少可靠的中国史料，更未在中国居住过，对中国文化怎么可能有多深入的了解？

而且，我们从宋人的记录来看，情况恰恰与韦伯的说法相反。比如北宋的秦观说："昔者以诗书为本，法律为末；而近世以法律为实，诗书为名。"这里的"近世"，显然指宋朝。秦观的老师苏轼写过一首诗，里面也戏谑地说："读书万卷不读律，致君尧舜知无术。"苏轼之弟苏辙也说："自是天下官吏皆争诵律令，于事不为无益。"

即便是保守的司马光，主张废罢"明法新科"考试，但他也并非认为官员不需要接受法律训练，而是觉得"律令敕式，皆当官者所须"，一般官员都已熟读律法，用不着多此一举再设置明法科。元人修《宋史》，也给予宋朝这么一个评价："海内悉平，文教寖盛。士初试官，皆习律令。"我相信，历史中人的亲身观察，远比今人与西人的想象更合乎历史真实。

那么，为什么宋朝的官吏会"争诵律令""皆习律令"呢？

1　贺卫方：《中国司法传统的再解释》，《南京大学法律评论》2000 年秋季号。

首先，这是皇帝的要求，比如北宋初雍熙三年（986）九月，宋太宗下诏，要求"朝臣、京官及幕职、州县官等，今后并须习读法书，庶资从政之方，以副恤刑之意"；端拱二年（989）十月，又下诏："中外臣僚，宜令公事之外，常读律书，务在研精，究其条约，施之则足以断事，守之则可以检身。"按法学家徐道邻先生的观点，"宋朝的皇帝，懂法律的和尊重法律的，比中国任何其他朝代都多。……有这么多的皇帝不断地在上面督促，所以中国的法治，在过去许多朝代中，要推宋朝首屈一指"。

其次，宋朝形成了一系列多层次的法律考试制度。这些繁复的法律考试可以归纳成三大类：科举层面的法律考试，任官层面的法律考试，司法资格层面的法律考试。当韦伯断言中华帝国的官吏是受过古典人文教育的文人，没有任何行政与法律的知识时，他应该没有听说过宋代中国的法律考试制度。

第一个层次的法律考试，即科举系统内的考试，是"明法科"。早在汉代，辟召制度中便设有"明法科"，要求应召的人才"明晓法令，足以决疑，能案章覆问"。不过此时尚无严格的"明法考试"。隋唐推行科举取士，"明法科"被列入诸科之一，相当于在科举系统内设立法学专业考试。宋朝科举同样设有"明法科""明法新科"，参加"明法科"考试的士子主要考法理、律令、经义以及案例试断。及第的"明法科"进士通常可获授法官之职。

第二个层次的法律考试是任官前的考试，包括"关试""铨试"等。按唐制，进士及第，不能马上授官，还需要参加吏部的铨选，叫"关试"。唐人铨选的标准有四："一曰身，体貌丰伟；二曰言，言辞辩正；三曰书，楷法遒美；四曰判，文理优长。"其中的试判，是指就考官提供的案例撰写判决书，要求所撰判决既有文采，又合法理。

宋朝的新科进士在获得任职之前，同样需要经过"关试"。宋人铨选，不复以"身言书判"为标准，而是举行法律专业考试："进士及第，自第一人以下注官，并先试律令、大义、断案。"熙宁年间，宋神宗要求"明法新科"及第的进士也必须参加"关试"。"关试"及格，方可注官；考试成绩不合格，则三年后才有可能获得任职，且不得担任司法官与亲民官。

我想具体一点介绍第三个层次的法律考试，那是宋朝特有的司法资格考试，叫"试法官"。宋朝的中央政府与地方政府都设有专职的司法机关，这些司法机关都要配备专业的司法官，他们一般来自"明法科"及第进士、"关试"合格进士，还有一部分是从官僚队伍中转任过来的。他们申请转任司法官之时，需要先通过司法资格考试，考试由刑部与大理寺共同主持，御史台负责监督。

那么宋朝的"试法官"会考什么题目呢？我们以神宗朝熙宁二年（1069）的"试法官"为例加以说明。这年的"试法官"考六场（一天一场），前五场都是考案例判决，要求每场案例包含十到十五件刑名。第六场考法理题五道。所有的案例试判都需要写明令人信服的法理依据、应当援引的法律条文。如果发现案情有疑，可以在试卷上标明。

"试法官"的评卷采取打分制。熙宁年间的评分标准是这样的:成绩分为"通""上粗""中粗""下粗"四等,8分以上为通,上粗为7.5分,中粗为5分,下粗只有2.5分。合格的成绩,要求案例试判"通数及八分以上",且对重罪案例的判决没有出现失误。考试合格者,才可以任命为司法官员。

神宗朝之后,"试法官"又增加了考试经义的内容,如南宋时的"试法官"考五场,其中第一、二、三场考案例判决,第四场试大经义一道题、小经义两道题,第五场考法理。为什么要加试经义呢?因为宋人认为,法官如果只掌握法律知识与断案技术,而缺乏人文精神的滋养,不具备领悟天理人情的能力,便很容易沦为"法匠","必流于刻"。加试经义可以培育法官的人文素养。

现在让我们总结一下。前述三类法律考试,涵盖了不同的对象:"明法科"由礼部主持,考试对象为修习法学专业的士子;"关试"由吏部主持,考试对象是科举及第的新科进士;"试法官"由刑部与大理寺主持,考试对象是想转任司法官的官员。从几次法律考试闯过来的宋朝士大夫,怎么可能如韦伯所言,没有任何法律知识。

可惜,宋代之后,元明清三朝均不设专门的法律考试,"明法科"与"试法官"考试都被取消,铨选也不复重视官员的法学修养。尽管如此,我们也不能说他们毫无法律知识,因为明清时期的官学还设有刑名课程,科举考试也要试"判语五条"。只不过,明清官员的法学素养与司法技艺无疑远不如宋朝的士大夫,也因此,他们才离不开刑名师爷。

清末改革官制,终于重新确立"法官任用须经考试"的原则,并于宣统二年（1910）八月举行了第一次全国法官考试。这次改制的主导者当然是在仿效西洋的近代司法制度，他们却未必知道，"法官任用须经考试"其实是宋代已经推行的制度。

法官的社交为何要受限制？

我们都知道，美国的大法官很少抛头露面，一般都过着深居简出的生活，绝不像总统、议员等政客那么爱出风头、重视社交。像特朗普那样不知节制的骚男，可以被选举为美国总统，但我们不能想象他会成为联邦大法官；自由派大法官金斯伯格因为热衷于参与社会问题讨论，一改大法官深居简出的传统形象，已经饱受非议，"声名狼藉"。

受普通法系影响至深的中国香港，也有《法官行为指引》约束法官的社交活动："法官偶然应邀到警务处餐厅用膳，不会招人异议，但如果经常进出这些俱乐部，或成为会员，或惯性使用其设施，则并不恰当"；"法官并非不可以光顾酒吧、卡拉OK酒廊或类似场所，但须酌情处理。法官需要顾及社会上一个明理、不存偏见、熟知情况的人，会因店铺的声誉、常客的种类等因素，和该店铺是否根据法例经营而可能引起的关注，如何去审视他光顾这等场所"。

法官的社交应当受到比常人与其他官员更为严格的限制——这不独是普通法系下的传统，其实也是中华法系中宋朝司法的惯例。区别是，现代国家一般将对法官社交的限制列为柔性的"行为指引""传统习惯"，而宋朝政府则将其落实为一项刚性的制度，叫"禁谒"或"谒禁"。

严格来说，宋朝的"禁谒"与"谒禁"是两种不同的禁约："谒禁者，人来谒见则有禁；禁谒者，禁其谒人也。"不过我们这里取其通义，用"禁谒"或"谒禁"来泛指一项限制社交的制度。宋王朝对其他官员也有"谒禁"，但以司法官受到的社交限制最为严厉。一则宋人笔记说："嘉祐以前，惟提点刑狱不得赴妓乐。"（张舜民《画墁录》）宋仁宗嘉祐之前，其他官员可以参加妓乐宴会，唯独司法官不行。

宋仁宗朝也是司法官"禁谒"制度逐渐形成的时期。天圣七年（1029）十一月，仁宗下诏："自今刑部不得接见宾客及纵入闲杂人。"五年后，即景祐元年（1034），又诏："天下狱有重系，狱官不得辄预游宴、送迎。"又过五年，宝元二年（1039）十二月，仁宗再次下诏，要求"审刑院、大理寺、刑部，自今毋得通宾客，犯者以违制论"。

宋神宗继位后，于熙宁元年（1068）二月也强调了一遍针对司法官的"谒禁"："审刑院、刑部、大理寺不许宾客看谒及闲杂人出入，如有违犯，其宾客并接见官员并从违制科罪。"同年五月，又诏："今后应审刑院、大理寺官，除休务假日外，其余合入本司日分，并不得于诸处看谒。"意思是说，审刑院、大理寺的法官，除了节假日，不得迎来送往。换言之，如果是在节假日，还是可以参加社交的。

但到了熙宁九年（1076），司法官员连节假日的社交应酬都被禁止了："开封府司、军巡院，假日亦不许接见宾客，止许出谒"；"刑部、大理寺、审刑院官，虽假日亦禁之"。府司、军巡院是开封府的法院，其"谒禁"比大理寺、刑部等中央法司又略宽松一点：节假日虽然"不许接见宾客"，但允许出门谒见友人；大理寺法官则连出谒都不可以。

元丰三年（1080），御史何正臣上书神宗皇帝，对开封府法院与中央法司的"谒禁"差异提出了异议："大理寺法，本寺官不许看谒，仍不得接见宾客；府司、军巡两院，推勘公事不减大理，而休务日乃得看谒，亦或非时造诣禀白，不惟妨废职事，亦恐未免观望请托之弊。欲乞并依大理寺条施行。"宋神宗"从之"，开封府法院的法官从此不准在节假日搞任何社交应酬。

只是神宗皇帝英年早逝，变法派失势，保守派执政之后，尽反熙宁－元丰新法，其中包括严厉的"谒禁"制度。宋哲宗元祐元年（1086），一些依附保守派的台谏官纷纷上书，"请罢谒禁之制"。不过，这些台谏官尽管比较讨厌"谒禁"，却不敢提出废除对司法官的"谒禁"，只敢建议"除开封、大理官司依旧行谒禁外，其余一切简罢"。显然，即使在"谒禁"的反对者看来，司法官的社交应酬也应当给予限制。次年，朝廷废止了在京官司的"谒禁"，但开封府法院与大理寺的"谒禁"则保留着。

南宋时期，法官"谒禁"之制也是一直沿用。绍兴六年（1136）十二月，宋高宗诏："大理寺官，自卿（最高法院首席大法官）、少（少卿，次席大法官），至司直、评事（法官），虽假日亦不得出谒及接见宾客。""谒禁"跟北宋神宗朝时一样严厉。其后，针对法官的"谒禁"时有调整，有些时期"大理寺官许休日出谒"，有些时期又重申"虽假日亦不得出谒"。不管怎么调整，有一点是毫无疑问的：自宋仁宗以降，宋朝司法官的社交活动一直都受到法律的限制。

国家为什么要严格限制法官的社交？因为法官是一个特殊的群体，用宋人的话来说，"天下狱有重系"，"廷尉天下之平"。法官的裁决权可以直接决定一个当事人的死生、一场纠纷的利益归属（这意味着利害相关人具有向法官请托的巨大动力），而且法官自身的形象，关乎人们对于社会正义"最后一道防线"的信赖。因此，有必要使用釜底抽薪的办法（比如宋朝的"谒禁"），来防止外界对法官的"驰骛请托"，树立法官的威信，建立人们对司法的信心。

到开封府找包公告状，用不用下跪？

闲时看过一些宋代背景的古装电视剧，如《包青天》《少年包青天》《大宋提刑官》，剧中都有司法审讯场景的再现。我发现，所有的导演都是这么表现宋代审案的情景：诉讼两造被带上公堂，下跪叩首，然后整个受审的过程都一直跪着。

不能说这是今日导演的凭空想象，因为元代以来的"包公案"杂剧、评书、小说，都是这么讲述包拯审案的。比如，在元杂剧《包待制智勘后庭花》中，被告王庆等人被带到开封府讯问，众人跪下，王庆不跪，包公喝道："王庆，兀那厮你怎么不跪？"王庆说："我无罪过。"包公说："你无罪过，来俺这开封府里做甚么？"王庆说："我跪下便了也。"遂下跪。

明小说《龙图公案》中，包拯差赵虎前往苏州捉拿犯人崔君瑞，不数日，崔君瑞解押到堂，跪在厅下，包拯问："下面跪的是谁？"左右云："崔君瑞也。"包拯喝令赵虎把崔君瑞捆打四十，用长枷枷起。清代评书《三侠五义》中，包公审案，叫传证人白雄，白雄到堂，也是在包公面前跪下。

显然，生活在元明清时期的底层文人在想象宋代司法庭审程序时，只能以他们耳闻目睹的经验为蓝本。也就是说，元明清时期的人到衙门告状，或者作为被告人、证人被传唤到案，都是要下跪的。但是，宋人打官司，比如到开封府提起诉讼，是不是也要跪着听审？

我考据过这个问题——用的是笨法子：检索宋人自己的记载。宋朝文献浩如烟海，其中有两类史料肯定会记录宋人理讼问案的过程，第一类是《名公书判清明集》《折狱龟鉴》《洗冤录》等司法文献，第二类是《作邑自箴》《州县提纲》《昼帘绪论》等官箴书。检遍这些史料，均找不到任何要求民刑事案件的原告、被告、证人下跪的记载，只有个别例子显示，有一些告状人在喊冤时，会"拜伏哀告"；有的犯人在认罪时，也会"叩首服罪"。

不过，上述文献虽然找不到"跪审"的记载，我们却不能据此认为宋朝人人衙门打官司不用下跪。我们需要找出明确说明宋人在接受审讯时没有跪着的记载，论证才有说服力。

真让我找到了。南宋郑克的《折狱龟鉴》提到了两个案例：其一，宋人葛源为吉水县令，"猾吏诱民数百讼庭下"，葛源听讼，"立讼者两庑下，取其状视"。其二，另一位宋人王罕为潭州知州，"民有与其族人争产者，辩而复诉，前后十余年。罕一日悉召立庭下"。《名公书判清明集》收录的一则判词也称："本县每遇断决公事，乃有自称进士，招呼十余人列状告罪，若是真有见识士人，岂肯排立公庭，干当闲事？"

从"立讼者两庑下""召立庭下""排立公庭"等语，我们完全可以判断，当时葛源、王罕等司法官在听讼时，是让诉讼人站着，而不是跪着。现在的问题是，"站着受审"到底是个别法官的特别开恩，还是宋代的一般诉讼情景？

宋朝官箴书《州县提纲》里有一份州县理讼的"标准化"操作程序。根据这一理讼程序，"受状之日，引〔诉讼人〕自西廊，整整而入，至庭下，且令小立，以序拨三四人，相续执状亲付排状之吏，吏略加检视，令过东廊，听唤姓名，当厅而出"。可知诉讼人到法庭递交起诉书时，是用不着下跪的。

《名公书判清明集》收录有一份朱熹订立的"约束榜"，对诉讼程序作出规范，其中一条说，州县衙门设有两面木牌，一面是"词讼牌"，一面是"屈牌"。凡非紧急的民事诉讼，原告可在词讼牌下投状，由法庭择日开庭；如果是紧张事项需要告官，则到"屈牌"下投状："具说有实负屈紧急事件之人，仰于此牌下跋立，仰监牌使臣即时收领出头，切待施行。""跋立"二字也表明，民众到衙门告状无需下跪。

那么法官开庭审理的时候，诉讼人又用不用跪着听审呢？按《州县提纲》的要求，开庭之时，法吏"须先引二竞人（诉讼两造），立于庭下。吏置案于几，敛手以退，远立于旁。吾（法官）惟阅案有疑，则询二竞人，俟已，判始付吏读示"。显然，在民事诉讼中，原告与被告均站立于公庭，接受法官的审问与裁决，并不需要跪着。《名公书判清明集》收录有另一份"词讼约束"，是朱熹再传弟子黄震任地方官时订立的，其中规定：法庭对受理的词讼，于"当日五更听状，并先立厅前西边点名，听状了则过东边之下"，也透露了民事诉讼人站着听审的信息。

那刑事案审讯呢？作为犯罪嫌疑人的被告又用不用跪着受审？宋朝的另一部官箴书《作邑自箴》提供了一条信息："〔法官〕逐案承勘罪人，并取状之类，并立于行廊阶下，不得入司房中。暑热雨雪听于廊上立。"看来在刑事审讯过程中，受审的"罪人"也是立于庭下，而不必跪着。宋人唐庚的《讯囚》诗也可以作为旁证，此诗写道："参军坐厅事，据案嚼齿牙；引囚至庭下，囚口争喧哗。参军气益振，声厉语更切。……有囚奋然出，请与参军辩……"这名囚犯能够"奋然出"，而且与法官当庭对辩，也不可能是跪着的。

跪着受审的制度应该是入元之后才确立起来的，因为元杂剧出现了跪讼的情节；到了明清时，在清初官箴书《福惠全书》中，"跪"已经被列为诉讼人的"规定动作"："午时升堂，……开门之后放听审牌，该班皂隶将'原告跪此'牌安置仪门内，近东角门；'被告跪此'牌安置仪门内，近西角门；'干证跪此'牌安置仪门内，甬道下……"只有取得功名的士子乡绅才获得见官免跪的特权。

很明显，清代官箴书中的审讼场面，完全不同于宋代官箴书中的审讼场面。编撰"包公戏"的民间文人以及今日的古装剧导演们，显然是将元明清时期的司法制度套到宋人身上去了。

包公能审判自己的侄子吗？

京剧《赤桑镇》是一出很有名的包公戏，改编自清代公案小说《三侠五义》，被当成"优秀剧目"保留下来，说的是，包拯年幼便父母双亡，由嫂子吴妙贞抚养成人，而现在，吴妙贞的儿子（即包拯侄子）包勉任萧山县令，贪赃枉法，被人检举。奉旨出巡的包拯亲审此案，查明真相后，下令铡死亲侄子。嫂子吴妙贞赶到赤桑镇，哭闹不休，指责包拯忘恩负义。包拯则婉言相劝，晓以大义。经包拯动之以情、晓之以理，吴妙贞终于明白过来，于是叔嫂和睦如初。

这出《赤桑镇》的包公戏，本意是要表现包拯大公无私、大义灭亲、执法如山的"青天"形象。不过略受过现代法学训练的人一眼就可以看出其中有"不对劲"的地方：由亲叔叔来审判亲侄子，合适吗？且不说亲手将亲人送上铡刀在人情上有多么残忍，单就司法程序而言，谁能保障一名法官在审判亲人时，能够做到完全的秉公执法，而不受私情的半点影响？为了解决这个问题，《赤桑镇》只好将"包青天"往极端里塑造，看起来不但是"铁面无私"，简直就是"铁面无情"了。

今天确实有评论者从司法程序的角度对《赤桑镇》提出质疑：包公铡侄，只让人看到"实体的正义"（因为贪官最终受到国法的严罚），而看不到"程序的正义"（因为戏剧中没有法官回避制）。评论者又进一步作出论断："这正体现中国人从古至今一直关注的是诉讼裁判结局的公正性——'实体正义'，而忽略了法律程序和司法裁判过程的正当性——'程序正义'"，只有到了"现代法治社会"，为了保障司法的公正，才"产生了法官回避制度"。

强调司法的程序正义当然是对的。但这位批评者与《赤桑镇》的创作者都误会了宋代的司法制度，以为包公铡侄是中国法律文化传统的反映——只不过《赤桑镇》想借此强化包青天的铁面无私，而批评者则想指出中国司法传统中"程序正义"的缺失。

然而，所谓的"包公铡侄案"绝不可能发生在宋朝。毫不客气地说，这类公案故事只是那些对宋代司法制度非常无知的后世文人的瞎编。因为事实上，宋朝在司法审判的各个环节，都设置了非常严格而周密的回避制——换言之，司法回避制并不是现代法治社会的新生事物，而是中华法系的固有传统。

首先是法官与诉讼当事人之间的回避。法院受理了一起诉讼案，所有参与审判的法官人等，如果发现与诉讼的原告或被告有亲戚、师生、上下级、仇怨关系，或者曾经有过荐举关系者，都必须回避。宋代的司法回避实行"申报制"，开庭之前，各位在回避范围之内的法官自行申报，再由当地政府核实，"自陈改差，所属勘会，诣实保明"。有回避责任的法官如果不申报呢？许人检举、控告。不用说，这自然是为了避免法官的裁断受到私人关系、私人情感的影响，出现假公济私、公报私仇的情况。如果包拯的侄子因为贪赃枉法而被告上法院，那包拯必须做的第一件事就是提出回避，绝不可能亲自审讯侄子案。

对人命关天的要案，宋人更是特别强调回避。北宋末的一条立法说，"今后大辟，已经提刑司详覆，临赴刑时翻异，令本路不干碍监司别推。如本路监司尽有妨碍，即令邻路提刑司别推"。大辟重罪，即使已经复核过，若临刑时犯人喊冤，也要立即停止行刑，由本路提刑官委派法官重新审理。请注意，负责重审的法官必须是"不干碍"之人，包括跟犯人没有亲嫌、仇怨，未曾审理过本案，与前审法官不存在利益相关。如果本路找不到符合"不干碍"条件的法官，就从邻路找。

其次是法官与法官之间的回避。在一起案子的审判过程中，负责审讯、录问、检法的三个法官，也不能有亲嫌关系，否则必须回避，即便是同年关系，也应当回避。如果是复审的案子，复审法官若与原审法官有亲嫌关系，也需要回避：法院"移勘公事，须先次契勘后来承勘司狱（复审官）与前来司狱（原审官）有无亲戚，令自陈回避。不自陈者，许人告，赏钱三百贯，犯人决配"。对隐瞒回避义务的法官，处罚非常严厉，"决配"。

宋代司法回避制中还有一项回避非常有意思：按发官回避。即由官方按发的案件，按发官本人不得参与审理，必须回避；案子需要申报上级法司，由上级法司组织不干碍的法官组成法庭进行审理。"如系本州按发，须申提刑司，差别州官；本路按发，须申朝廷，差邻路官前来推勘"。宋人所说的"按发"，有点像今天的"公诉"，"按发官"则相当于"公诉人"。今天我们会觉得"公诉人回避"很不可思议，但如果我们回到历史现场，马上就会发现这一回避机制的设置很合理。传统中国实行的是审问式诉讼，公诉人如果参与审判，就相当于既当原告又当仲裁官，这对被告人是很不公平的。宋朝未能发展出抗辩式诉讼，这是事实，但宋人显然已认识到，公诉人不可同时当仲裁官。那么在审问式诉讼的模式下，让按发官回避便是最优的选择了。

此外，缉捕官在司法审判过程中也需要回避，因为犯罪嫌疑人通常是他们抓捕的，出于立功的心理，他们会倾向于认定嫌犯有罪，容易锻炼成狱。宋代的缉捕、刑侦机构为隶属于州、路衙门的巡检司，以及隶属于县衙门的县尉司，合称"巡尉"，相当于今天的警察局，其职责是缉拿、追捕犯罪嫌疑人，搜集犯罪证据、主持检验等，但按照宋朝的司法制度，他们不可以参与推勘。宋真宗时，曾有犯人临刑称冤，法院吩咐县尉司复审，刑部即上言："县尉是元捕盗官，事正干碍，望颁制以防枉滥故也"，要求明确立法禁止县尉推勘案件。

甚至上下级法官之间也要回避，即有亲嫌关系的法官不能成为上下级。宋代立法规定："诸职事相干或统摄有亲戚者，并回避。其转运司帐计官于诸州造帐官，提点刑狱司检法官于知州、通判、签判、幕职官司理、司法参军（有亲嫌关系者），亦回避"；"诸州推、法司于提点刑狱司吏人有亲戚者，并自陈回避"。

这样的司法回避制度，可以说已经严密得无以复加了。批评者声称中国人从古至今一直关注诉讼裁判结局的公正性，而忽略了法律程序和司法裁判过程的正当性，显然是"错把冯京当马凉"，误将戏剧当成历史了。

现在我们看到的许多包公戏，实际上都是从元代之后的"包公案"剧目与话本小说改编而成的，其时宋朝的司法制度已经湮灭，坊间底层文人对历史无知，只为表达某种"中心思想"，编造了许多包公戏，这是"张冠李戴"。而今人如果据此去理解宋朝的司法制度，那无异于"缘木求鱼"。

宋朝"警察"是怎么抓捕犯人的？

宋朝有警察吗？有。"警察"一词，并不是现代才有，宋代已出现了"警察"的说法："警察有巡尉之官。"这个"巡尉之官"就是宋朝的警察机关，由两个互不隶属的系统组成：一是尉司，由县政府统辖；一是巡检司，通常为跨县设置，统属于州政府或路监司。

宋朝的"警察"（为了跟现代警察制度区别开来，我们给宋朝"警察"打上引号吧）抓捕犯人，有一套程序。在出发抓人之前，尉司、巡检司需要先获得"逮捕令"。随便抓人是不行的。按程序，在州郡一级，"逮捕令"由州法院发给巡尉，但州法院发出"逮捕令"之前，需要先经州郡长官知州（宋朝的知州也是州法院的首席法官）批准："郡之狱事，则有两院治狱之官，若某当追，若某当讯，若某当被五木（指刑具），率具检以禀郡守，曰可则行。"两院，即指州郡的法院。宋朝的州郡，一般都设有两个法院：州院与司理院。两院的法官在办案时，认为要缉拿哪些嫌疑犯，先向知州具文报告，得知州批准，才可发牒文给巡检司，巡检司才可以持牒缉拿某人，这叫"直牒追摄"。

现代司法制度中的"非经法庭批准，任何人不得被逮捕"原则，其实是可以从传统司法中找到法律渊源的。

如果遇上案情紧急，必须迅速拿下犯人的情况呢？宋朝法律允许"警察"先行抓人，但报捕的程序必须补办。《庆元条法事类》规定："诸奉使有所追摄，虽被制，皆报所属官司，不得直行收捕。事涉机速，听先捕获，仍取所属公文发遣。"

在追缉犯人的过程中，假如碰上拒捕、"袭警"的情况，巡尉的"警察"是不是可以对他们一概"格杀勿论"呢？当然不可以。按《宋刑统·捕亡律》的规定，只有在两种情景下，宋朝"警察"杀死被追捕者才是无罪的：其一，"罪人持仗拒捍，其捕者格杀之"；其二，"走逐而杀走者"，"皆勿论"。意思是说，被追捕者手持武器拒捕，对"警察"的人身安全构成了威胁；或者逃跑，可能逃脱掉，这时候如果被宋朝"警察"杀死，那么"警察"是不必坐罪的。

这是宋朝法律对"警察"特权的保护。现代国家也会授予警察在紧急情况下开枪的权力，比如在美国，被盘查的人如果不配合警察的指令，哪怕做一下掏口袋的动作，都可能马上会被警察击毙。但是，警察这种"格杀勿论"的特权极容易被滥用。对宋朝"警察"来说，也不例外，他们完全可能滥用暴力、伤害犯人，甚至以缉盗之类的名义滥杀无辜。这样的事情并不是没有发生过。

宋真宗大中祥符年间，南安军上犹县有两个恶僧，向一渔人买鱼，又不付钱。因为渔人向他们索取鱼钱，他们心中忿恨，便买通县里的"警察"，诬称渔人一家为强盗，带领一大帮人"掩捕其家"，导致渔人一家"四人遭杀，三人被伤"。两僧人"以杀获劫贼告于官"，县尉受了贿赂，验尸时帮着掩饰掉死者身上的"縻缚之迹"；知县老眼昏花，又受吏役蒙骗，便以"杀获劫贼"草草结案。（《折狱龟鉴》卷三）

为防止出现这类追捕者滥权杀人的行为，《宋刑统·捕亡律》又规定，在三种条件下，"警察"杀死被追捕的犯人是必须坐罪的：

其一，"空手拒捍而杀者，徒二年"。犯人如果手无兵器，那他即使拒捕，"警察"也无权格杀，否则判"徒二年"之刑。显然，当时的立法者已考虑到"伤害能力的平衡"原则，"罪人空手，虽相拒捍，不能为害"，对"警察"的人身安全构不成威胁，因此致人于死地便毫无必要。美国警察之所以在盘查对象稍不配合的时候就可能要开枪，是因为美国是一个全民持枪的社会，警察的风险非常大。禁枪的其他国家当然不可仿效这样的"美国经验"。

其二，"已就拘执及不拒捍而杀，或折伤之，各以斗杀伤论"。如果被追捕的人已经就缚，或者没有拒捕的行为，那么"警察"便无权杀死他，或者打伤他，否则按"斗杀伤"罪论处。宋朝的"斗杀伤"，如果致人死亡，可判绞刑。在前述上犹县"渔人案"中，死者已被"縻缚"，那么按照宋朝法律，就算他确实是强盗，逮捕他的人也不能杀死他。这就是县尉为何要"隐其縻缚之迹"。

其三，"用刃者，从故杀伤法"。如果宋朝"警察"在抓捕犯人的过程中使用刀刃杀死空手的犯人，则按"故杀伤"论处。宋朝的"故杀伤"罪，最高也可以判死刑。这同样是因为立法者考虑到"伤害能力的平衡"原则，在冷兵器时代，使用刀刃的杀伤力，就相当于今天的开枪。

上面这三条立法，无疑是出于制约"警察"暴力、保护犯人人身权的考虑。也就是说，宋朝"警察"在执行缉捕公务时，绝非不管什么情形都有权对被追捕之人"格杀勿论"。假如宋朝那时候"警察"已经配枪，他可以在追捕过程中随便开枪吗？肯定不可以。正如我们所确知的——法律既应当赋予警察合法使用暴力的特权，但又必须防止警察滥用暴力，所以，法律需要设立一些红线，禁止执法者踩过线。

另外，按照宋代司法制度的分权设计，巡尉的责任只是拿人，而无权参与审讯，更不能够给嫌犯定罪。宋初的一道立法规定："诸道巡检捕盗使臣，凡获寇盗，不得先行拷讯，即送所属州府。"

最后，我们还要将上犹县"渔人案"的结局交代清楚。按照宋朝的司法程序，所有在县初审的涉及人命的刑案，都必须上报州法院复审。南安军法院在复审"渔人案"时，发现了疑点与破绽，最后查得真相，推翻上犹县的结案陈词，上报中央法司。终审结果判下来："僧皆坐死"；"县尉杖脊"，发配道州服役；上犹县知县"贬文学参军"；其他十五名涉案者发配广南充军；"以僧私田给渔者家"，相当于给予受害者家庭刑事补偿。

谁说古人不重司法程序？

　　说起中国的"司法传统"或"传统司法"，可能许多人都会认同这样的判断："传统司法理念只强调惩处罪犯，为了破案可以'不择手段'，毫无程序之说"；"在司法过程中，青天老爷们是没有什么程序可言的，自己想怎么做就怎么做，事实上也没有什么法定程序需要他们遵守"。一百年来，受全盘反传统式历史叙述与观念灌输的塑造，类似的论调已经在许多人的观念中根深蒂固，内化为他们头脑中几乎牢不可破的知识结构。

　　不过，我想戳破他们对于传统司法的刻板想象：中国传统司法实际上也很重视程序，在宋朝，司法的程序非常繁复、周密，即使以今天的目光来看，都会觉得过于烦琐。想用一篇短文介绍宋代司法程序，那是不可能完成的任务，这里我只来谈谈宋代司法程序的一个环节，叫"录问"。

　　录问是宋代重大刑事案审判过程中一道必不可少的程序。

按宋朝司法惯例，一起徒罪以上的刑案未经录问，不可以判决；即使作出了判决，也不能生效；如果生效，则以司法官枉法论处。

录问的程序在庭审结束之后，凡徒罪以上的刑案，走完庭审程序，便自动进入录问程序：由一位跟负责庭审的推勘官、受审的犯罪嫌疑人都没有亲嫌关系、依法不需要回避的司法官担任录问官，至狱中向嫌犯宣读供状，核对供词，询问嫌犯所供是否属实，"令实则书实，虚则陈冤"。必要时，录问官还可以提审证人。对犯死罪的重案犯，必须是"聚录"，即多名法官一起录问，以防作弊；涉及大辟罪五人以上的重大刑案，还需要录问两次：本州法官录问后，还要请邻州的一名法官前来再录问一次。

如果嫌犯在录问时自称"所供属实"，并在供状上签名，那么这起案子便进入检法定刑的程序。负责检法的法官叫检法官，跟推勘官、录问官不可为同一人，而且这三名法官须没有亲嫌关系，且在结案前不得相会面、商讨案情，法律规定："录问、检法与鞫狱官吏相见者，各杖八十。"这一立法，自然是为了保持法官的独立性，防止官官相护。

如果录问时，嫌犯称"所供不实"，自己之前是"屈打成招"，现在要翻供喊冤，那么，案子将自动启动重审程序。而且根据宋朝立法，主持重审的推勘官不可以跟初审法官为同一人，也不可以有亲嫌关系，通常是将案子移交本州或邻州的另一个法院重新推勘，这叫"翻异别勘"。

录问官负有发现冤情、驳正错案的责任。若录问之时，发现案情有疑，嫌犯可能含冤，或者嫌犯称冤，录问官必须对案件提出驳正，启动"别勘"的程序，否则将负连带责任。据南宋《断狱敕》，"诸置司鞫狱不当，案有当驳之情而录问官司不能驳正，致罪有出入者，减推司罪一等"。意思是说，假如法官推勘案情存在明显疑点，而录问官未能驳正，那么他将按比推勘官责任减一等的原则加以问责。

录问官若能及时发现冤情、纠正错案呢？不用说，他将获得朝廷的嘉奖。据南宋时的《赏格》，"录问官如能驳正死罪一人者，命官减磨勘两年（缩短两年升官的考察时间），吏人转一资（晋升）；二人者，命官转一官（晋升），吏人转二资；……如驳正徒流罪者，七人比死罪一人给赏"。古人相信人命关天，因而驳正死刑判决，获得的奖赏最厚。

宋人之所以在庭审之后、定罪之前插入一道录问的程序，显然是为了防止出现冤案、错案，因为在庭审时，推勘官完全可能锻炼成狱，被告人完全可能屈打成招。从制度设计的效果来看，多一道防弊的程序，犯罪嫌疑人便可以减少几分含冤被罪的危险。我们无法统计宋代到底有多少刑事被告人因为录问程序而免于冤枉，但我可以举出一个例子来说明录问的意义：宋仁宗时，开封府审理了一起刑案，法官判处案犯死刑。此案的录问官叫李宥，他发现"因有疑罪，法不当死"，立即驳正了错判，并对开封府知府提出弹劾，迫使其被免职。

当然，在司法实践中，并不是所有刑案的推勘都会出差错，也不是每一次的录问都能够发现冤情，但宋人明白，绝不能因此而否定设立录问程序的必要性。宋仁宗嘉祐四年（1059），京师曾发生过一起案子：御营的兵卒桑达等数十人"酗酒斗呼，指斥乘舆",被皇城使捕送开封府推鞠，开封府判了桑达死刑。当时负责纠察在京刑狱的官员刘敞，对这一判决并无异议，但他发现此案在审理过程中省略了录问的程序，便向开封府提起质询。开封府回复说："近例，凡圣旨、中书门下、枢密院所鞠狱，皆不录问。"

刘敞一听，说道："此岂可行邪！"立即上书宋仁宗，向皇帝提出抗议:陛下,听闻近来有所谓"奉旨鞠狱皆不录问"的成例，臣觉得难以理解，这不是启"府县弛慢，狱吏侵侮，罪人衔冤不得告诉"之弊吗？况且，按法，有司断案，皆不许"用例破条"，今刑狱极谨之时、人命至重之际，却特许"废条用例"，实在是事理乖舛，不可理解。

在刘敞的强烈抗议下，宋仁宗最后不得不下诏申明:自今所有重大刑案，都必须走录问的程序，"著为令"。请注意，刘敞抗议的，并不是开封府的审判结果，而是审判过程中的程序缺失。

谁说古人司法不重程序？

为何"事实审"与"法律审"要分离？

我们都知道，英美法系有陪审团制度。这一制度的建立，将司法审判权分割成"事实审"与"法律审"两个层面，"事实审"之权归由普通公民组成的陪审团，"法律审"之权归专业的法官。这种"事实审"与"法律审"分离的司法制度，其实也是宋代司法的一大特色，学界称之为"鞫谳分司"。鞫，即推鞫事实，类似于"事实审"；谳，即议法定刑，类似于"法律审"。

当然，宋朝没有陪审团。但在宋代，任何一起重大刑事案的审判，都由两个相互独立的法司（或两个相互独立的司法官）分别行使推鞫与议法的职权，负责推鞫的法司叫"推司""狱司"，负责议法的法司叫"谳司""法司"。宋朝的每一个州郡，至少都设置有两个以上的法司，其中司理院、州院为推司，司法厅为谳司。一些规模太小的州郡可能只设一个法司，但推鞫官与议法官也不可为同一人。

"鞫谳分司"制度的创立，始于宋太祖对残唐五代时期州郡司法机构的改造。唐朝时，各州郡都设有专门的司法机构（州院），并配置了专职的司法官（司法参军），掌一州刑案的"鞫狱定刑"。但唐末五代之时，各地藩镇拥兵自重，势同割据，又私自设立司法机构（马步院），派亲信衙校（武官）出任马步都虞候、马步判官，从而架空州院与司法参军的司法权。马步院以武人为司法官，立即就成为滥用酷刑、恣意杀人的渊薮，凡被捕入狱之人，"不问罪之轻重，理之是非，但云有犯，即处极刑。枉滥之家，莫敢上诉。军吏因之为奸，嫁祸胁人，不可胜数"。（赵翼《廿二史札记》卷二十二）

赵宋立国后，着手改造马步院：将其更名为"司寇院"，未久又改称"司理院"；选派进士出身的文官出任司理参军，代替武人担任的马步判官；重新划定司理参军的权限，让其"专于推鞫研核情实"，即只负责"事实审"。原来的司法参军一职也保留下来，但其权力从"鞫狱定刑"调整为"议法断罪"，即只负责"法律审"。自此遂形成中国历史上独一无二的"鞫谳分司"制度。

宋代不独州郡分设推司、谳司，作为中央法司的大理寺也分为"左断刑"与"右治狱"两个系统："左断刑"负责详断奏谳的天下疑案，侧重于"法律审"；"右治狱"负责诏狱的推鞫，侧重于"事实审"。至于地方的县一级法院，由于事简，司法人员配置不那么完备，但还是设了"推吏"协助鞫狱，"编录司"协助检法。总而言之，宋朝的司法体系，从中央到地方，都实行"鞫谳分司"之制。

按照"鞫谳分司"的司法原则，州郡法院对一起刑案的审理，通常由司理参军担任推勘官，他的唯一责任是根据起诉书的控罪，将被告人的犯罪事实审讯清楚。等到审清案情，有证人证言、物证与法医检验报告支撑，能够排除合理怀疑，被告人服押，那么推勘官的工作便结束了。至于被告人触犯了哪些法条，当判什么刑罚，那是另一个法官——检法官的责任，推勘官不能过问。

检法官通常由司法参军担任。他将根据卷宗记录的犯罪事实，将一切适用的法律条文检出来，以他的法学专业参酌法意，阐明法理，拟定犯人的罪罚，并在拟法状上签名，以表示负责。

如果检法官在卷宗上发现推勘有误，有权，也有责任驳正。如宋真宗年间，莱州捕获两个盗贼，州太守用法严酷，指使人故意高估了盗贼所盗赃物的价值，以图置其于死罪。莱州司法参军西门允在检法时，发现赃物估价过高，提出驳正，要求按盗贼盗抢之时的物价重新估值，"持议甚坚"，终使二犯免被判处死刑。又如南宋初，襄阳府巡尉奉命追捕强盗，却误抓十三名乡民。这十三人"不堪笞掠，皆诬伏"，检法时，司法参军萧之敏发现疑点，请太守移狱别勘，未久楚州捕获真盗，"阖府嗟异"。按宋朝赏罚制度，检法官能够驳正错案，将获得奖赏；反过来，如果案情有疑，而检法官未能驳正，则将与推勘官一起受处分。

我们都知道，英美法系的陪审团制度，除了具有宣示"司法民主"的政治意义之外，也能够对"法官的专断"形成权力制衡，防范司法腐败，用美国宪法起草人之一汉密尔顿的话来说："支持陪审团最强有力的论点，就是[这项制度]可以反[司法]腐败。"

宋朝"鞫谳分司"制度的确立，也是旨在给司法公正增加一道防线。让我引述两位宋朝人的话来说明"鞫谳分司"的意义吧——

南宋初，一位叫周林的官员跟宋高宗说：朝廷应当"严立法禁"，要求州郡的推司在审案过程中，"不得辄与法司商议"，因为"狱司推鞫，法司检断，各有司存，所以防奸也"；另一个叫汪应辰的官员也告诉宋高宗：大理寺断案必须严格遵守"鞫谳分司"的原则，因为"国家累圣相授，民之犯于有司者，常恐不得其情，故特致详于听断之初，……是以参酌古义，并建官师，上下相维，内外相制，所以防闲考核者，纤悉委曲，无所不至也。……鞫之与谳者，各司其局，初不相关，是非可否，有以相济，无偏听、独任之失，此臣所谓'特致详于听断之初'也"。（《历代名臣奏议》卷二一七）相维相制，这便是"鞫谳分司"的要旨。

有论者提出，宋代"鞫谳分司"的性质为"审判分离"，其实跟现代司法原则是相背离的。但这个判断并不准确。宋代司法过程中的审与判并没有分离，因为最后定判的州郡首席法官（州行政长官兼任）是可以亲审犯人的。对涉及死刑的重大刑案，法律还要求长官必须参与录问，录问也属于"审"的过程。

所以，更准确地说，"鞫谳分司"实际上是推鞫与议法的分离，相当于英美陪审团制度下的"事实审"与"法律审"分离。这并不是我的胡乱比附，法学大家徐道邻先生老早便提出，"鞫谳分司"之制，"略似英美现行的陪审制度：陪审员决定疑犯是否犯罪而不能决定刑罚；法官决定刑罚而不能决定疑犯是否犯罪"。[1]

---

1 徐道邻：《中国法制史论集》，台湾志文出版社1975年版，第114页。

罪人若喊冤，案子须重审

简单回顾一下中华法制史，我们会发现，从《尚书》确立的"罪疑惟轻，功疑惟重；与其杀不辜，宁失不经"司法原则，到宋代对法官"失出人罪"几乎不追究责任的做法（参见后面《"与其杀不辜，宁失不经"》一文），再到清代繁复的"审转"制度设计，都体现了中华法系的一则核心价值观：慎刑。

清代的"审转"，是一项层层复审的司法制度："徒刑以上（含徒刑）案件在州县初审后，详报上一级复核，每一级都将不属于自己权限的案件主动上报，层层审转，直至有权作出判决的审级批准后才终审。"[1]清代审级之多，为历朝之冠，一个重大刑事案一般都需要经过州县—府—臬司—督抚四级复审，而且"审转"是主动性、强制性的，不管被告人是否提出申诉，都需要

---

[1] 张晋藩主编：《中国法制通史》，法律出版社 1999 年版，第 659 页。

走完四级审讯。这样的制度设计，初衷当然是为了最大程度上减少冤案，但由于所有徒刑以上案件都要层层"审转"，这导致实际上的复审往往流于形式，如同走过场。

相比之下，宋代实行的"翻异别勘"更加接近现代司法的复审制度。今日多数国家的司法多实行三审终审制，一般来说，二审与三审的启动，以被告人是否提起上诉为准。宋代的"翻异别勘"也是如此：在庭审程序结束之后，如果被告人喊冤翻供（相当于提出上诉），则重组法庭，重新庭审。换言之，"翻异"是启动"别勘"的触发机制。不翻异，则不需要别勘。

宋朝的"翻异别勘"一般有两种形式："未录问，而罪人翻异，或其家属称冤者，听移司别推；若已录问而翻异称冤者，仍马递申提刑司审察；若事不可委本州者，差官别推。"（《续资治通鉴长编》卷三九九）我们前面讲过，"录问"是宋朝司法过程中一道必不可少的程序：庭审结束后，由一名跟庭审法官没有亲嫌关系的司法官员独立询问被告人，招供是否属实，是否要喊冤？犯人若喊冤，则将案子移交本州另一个法院重新审理，这叫"移司别推"。

犯人若称供词属实，则亲笔签押，录问程序至此完成，案子将进入下一个程序。但犯人在录问之后也可以喊冤翻供。一旦喊冤，法院必须马上申报上级法司——提刑司，由提刑司委派法官重新开始庭审，为避免复审受到原审所在地政府的影响，往往要借调其他州的法官组建法庭，这叫"差官别推"。

有些案情重大、复杂的案子，在走完"差官别推"程序之后，被告人还会喊冤，这种情况下，就需要从邻路的州府借调法官来复审了。有一段时间，宋政府考虑到邻路州府可能难以摆脱原审地的影响，还要求从隔路差官别勘。宋人防范司法作弊之周详，令人惊叹。

但是，"翻异别勘"制度必然会产生一个后果：被告人如果一次次翻供，司法机构只能一次次重组法庭，没完没了，一个案子审了几年、十几年，都无法完成终审。因此，从太宗朝开始，宋政府对"翻异别勘"作出了次数限制："经三度断结，更有论诉，一切不在重推问之限。"即被告人只有三次"翻异别勘"的机会，类似于四审终审制。不过，在两种情况下，被告人可以不受三次别勘的次数限制：一是被告人控告本案法官受贿枉法而枉断其罪的；一是被告人声称其冤情有明确证据可证明的。

从北宋太宗朝到南宋高宗朝，宋朝都是实行这样的"有条件的三推制"。不过在绍兴五年（1135），南宋政府取消了对三推次数限制例外情况的豁免，实行"无条件的三推制"，被告人在三次"翻异别勘"之后，不管以什么理由提出申诉，都不再受理。但到了绍兴十一年（1141），又有大臣要求恢复旧制，因为实行"无条件的三推制"，"其间岂无冤滥？万一吏非其人，情未尽得而概以此律论之，不无失人者矣"。所以宋政府再次承认，"如告本推官典受赂，推勘不平；及称冤，事状有据验者"（《宋会要辑稿·刑法》），不受"三推"的次数限制。

宋孝宗乾道七年（1171），朝廷又改"三推制"为"五推制"，即被告人有五次"翻异别勘"的法定权利。但由于宋朝对大辟案的判决持慎之又慎的态度，也有一部分案子突破了法定次数的限制，一次次翻异，一次次别勘。后面我们会讲到一个案子：淳熙年间，民妇阿梁被控与他人合奸谋杀亲夫，判处斩刑，但阿梁"节次翻异，凡十差官勘鞫"，翻异近十次，前后审理了九年，阿梁仍不服判，最后，法官据"罪疑惟轻"原则，从轻发落，免阿梁一死。

"翻异别勘"的制度设计救了阿梁一命，但这一复审制度在司法实践中并非没有弊端。宋朝人观察到，有些司法官会利用"翻异别勘"制度的漏洞，暗示犯人在庭审时先招供，这样犯人可免受刑讯之苦，法官也能尽快结案，下班回家；然后，录问的时候，犯人再翻供喊冤，于是重新组建法庭，从头再审。对此，宋政府除了要求司法官"不许便听囚人伏罪，却令就录问翻异"，几乎无计可施，很难通过制度设计加以防范。

也许这就是宋朝"翻异别勘"制度必须承受的代价，正如著名的辛普森案（明知其为真凶，却无法判其罪刑）是美国司法制度需要承受的代价。

被遗忘的宋朝缓刑制度

说起现代缓刑制度的起源，相信很多学习过法制史的朋友都会被告知：缓刑最早出现在 19 世纪的美国波士顿，是一个叫约翰·奥古斯塔斯（John Augustus，1785—1859）的鞋匠率先提出来的。当时波士顿的地方法院经常会判决一些少年犯与酗酒罪犯，奥古斯塔斯很同情他们。1841 年 8 月的一个早晨，他保释了一名被判酗酒罪的年轻人，并跟法院约定：由他负责监督犯人的日常行为，然后向法官报告。如果法官对犯人的表现感到满意，将终止犯罪指控，否则判决程序将继续进行。

从 1841 年至 1859 年这十八年间，奥古斯塔斯共保释了 1946 名轻微刑事罪犯，使他们获得缓刑的机会。1878 年，奥古斯塔斯的家乡马萨诸塞州议会通过了第一部缓刑法律，之后美国各州陆续建立了缓刑制度。奥古斯塔斯也被后人誉为"缓刑之父"。

说奥古斯塔斯是美国的"缓刑之父"，当然是准确的，因为在他之前，美国并无缓刑制度。但是，如果认为缓刑制度是奥古斯塔斯创设的，那就错了，因为早在12世纪的中国宋代，便出现了很成熟的缓刑制度，只不过这一历史鲜为人知，以致许多研究缓刑制度史的学者都异口同声地说：中国历史并没有出现任何与缓刑制度关系密切的制度。真正意义上的缓刑制度在我国出现已是清朝末期，是在清末修律运动的历史背景下从西方引进的。

我翻检过多篇研究缓刑制度的研究生毕业论文与大学教授论文，作者在谈及缓刑制度的渊源时，都是持这样的论断，几无例外。我真想提醒他们：能不能先了解一下宋代的"寄杖""封案"制度再下结论？

在解释何谓"寄杖""封案"制度之前，请允许我先讲述两个发生在南宋的案例，一个是轻微刑事案，一个则是从民事诉讼中发现了轻微犯罪行为。

第一个案例说的是，大约南宋绍定年间，乡民黎七捕到一筐活鱼，带入县城贩卖。当地鱼行有一种恶劣的风气：鱼贩子"百十为群，互相党庇，遇有乡民鬻物于市，才不经由其手，则群起而攻之"。乡下人黎七入城摆摊卖鱼，被认为抢了鱼行的生意，一个叫潘五十二的鱼贩子便过来干涉，黎七也没好声气，一言不合遂打了起来。路人赶紧报官，最后潘五十二、黎七都被扭送到县衙。

法官翁浩堂作出裁决：潘五十二寻衅滋事，"虽无所伤，亦不可不示薄罚"，判答刑十五，立即执行；黎七对斗殴一事也负有责任，"交争之端，亦必自有以启之"，判笞刑十下，不过没有立即执行，而是"寄杖"，"后犯定断"。

再来看第二个案子：还是南宋绍定年间，有个叫阿龙的农夫，因为急需用钱，将自家的四项田地典给富户赵端，典得九十八贯钱。典卖，是以前很常见的不动产交易形式，即业主将自己某项不动产的使用权与收益权转让给他人，保留所有权，并约定典期，到期后业主有权赎回使用权，若业主限期内无力赎回，则所有权转移给承典人。

过了八年，阿龙终于积下赎典的钱，便找赵端赎回田地。但赵端意欲侵占阿龙的田产，借口此时尚未秋收，无法交割，候秋收过后，再来赎典。赵端的如意算盘是："阿龙之钱难聚而易散，此去秋成尚有半载之遥"，到时阿龙很可能将钱花掉了，便没有办法赎回田产了。阿龙也知道这一点，坚决不同意延后赎典。最后双方打起了官司。

应该说，这起民事诉讼案并不复杂，是非也不难分清，但一审的法官却判令阿龙等秋收之后再收赎田地。阿龙不服上诉。二审的法官胡颖推翻了一审判决，认定阿龙有权马上赎回典给赵端的田产，勒令二人"日下交钱退业"。胡颖还发现，赵端的行为已经触犯刑法——"在法：诸典卖田产，年限已满，业主于务限前收赎，而典主故作迁延占据者，杖一百"。因此，他又判赵端"杖一百"之刑，不过考虑到赵端已是老迈之人，暂不执行，"封案"。

说到这里，我们便明白了，所谓"寄杖"，便是将杖刑"寄存"起来，暂不执行；所谓"封案"，便是将判决书"封存入匣"，暂不执行，跟现代的"缓刑"没什么两样。从《名公书判清明集》记载的几个案例来看，适用"寄杖""封案"的案子，都是杖刑以下的轻微犯罪；犯人往往还是需要特别对待的老人、妇女。有时候，"寄杖""封案"的判决书还会强调："如能悔过，却与免决""再犯，拆断"。"拆断"的意思，是指拆开封存的判决书，执行判决。

我们知道，现代缓刑制度是指对于某些轻微犯罪，法官作出有罪判决，但暂不执行，以观后效，而宋朝的"封案—拆断"制度同样包含了这些要素。现代国家设立缓刑制度的初衷，是以刑罚为威慑，又给予当事人悔过的机会，而宋朝的"寄杖""封案"亦是基于同样的考虑。

可惜宋朝覆灭之后，这一古典的缓刑制度也湮灭了。明朝时，"寄杖"一词的词义已发生了巨大的变化，意指一种能够将自己所受杖击转寄于他物的妖术，如明末清初学者周亮工撰写的《书影》是这么介绍"寄杖"的："官获妖人及能寄杖者，官不能刑，取印印其背，及持印向之；或浴以狗豕血，则妖术不得行。此其理可知不可知，然世自有之，不可以常理论者也。"而在今天，即便是法学专业的朋友，也未必都知道宋代的"封案—拆断"制度为何物。

一项优良的制度传统，在改朝换代的历史变迁中被抛弃，随后被人们几乎完全遗忘，说起来，真让人喟叹。

集体判决可以怎么问责？

　　"包青天"故事里的包公，在判决一起案子时，简直可以用"短平快"来形容，一声"堂下听判"，随即当堂念出几句套路化的判词，便完成了宣判，犯人当杖则杖，当铡则铡。真实的宋代司法判决，当然不可能这么草率。

　　按宋朝司法制度，一起重大的刑案在走完庭审、录问、检法等程序之后，例由一个类似于合议庭或判决委员会的集体起草判决书——这便是拟判的程序。在州郡法院的司法审判过程中，参与拟判的司法官通常是判官、推官，有时候司法参军也可以拟判。然后将判决书呈交州郡的首席法官——太守审定。

　　宋朝实行连署判决制度，任何一起刑案的判决书都必须有太守、通判、判官、推官、录事参军、司理参军、司法参军的共同签署，才可以生效。就好比英美陪审团制度下，陪审团对于犯罪事实的认定，必须是全体陪审员意见一致，裁决才能生效。

连署判决的好处是可以防止其中某个司法官独断与枉法，但坏处是可能存在"法不责众""责任推诿"的问责隐患。政治学常识告诉我们，对一项具体的行政行为负责的人多了，责任便变得扯不清了。

不过宋人显然已意识到这一问题，并采用"同职犯公坐"的机制来解决问题。所谓"同职犯公坐"，是指若出现错误判决，则所有在判决书上署名的司法官，都负连带责任。我们如果有机会看宋人的公文，包括判决书，便会发现落款处必有一串签名。签名既意味着职权，也意味着负责："自今应集众官详断者，悉令著名，若刑名失错，一例勘罚。"这是宋人的惯例。

"同职犯公坐"的问责有差序。《宋刑统》规定："诸同职犯公坐者，长官为一等，通判官为一等，判官为一等，主典为一等，各以所由为首。"《庆元条法事类》又作了补充说明："诸录事、司理、司法参军（州无录事参军而司户参军兼管狱事者同）于本司鞫狱、检法不当者，与主典为同一等。"

这里我们需要解释一下："长官"在州郡法院是指太守，在大理寺指寺卿；"通判官"指副长官，如大理寺少卿、地方的通判；"判官"指长官的助理，如大理寺丞、地方的判官和推官；"主典"指具体办案的法吏，推鞫官、录问官与检法官的问责与主典为同一等。"各以所由为首"则是指错误发生在哪一等的官吏身上，则以那一等的官吏为首要责任人，其他责任人按等依次减责。打个比方说，一起错案若是判官拟状时出错，则判官负首要责任，长官次之，通判官又次之，主典再次之。

应该说，宋王朝对于连署判决问责的立法，是相当周密的，足以避免"法不责众"的问题。但连署判决还存在一个问题：如果签名是例行公事，不签不行，却要负连带责任，岂非不公平？

这个问题宋人也解决了。一起刑案在太守正式定判之前，所有需要在判决书上签名的司法官，都有权就案子的判决各抒己见，如果认为判决有误，包括事实认定的错误、法律适用的错误，都可以提出反对意见，这叫"当职官驳正"。让我举个例子吧。宋英宗朝时，明州的郡守"任情徇法"，判决不合法度，司法参军李承之毅然不从。太守怒曰："曹掾敢如是耶？"李承之回敬说："事始至，公自为之则已；既下有司，则当循三尺之法矣。"太守"惮其言"，不得不屈服。（《宋史·李承之传》）

对判决持反对意见的司法官，也有权拒绝在判决书上签名。有一人不签名，判决书便无法生效。这里也有两个例子。北宋初，邵晔任蓬州录事参军，遇到一个案子：州民张道丰等三人被诬为劫盗，太守杨全欲判他们死刑，"狱已具"，邵晔"察其枉，不署牒"，未久，果然抓获真盗。张道丰等人获释，杨全被削职为民，邵晔则受到宋太宗的嘉奖，"赐钱五万"。南宋初，建康府发生一个案子：有人用刀砍伤盗桑的小偷，小偷上吊而死，太守判桑主故杀之罪，处死刑。推官萧之敏认为判决不当，"抗执不书"，坚决不在判决书上署名。太守"初大怒"，冷静后认为萧之敏做得对，向朝廷荐举了萧之敏。

认为判决不妥的司法官，如果未能驳正，而且基于种种原因不得不签名，此时他还可以在签名的同时，附注自己的保留意见，这叫"议状"。倘若以后证实案子有冤、判决有误，在追究法官的责任时，"议状"的司法官可免问责。

宋仁宗朝时，蕲州辖下的蕲水县知县林宗言私占官物案发，恰好蕲州太守王蒙正与林宗言有积怨，想借此机会置林于死地，便交代审案的司法官搜罗林的劣迹，问他一个死罪。果然，在拟判时，司法官作出了死刑判决。但连署判决书时，司理参军刘涣认为判决有疑问，虽然签了名，却附上"议状"。案子最后被中央法司发现破绽，推倒重审。真相大白后，所有在判决书上签名的蕲州司法官，包括太守、通判、判官、录事参军、司法参军，全都受到责罚，只有司理参军刘涣因"曾有议状"，免于追究。

　　这几个案例说明，宋朝的连署判决制度，是可以有效降低冤假错案发生概率的，也是可以切实问责的。

"与其杀不辜，宁失不经"

让我先讲一个司法故事。南宋淳熙年间，江西有一个叫程念二的平民，被人谋杀身亡。他的妻子阿梁、阿梁的奸夫叶胜成了犯罪嫌疑人，一些证据显示：阿梁勾搭奸夫，谋杀了亲夫。但是，在法院审理这个案子时，阿梁招供之后又翻供，翻供之后再招供。按照宋朝"翻异别勘"的司法制度，嫌犯一旦翻供，必须重组法庭，重新审理。所以程念二被杀一案，审了九年，还是未能结案，阿梁"节次翻异"，朝廷"凡十差官勘鞫"。在漫长的审案过程中，叶胜病死于狱中。

第十审时，法院判阿梁罪名成立，秋后问斩；中央法司亦"已降指挥处斩"。但行刑前，阿梁又一次喊冤翻供，朝廷只好"复差江东提刑耿延年亲勘"。这一回，阿梁改变了之前的供词，将罪责全部推给奸夫叶胜："程念二原系叶胜杀死，阿梁初不同谋。"但此时叶胜已死，死无对证，这个案子便成了悬案，以当时的刑侦技术，也许永远都不可能证明阿梁是或不是杀夫凶手了。

法官耿延年将审理结果上报朝廷。围绕案子当如何作出终审裁决，宋廷进行了一次"议法"，最后采取了刑部尚书葛邲的意见：根据古老的司法原则，疑案当从轻处理，民妇阿梁"特贷命，决脊杖二十，送二千里外州军编管"。

有重大杀人嫌疑的阿梁最后免于一死，乃得益于宋朝刑法对一项古老司法原则的继承："罪疑惟轻，功疑惟重；与其杀不辜，宁失不经。"相传这是中国历史上第一个闻名于世的大法官皋陶提出来的。南宋学者蔡沉阐释说："辜，罪。经，常也。谓法可以杀，可以无杀。杀之，则恐陷于非辜；不杀之，恐失于轻纵。二者皆非圣人至公至平之意。而杀不辜，尤圣人之所不忍也。故与其杀之而还彼之生，宁姑全之而自受失刑之责。"（蔡沉《书集传》）在宋朝之前，"罪疑惟轻"只是一种抽象的司法理念，宋人则将"罪疑惟轻"的精神融入司法制度设计中，其中包括错案责任追究的制度。

宋人将错案分成四大类型：

一、故入人罪（司法官故意将无罪之人判有罪，或将轻罪判为重罪）

二、故出人罪（司法官故意为罪犯开脱，将有罪之人判无罪，或者重罪轻判）

三、失入人罪（司法官误将无罪之人入罪，或误将罪轻者重判）

四、失出人罪（司法官误将有罪之人判无罪，或误将罪重之人判轻罪）

宋政府对"故入人罪""故出人罪"的处罚特别严厉，以"同态报复"为责任追究的基准。举个极端的例子，如果某个司法官员故意判无辜者死罪，或者故意将犯死罪者判无罪，日后这一错案若被发现，司法官将反坐死罪。

"失入人罪"尽管不存在主观构陷的故意，但在客观上已经致使无辜者被罪，因此也不能不追究法官的责任。根据熙宁初年的一项立法，"失入死罪，已决三人，正官除名编管，贰者除名，次贰者免官勒停，吏配隶千里。二人以下，视此有差。不以赦降、去官原免"。（《宋史》卷一五四）犯下"失入死罪"过错的司法官，将被分别处以"勒停"（停职）、"除名"（开除公职）、"编管"（限制人身自由）、"配隶"（发配远恶方服役）等惩罚；而且以上惩罚不得因为国家大赦、本人退休而得到赦免。

相比之下，宋朝对"失出人罪"的处罚非常之轻，更准确地说，在北宋元祐七年（1092）之前，宋政府对"失出人罪"基本上不予处罚。熙宁八年（1075），洪州发生了一起错判：当地法院将犯有徒罪的犯人轻判为杖罪。"失出人罪"的司法官因此受到弹劾，但刑部司法官刘衮驳议，认为"洪州官吏当原"，并提议"自今官司出入人罪，皆用此令"，意思是说，今后不管"失出人罪"还是"失入人罪"，都可以援引洪州例，给予谅解。大理寺反驳说："失入人罪，乃官司误致罪于人，难用此令。其失出者，宜如衮议。"重申"失入人罪"必须问责，"失出人罪"才可免责。

元祐初年，还有官员建议："天下谳狱，失出人者同坐。"对"失出人罪"的司法官，视同"失入人罪"，同样问责。但这一建议受到给事中乔执中的反驳："先王重入而轻出，恤刑之至也。今一旦均之，恐自是法吏不复肯与生比，非好生治民之意也。"其议遂寝。

到了元祐七年（1092），又有臣僚从司法公正的立场提议："法寺断狱，大辟失人有罚，失出不坐。常人之情，自择利害，谁肯公心正法者？请自今失出死罪五人，比失入一人，失出徒、流罪三人，比失入一人者。"即失出死罪五人，其法律责任相当于失入死罪一人；失出徒罪与流罪三人，法律责任相当于失入徒、流罪一人。宋哲宗同意了这一建议，"著为法"。但过了几年，元符三年（1100），宋政府又恢复了"失出不坐"的司法原则，因为刑部提出，"祖宗重失入之罪，所以恤刑。夫失出，臣下之小过；好生，圣人之大德。请罢失出之责，使有司谳议之间，务尽忠恕"。（《宋史》卷一五四）

"失人"有罪，"失出"无责，显然会产生这样一种司法导向与司法激励：法官面对一起存在疑点的刑案时，会倾向于对犯罪嫌疑人作出轻罪或无罪判决，从而在客观上达成"罪疑惟轻"乃至"疑罪从无"的司法效果。从司法公正的角度来说，这一司法导向当然有着不必讳言的缺陷；但换一个角度看，这么做又确实可以减少无辜之人含冤被罪。这便是"失出不坐"的价值。

我们的司法宣传一直强调："绝不放过一名坏人，也绝不冤枉一名好人。"这自然是一种理想状态，现实中却往往存在两难的困境：面对一名证据并非确凿的犯罪嫌疑人，如果判有罪，可能会"冤枉好人"；如果判无罪，则可能会"放过坏人"。怎么办？现代司法制度采取了"疑罪从无"的原则，宋人则采用"罪疑惟轻"的原则。

"疑罪从无"与"罪疑惟轻"尽管并非完全一回事，但它们的价值取向却是一致的，那就是，当出现"放过坏人"与"冤枉好人"的两难困境时，宁可选择"失刑"，也不冤枉无辜之人。

从小白菜案说到司法赔偿

提起中国历史上最出名的冤案，大概要算发生在清末的杨乃武与小白菜案吧。同治十二年（1873），余杭县一个叫葛品连的豆腐作坊伙计暴毙于家中，他的妻子毕秀姑（即小白菜）被控与杨乃武合谋毒杀了亲夫。随后，杨乃武与小白菜被打入大牢，问成死罪。但杨乃武的姐姐杨菊贞不屈不挠，一次次为弟弟喊冤，最后经三司会审，证实葛品连死于暴病，而非中毒，杨乃武与毕秀姑并没有合谋杀人，无罪释放。铸成冤案的一众官员被追究责任。

今天许多人讲述杨乃武与小白菜案，都将它当成冤案平反的范例。但我想提醒注意本案的一个细节：尽管两名刑事被告人最终被证明无辜且获释，但在释放之前，法官认为，毕秀姑"与杨乃武同居时不避嫌疑（指葛品连与毕秀姑曾租住杨乃武房屋，杨乃武教毕秀姑识字读书），致招物议，众供金同，虽无私奸实据，究属不守妇道，不应重律，拟杖八十"；杨乃武虽无"与葛毕氏通奸确据，但就同食教经而论，亦属不知远嫌"，"律应杖一百，业已革去举人，免其再议"。

这一对含冤入狱的可怜人，受尽了酷刑——据杨乃武女儿杨濬口述，审讯时，杨乃武被"跪钉板、跪火砖、上夹棍"；毕秀姑"十指拶脱"，"还用铜丝穿入乳头"。审到最后，法官大人说，你们并未杀人，回去吧。既没有对含冤者受过的苦表示道歉，更没有作出任何经济补偿。不但如此，还将毕秀姑打了八十大板，革了杨乃武功名以抵刑罚。

我们批判清政府没有给予冤案受害者经济补偿，是一种不顾时代局限性的苛求吗？毕竟，现代文明社会才有司法赔偿制度。可是，我这些年留心宋朝历史，分明发现，在宋代，一起冤案得到平反时，宋政府通常都会给予受冤者经济补偿。

让我举两个例子吧。宋仁宗时，陇州陇安县平民马文千等五人，被人检举为杀人越货的劫盗，并且证据确凿（实则是伪证），结果被法院判了死刑。后来，邻近的秦州捕到真盗，朝廷才发现马文千等人原来是冤死的。仁宗大怒，将制造冤案的法官流放岭南，同时下诏给冤死者的家庭"赐钱粟"，免三年差役。这里的"赐钱粟"，便是经济补偿。

宋徽宗时，虔州也发生了一宗情节差不多的错案：两名"凶手"被判了死刑，真凶意外被抓获，官府这才知道前面冤杀了二人。徽宗皇帝下诏，所有涉案的法官"并先勒停，不以赦原"，一概先勒令停职，即使国家有大赦，也不予赦免。同时，"误断之家，优加存恤"。所谓"优加存恤"，意为给予优厚的经济补偿。

目前我已检索到相当多的冤案在平反昭雪之时，受冤者家庭都能够获得宋政府的存恤。这类经济补偿，在"冤死案"的平反过程中最为常见，如果冤死者的亲属已流落他方，不知所终，政府也会"访亲属，官给钱米以存抚之"。

那么对于那些没有冤杀人的错案，宋朝政府有没有给予经济补偿呢？我也找到了几个案例，可以正面回应这一疑问。

宋太宗太平兴国年间，开封府市民王元吉的继母刘氏因为与他人通奸，"恐事露，忧悸成疾，复惧其子陈告"，便恶人先告状，诬告继子王元吉在她饮食中下毒，意欲谋害继母。为置王元吉于死地，刘氏还指使人向开封府的法官行贿。王元吉被屈打成招，又临刑喊冤；他的妻子张氏也到登闻鼓院申诉。

经复审三次，案情终得大白。对冤案负责的一批法官，被停职的停职，降职的降职，收受贿赂的曹司则被"杖脊，配沙门岛"。王元吉无罪释放，宋太宗"又赐元吉妻张氏帛十匹"。这十匹绢帛，我们可以看作宋政府对王元吉入狱所受之苦的经济补偿。

雍熙年间，宦官何绍贞"护送宫人诣永昌陵，还至中牟，天未明，见数人持兵行道旁，绍贞疑其盗，捕而笞掠之，人不胜其苦，皆自诬服，缚送致京师"。宋太宗得悉，先是"甚惊"，继而想道：这些人虽然手持武器，却未闻有抢劫的行为，如果真为劫盗，怎么可能束手就缚？因此，"令送开封府鞫之"，查个水落石出。

开封府最后查清楚了，原来这些人都是中牟县的县民，因为要到嵩岳拜神祈祷，连夜赶路，所以带了武器，作为防身之用。

宋太宗接到开封府的结案报告，说："几陷平民于法！"下诏将无事生非的何绍贞"决杖，配北班"；几名受了冤枉的县民则"各赐茶卉、束帛而遣之"。（《宋太宗实录》卷三十二）这里的"茶卉、束帛"，也是类似于经济补偿。

当然，我们不能说宋代已建成了司法赔偿制度。我们搜集到的案例表明，宋王朝给予冤错案受害者的经济补偿只是一种惯例，并未形成正式制度，补偿也未标准化，而且通常是以"赐""存恤"的名义发给，以表示这是政府的"恩惠"。然而，当冤案平反后，官府能够给受害者家庭作出经济补偿，毫无疑问是人道主义的体现，显然比清政府不但不给小白菜补偿，还打了她八十大板更合乎现代司法文明。

如果宋朝的冤案补偿惯例在宋后得以延续下去，假以时日，未必就不能演化出具有现代文明价值的司法赔偿制度。这也是我要一再为宋朝文明发生断裂而深感惋惜的原因所在。

为何文明社会都保留了特赦制度？

不管在西方社会，还是在东方的中国，"赦免权"作为国家元首的一项特权，少说也有二三千年的历史了。西方的赦免制度可以追溯到公元前403年古希腊颁布的赦免法令；而成书于周代的《易经》爻辞也明确表明，中国至迟在西周时期已出现赦免罪罚的做法："雷雨作，解，君子以赦过宥罪。"

自汉代起，赦免开始成为一项正式的国家制度。到了宋代，国家的赦宥活动达至鼎盛状态，据晚清法学家沈家本《历代刑法考》的统计，两宋时期平均每两年就有一次大赦。若论君主的降赦数量，历代王朝未有超过宋代者；宋廷还将三年一次的"郊祀大赦"作为一项制度固定下来，这也是其他王朝所未有的。

宋朝君主几乎都有"大赦天下"的偏好，但宋代士大夫对皇帝的频繁降赦一直颇有微词，许多知名的大臣都上书反对过皇恩大赦：

北宋景祐元年（1034），侍御史庞籍上书说："赦者，政教之大患，不可常用。何以明之？且有罪者宥之，未必自新也；被苦者抑之，未必无怨也。不能自新，将复为恶；不能无怨，将悔为善。一赦而使民悔善复恶，故以为政教之大患也。"

至和二年（1055），知谏院范镇亦上书反对皇帝一年数赦："臣闻古人有言曰，一岁再赦，好人喑哑。此言赦之惠奸而无益于治道，不可数者也。……京师及畿辅岁一赦，而去岁再赦，今岁三赦。……好人良善也，数赦尚犹喑哑；虻虻愚民，其不狃而为奸且盗者，无几矣！"

数年后的嘉祐六年（1061），另一位知谏院司马光也给皇帝上书："臣窃以赦者，害多而利少，非国家之善政也。……无辜则赦，有罪则诛，使久系之人，一朝而决，故能消释沴气，迎致太和。非谓不问是非，一切纵之也。"

这几位名臣上书抗议皇帝降赦的故事，都发生在宋仁宗朝。因为仁宗是一名生性仁厚的君主，老是担心有人含冤受屈，所以宁纵毋枉，降赦比较频仍。他在位四十余年，降赦至少有一百次，其中大赦为二十二次。怪不得要引来司马光等大臣的不满。

不过，请注意，宋朝士大夫并不是反对赦免制度本身，而是抗议君主不加节制地颁发赦免令，以及抗议那种"不问是非，一切纵之"的大赦天下。

实际上，尽管宋朝皇帝的降赦行为备受争议，但终宋一代，没有一个君主与大臣会考虑废除赦免制。即便在今天，所有的文明国家也都保留了大赦与特赦制度，将赦免权视为国家元首或最高立法机关的当然特权。显然，赦免制度虽是"政教之大患，不可常用"，却有不可不用的正面意义。

赦免制度首先是仁政的体现，这个"仁政"也可以换成现代的概念："人道主义"。挪威汉学家白恩（Borge Bakken）干脆将传统中国的赦免制度称为"法律中的仁慈制度"，并指出"这种非同凡响的仁慈制度在宋代达到了顶峰"。

而宋代赦免制度之所以高度活跃，又跟宋王朝的立国精神息息相关。《宋史》的编撰者认为，"宋之为治，一本于仁厚"。正如苛严刻薄的秦始皇"事皆决于法"，对于恩赦极不以为然，"于是急法，久者不赦"；宽仁的宋代君王则倾向于"钦恤庶狱，务在于宽"。在这种治国理念下，降赦便会成为君主的优先选项与习惯性选择。

其次，赦免制度可以发挥"济法治之穷"的功效。宋王朝其实是一个讲求法治的朝代，宋人自己说，"汉，任人者也；唐，人法并行者也；本朝，任法者也"；"吾祖宗之治天下也，事无大小，一听于法"。这看起来似乎跟秦王朝的"事皆决于法"高度相似。但宋人又明白，"一听于法"尽管是很经济的治理方式，但再完备的立法，再严谨的司法，都可能存在漏洞，这个时候，往往就需要超然于法外的赦免制度来补救，用宋人的话来说，"罚之施于有罪者，常恐未当于理，故复加察于赦宥之际"。

赦免制度的存在，还有利于培养国民的善——尽管在被滥用的情况下也可能会纵容恶。美国汉学家马伯良（Brian McKnight）称："特赦在宋代施行之广泛，远过于中国的任何朝代。它被认为是一种能够有效地感召罪犯，使其改过自新以回馈帝国之仁政的手段。"这个论断可以从宋神宗的一道赦书得到证实："夫赦令，国之大恩，所以荡涤瑕秽，纳于自新之地，是以圣王重焉。"国家发布赦免令的初衷，是让犯罪之人有机会"荡涤瑕秽，纳于自新之地"。

赦免制度当然可能会被滥用，而且从宋代的实践来看，也确实被滥用了。然而，如果你以为宋王朝的大赦天下就是"不问是非，一切纵之"，一股脑儿赦免所有罪人的所有罪行，即便是杀人放火的大罪都可以免于追究，那你就想错了。

事实上，宋朝的所谓"大赦天下"，通常都有其限度。那些预期到大赦而故意犯罪的罪行，已经被排除在赦免的范围之外。宋真宗咸平二年（999），朝廷郊赦，真宗下诏："如闻小民知有恩赦故为劫盗，自今不在原免之限。"

此外，根据惯例，一部分重罪也不在赦宥的范围内，如北宋绍圣年间的一份赦令说："大赦天下。应绍圣四年九月五日昧爽以前罪人，除犯劫杀、谋杀、故杀、斗杀并为已杀人者并十恶、伪造符印、放火等罪并不赦外，其余罪无轻重。已觉发、未觉发、已结正、未结正，咸赦除之。"这部分被剔出赦免范围的罪行，法律上有一个术语，叫"常赦所不免"或"常赦所不原"。一般来说，常赦所不免的罪行包括：十恶罪、杀人罪、犯赃罪，以及其他具有严重社会危害性的罪行。

同任何制度一样，赦免制度肯定有其利又有其弊，但通过精密的制度设计，人们可以将其弊端减至最低程度。

当"尚方宝剑"遇到"丹书铁券"

今天许多人对于传统司法的想象，大概都是以"包青天"之类的民间文艺作品为基准。在明代弋阳腔包公戏《高文举珍珠记》中，包青天是带着一身法宝上场的："〔皇上〕赐我金剑一把，铜铡两口，锈木一个，金狮子印一颗。一十二条御棍，……赐我黄木枷梢黄木杖，要断皇亲国戚臣；黑木枷梢黑木杖，专判人间事不平。"一件法宝对应一项御赐的权力："金剑"即尚方宝剑，可先斩后奏；"铜铡"是"三口铡刀"的原型，"龙头铡"专杀皇亲国戚，"虎头铡"专杀贪官污吏，"狗头铡"专杀犯罪奸民。都是十分可怕的进攻型法宝。

有意思的是，包公要对付的坏人，也拥有非常厉害的防御型法宝——同为御赐的"丹书铁券"，俗称"免死金牌"。比如根据元杂剧《包待制智斩鲁斋郎》改编的潮剧《包公智斩鲁斋郎》、川剧《破铁券》，剧中的鲁斋郎出身于开国元勋之家，是

147

一名无恶不作的花花太岁，但官府却奈何不了他，因为他有祖传的"丹书铁券"护身。

这样的包公戏"人设"，让我忍不住脑补出一个画面：如果《高文举珍珠记》里的包青天遇上了《破铁券》里的鲁斋郎，一方祭出尚方宝剑，另一方祭出丹书铁券，到底谁能克制住谁呢？这画风，很像《封神榜》中阐教门人与截教弟子的对决。谁胜谁负，并非取决于谁是谁非，而是看谁的法宝代表了更高的权力。有反传统习惯的朋友也许会据此提出批判：你看，中国的司法传统就是这样，没有法治，只有人治与特权。

尚方宝剑与丹书铁券的对决画面，又仿佛是司法版的"鬻矛誉盾"故事："楚人有鬻矛与盾者，誉之曰：'吾盾之坚，物莫能陷也。'又誉其矛曰：'吾矛之利，于物无不陷也。'或曰：'以子之矛，陷子之盾，何如？'其人弗能应也。"从法理上说，尚方宝剑与丹书铁券确实是自相矛盾的。

大概编写包公案的文人也想不出尚方宝剑与丹书铁券到底哪家强吧，所以不敢让这两件超级大法宝同时出现在公堂之上。《破铁券》的那个包公，手里是没有尚方宝剑的。那他又是怎么"破铁券"的呢？

包公用了下三滥的诡计。他在奏报皇帝的文书上写道：今有一人叫鱼齐即，苦害良民，强夺人家妻女，犯法百端……皇帝看了大怒，批了一个"斩"字。包公收到御笔批复的文书，马上在"鱼"字下边添了个"日"字，"齐"字下边添个"小"字（齐字繁体为齊，斋字繁体为齋），"即"字上边添上一点，于是"鱼齐即"变成了"鲁斋郎"。然后立即斩了鲁斋郎。编写《包待制智斩鲁斋郎》的元朝文人，是将包拯这一诡计捧为除暴安良之大智慧的。然而，倘若司法可以如此胡来，那包公一定是比鲁斋郎更可怕的恶棍。幸亏这样的"包青天"只存在于民间文人的想象中，而非出现在真实的历史中。

包公戏中必不可少的司法道具——三口铡刀与尚方宝剑，也出自元明清落魄文人的想象，绝无可能现身于宋朝法庭，虽然宋代有"大将每出讨，皆给御剑自随，有犯令者，听其专杀"的做法，这里的"御剑"很像是尚方宝剑。其实宋朝的"给御剑"有点像汉晋时期的"假节钺"，但权力要小得多：只授予将帅处斩违犯军法之士兵的特权，属于战时的特别举措，并不适用于文官系统，更不可能应用于司法系统的刑事审判。

明代后期开始形成"赐尚方剑"的制度，兵部尚书、总督、巡抚常获皇帝御赐尚方剑，有专杀之特权。但总的来说，晚明的"赐尚方剑"也是类似于"假节钺"的战时举措，不适用于一般的刑事司法。不过，明代的"赐尚方剑"制度可能启发了当时落魄文人的想象力，于是他们在编撰包公戏时便给包拯加了一把尚方宝剑。

丹书铁券也不可能出现在宋朝的法庭上，因为宋王朝并没有丹书铁券制度。唐朝有丹书铁券之制，今天我们在中国国家博物馆可以看到一块"钱镠铁券"，那是唐昭宗赐给吴越国王钱镠的；明朝也有丹书铁券之制，而且制度最为完备："功臣则给铁券，封号四等：佐太祖定天下者，曰开国辅运推诚；从成祖起兵，曰奉天靖难推诚；余曰奉天翊运推诚，曰奉天翊卫推诚。"这些功臣均赐铁券。铁券的形状如同瓦片，"外刻履历、恩数之详，以记其功；中镌免罪、减禄之数，以防其过"。如宰相李善长所持之券，本人可"免二死，子免一死"。讽刺的是，洪武初年所有获得铁券的功臣中，只有汤和与华高得善终，其余的全都死于非命。

　　夹在唐朝与明朝中间的宋朝,却没有给赐丹书铁券的制度（元朝虽也没有赐铁券之制，但其"答剌罕"封号实际上就是无形的丹书铁券）。按宋人的司法观念，所谓的丹书铁券只会导致严重的司法不公。今人讲"法律面前，人人平等"，古时也有谚曰："王子犯法，与庶民同罪。"宋人亦说："法者，天子与天下共也，如使同族犯之而不刑杀，是为君者私其亲也，有爵者犯之而不刑杀，是为臣者私其身也，君私其亲、臣私其身，君臣皆自私，则五刑之属三千止为民也，庆赏则贵者先得，刑罚则贱者独当，上不愧于下，下不平于上，岂适治之道耶？故王者不辨亲疏，不异贵贱，一致于法。"

　　有些朋友或有疑问：宋人追捧的儒家不是主张"刑不上大夫"，怎么变成了"王子犯法，与庶民同罪"？其实，"刑不上大夫"不是"贵族犯罪不问刑"的意思。孔子的弟子冉有曾向老师请教：先王制法，使刑不上于大夫，然则大夫犯罪，不可以加刑乎？孔子说：非也。贵族视尊严重于生命，当比庶民更知羞耻，若犯五刑之罪，则"白冠氂缨，盘水加剑，造乎阙而自请罪，君不使有司执缚牵掣而加之也"；若其罪至死，则"北面再拜，跪而自裁，君不使人捽引而刑杀"。这便是"刑不上大夫"的本义。宋人也持此解："其所以不肆诸市朝而适甸师氏者，为其人耻，毋使人见之也。"

　　换言之，"刑不上大夫"与"王子犯法，与庶民同罪"并不对立。

宋朝为何没有丹书铁券制度？

前面我们说过，宋朝并没有丹书铁券制度。有些朋友可能会不同意，说《水浒传》里有一个"小旋风"柴进，是前朝皇族柴氏的后裔，家里就有宋太祖御赐的丹书铁券。小说这么写道——

林冲被发配沧州，押送他的公差叫董超、薛霸。这一日，三人来到沧州，在一间酒店歇息，但等了半个时辰，酒保一直没有理睬他们。林冲等得不耐烦，把桌子敲着说道："你这店主人好欺客，见我是个犯人，便不来睬着！我须不白吃你的，是甚道理？"店主人说道："你这人原来不知我的好意。"林冲道："不卖酒肉与我，有甚好意？"

店主人道："你不知俺这村中有个大财主，姓柴名进，此间称为柴大官人，江湖上都唤做小旋风，他是大周柴世宗子孙。自陈桥让位，太祖武德皇帝敕赐与他誓书铁券在家，谁敢欺负他？

专一招接天下往来的好汉，三五十个养在家中，常常嘱付我们酒店里：如有流配来的犯人，可叫他投我庄上来，我自资助他。我如今卖酒肉与你吃得面皮红了，他道你自有盘缠，便不助你。我是好意。"

按小说的描述，沧州当地的许多人都知道柴进家中藏有一份丹书铁券。凭着这份祖传的丹书铁券，柴进公然款待犯罪的绿林好汉，甚至包庇罪犯。比如"黑旋风"李逵杀了人，便躲进柴家庄，郓城县当牢节级（类似警察）朱仝前来捉拿他，见到柴进，问："黑旋风那厮如何却敢径入贵庄躲避？"柴进道："容复。小可平生专爱结识江湖上好汉，为是家间祖上有陈桥让位之功，先朝曾敕赐丹书铁券，但有做下不是的人，停藏在家，无人敢搜。"

然而，柴家的丹书铁券只是出自小说家言，从史料中，到目前为止，我们还找不到任何关于赵匡胤"黄袍加身"后赐给柴氏丹书铁券的记载。倒是按宋人笔记，宋太祖得国后，在太庙立了一块誓碑，上面写道："柴氏子孙，有罪不得加刑，纵犯谋逆，止于狱内赐尽，不得市曹刑戮，亦不得连坐支属。"但这块誓碑是秘而不宣的，只有新皇帝登基拜谒太庙时，才至碑前"拜跪瞻，默诵讫，复再拜出。群臣近侍，皆不知所誓何事"。外人并不知道有这么一块誓碑。后来开封城被金兵攻破，太庙大门洞开，人们才知道原来有一块誓碑在里面。

基本上，我们可以肯定地说，柴进的祖先并没有给他留下一份所谓的丹书铁券。即使在《水浒传》里，这个丹书铁券也只是存在于传说中，始终没有现身。

不过，严格来说，宋朝是有丹书铁券的。北宋初，宋太祖曾给个别前朝将领赏赐过铁券,如建隆年间,宋太祖任命前朝重臣李重进为平卢节度使,李重进"心益疑惧",太祖"又遣六宅使陈思诲赍铁券往赐,以慰安之"。但李重进后来叛变,失败后自杀,丹书铁券也失去了意义。南宋初,苗傅、刘正彦发动兵变,为招抚他们,高宗皇帝也给他们赐了铁券,但苗刘后被勤王的韩世忠擒获,解押回行在处死,铁券也未能保住他们一命。

这几个赐铁券的事例,只是宋朝的特例。除了这几个特例之外,宋王朝再没有给大臣赐丹书铁券之举。南宋前期,学者程大昌考据历代典章制度,称唐朝时"功臣皆赐铁券","今世遂无其制,亦古事之缺者也"。可见宋人自己也知道,本朝并没有赐铁券的制度。当然,更准确地说,宋王朝有过赐铁券的个别特例,但并没有形成制度。

在宋人的观念中,丹书铁券虽属古制,却绝不是一种值得仿效的制度。与宋王朝并存的辽朝保留着丹书铁券之制——这一制度应该来自唐制,宋真宗时,宋臣王曾出使辽国,负责接待的辽臣邢祥炫耀"其国中亲贤赐铁券",而贵国号称优恤士大夫,为何不赐丹书铁券?王曾告诉他:"铁券者,衰世以宠权臣,用安反侧,岂所以待亲贤耶?"邢祥听了,"愧不复语"。

为什么宋人对丹书铁券之制颇不以为然?因为宋人认为,丹书铁券代表了一种司法上的特权,持券之人哪怕犯下死罪,也可以免被判处死刑,这就容易导致一个不良后果:权贵自恃有丹书铁券护身,肆意妄为,这个时候,如果不治其罪,无疑纵容了犯罪;如果治其罪,则是皇帝失信于人,诱人犯法。北魏皇帝曾给贵戚大臣颁"不死之诏"(相当于赐给丹书铁券),司马光对此评价说："勋贵之臣，往往豫许之以不死；彼骄而触罪，又从而杀之，是以不信之令诱之使陷于死地也。刑政之失，无此为大焉！"另一位宋人也说："铁券许之以不死也，人臣有死罪，安得不死？而预以免死许之，是诱而致于戮也。愚者以之肆，黠者以之疑，无施而可。"（胡寅《致堂读史管见》卷二十三）

丹书铁券所代表的司法特权，也不合宋朝的主流司法理念："王者不辨亲疏，不异贵贱，一致于法。"宋人对此也有一番阐述："高帝（刘邦）于功臣剖符作誓，丹书铁契，金匮石室，藏之宗庙，而不免于杀韩信、醢彭越、斩英布，又况其几乎？是故，有功则赏，有罪则刑，尧舜三王不易之道，何以铁券为！"（胡寅，同前）

也就是说，宋代不但没有丹书铁券制度，而且士大夫对这一古制的评价也是非常之低。从司法的角度来看，这也反映了宋人司法观念的进步。

南宋佚名摹《孝经图》中的谏议情景。辽宁省博物馆藏。

南宋佚名摹《孝经图》描绘的宋人家庭。辽宁省博物馆藏。

南宋《耕织图》中的宋人私宅。中国国家博物馆藏。

南宋《宋高宗书孝经马和之绘图册》中的司法场景。台北故宫博物院藏。

南宋萧照《中兴瑞应图》中的官民冲突场面。上海龙美术馆藏。

南宋萧照《中兴瑞应图》中的宋朝官员与市民。上海龙美术馆藏。

宋张择端《清明上河图》的虹桥上，骑马者与乘轿者争道，差点发生交通事故。北京故宫博物院藏。

宋张择端《清明上河图》的虹桥下，漕船桅杆快要撞上桥梁，周围的人赶紧出声提醒、出手救助。北京故宫博物院藏。

故宫南薰殿旧藏包拯画像。

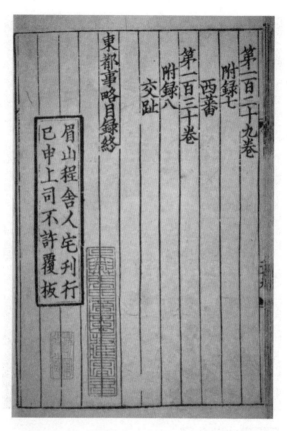

第一百二十九卷
　附錄七
　　西蕃
第一百三十卷
　附錄八
　　交趾

東都事略目錄終

眉山程舍人宅刊行
已申上司不許覆板

南宋眉山程氏刻本《东都事略》的牌记。

第三辑

刑事篇

"儿子"与"国民"

我曾在网上看到有人问："在古代，老子杀儿子不犯法吗？求具体解释一下。"提出这个问题的网友想来对中国传统法制不甚了了，又有些好奇。但他的好奇心恐怕要被一个网络答题大神毁掉了，因为此人回答说："的确，在古代，父杀子是无罪的，无论理由是什么，这是礼法，也是传统。"这一回答还被网站推荐为"最佳答案"。

我要是知道答题者是何方神圣，一定会建议他：不要好为人师，有时间的话不妨翻翻《唐律疏议》或者《宋刑统》，因为里面明明白白地记载："若子孙违犯教令，而祖父母、父母殴杀者，徒一年半；以刃杀者，徒二年；故杀者，各加一等；即嫡、继、慈、养杀者，又加一等。"宋朝的法律还强调了对弃婴、溺婴行为的处罚："弃之者，徒二年；杀者，徒三年。"显然，按照唐宋时期的立法，老子杀了儿子是犯法的。

不过，传统法律对亲属间犯罪的刑罚，通常又不同于对一般犯罪行为。比如说，同样是盗窃罪，盗了亲属的财产，跟盗了陌生人的财物，受到的刑罚是不一样的——法律对亲属间的财产犯罪行为，处罚往往会更轻一些。再比如说，同样是杀人罪，杀害尊亲属跟杀害其他人，量刑往往也是不一样的——法律对杀伤尊亲属的犯罪，处罚会更加严厉；反过来，如果是尊长杀伤了卑幼，法律给出的刑罚则要轻于一般杀伤罪。

不独传统中国的立法具有这样的特点，即便在今日，一些国家或地区的刑法仍保留着类似的定罪原则。比如韩国刑法典第251条规定，家长杀害婴儿，将面临十年以下劳役的刑罚，而法律对一般杀人犯罪的处罚是死刑或无期徒刑。

许多人对此感到无法理解。将亲属间犯罪与一般犯罪区别对待，也许还好解释，因为发生在亲人间的人身伤害毕竟更令人难以接受。那法律又为什么要将杀伤尊亲属与杀伤卑亲属区别开来呢？这可能体现了一种尊卑有序的地方性伦理价值，但归根结底，还是基于普遍的人性假设：父母对于子女都有出于本能的爱护，极少有人会故意伤害自己的子女，因此，即使法律对杀伤子女罪行的处罚略轻，也不会产生犯罪激励。

请注意，支持这一假设的关键要素是血缘，而不是伦理关系。如果父母与子女之间不存在血缘，比如继父、继母与继子、继女，情况可能又不一样。我讲个小故事。北宋初，开封有一名女子残忍地杀掉了丈夫前妻所生的儿子。未久，泾州定县也发生了一起人伦惨案：一名妇女将儿媳割喉杀死。按《宋刑统》，这两名凶手只会受到"徒二年"至"徒三年"的刑罚。但宋政府认为这一法定的处罚畸轻，不合情理。为此，他们修订了刑法："自今继母杀伤夫前妻之子，及姑杀妇者，并以凡人论。"将继母杀伤丈夫前妻之子女、家婆杀死儿媳的犯罪行为，剔出亲属间犯罪的法律适用范围。

宋政府这么解释修订刑法的理由："孝慈所生，实由乎天性"，"嫡继之际，固有爱憎之殊"，"法贵原心，理难共贯"。换言之，国家立法的基础，乃普遍的人性假设，而非抽象的伦理原则。

那么，国家又为什么有权将"老子杀儿子"之类的行为列为犯罪，并作出刑罚呢？这需要政治哲学乃至政治神学上的解释。可以想象，在父权制原始部落，族长、家长对其族众、家人操有天然的生杀大权，"老子杀儿子"乃天经地义的父权。但国家的出现，改变了这一野蛮状态。

我还是用一则小故事略为阐释。孔子的弟子曾参，是一个有点愚孝的人，有一次锄瓜，因不小心弄断瓜根，被暴怒的父亲一棍子打昏，但曾参苏醒后却向父亲赔罪，还回到房间弹琴，表示身体并无不适。要知道，儒家非常尊崇孝道，那孔子是不是对曾参的孝行表示赞赏呢？不是。恰恰相反，孔子很生气，将曾参痛骂了一顿："汝非天子之民也？〔你父若〕杀天子之民，其罪奚若？"

人们多从"正确的孝道应当如何如何"的角度解读这个故事，这当然没有错，只不过失之流俗。其实这一故事还可以从政治哲学的角度作出更深刻的解释：国家出现之后，每一个人都有着双重身份，既是父母之子，又是国家之民。父亲有权教训自己的儿子，却无权杀伤国家的臣民。父权之上，还有普遍保护人权的王法。

东汉时，在著名的白虎观会议上，儒家还从政治神学的高度，解释了为什么国家要对"老子杀儿子"作出惩罚："父煞（杀）其子死当诛何？以为天地之性，人为贵，人皆天所生也，托父母气而生耳。王者以养长而教之，故父不得专也。"（《白虎通义》卷四）参加白虎观会议的儒家学者认为，每一个人都是天地所生，只不过借用了父母的精血。国家受命于天，负有养教子民的责任；父母虽有生身之恩，却无杀伤子女的权力。

许多人以为儒家讲的是"父要子亡，子不得不亡"，又认为西方基督教教义视万民为上帝子女，冲击了"老子杀儿子"的父权合法性，而中国传统恰恰缺乏这样的神学理论。但看了本文之后，你会发现，那些说法不过是对中国历史与传统的误读罢了。

国与家之间有一道矮矮的围墙

都说"有罪必究",但也有例外:不管古今中外,法律都会将一部分罪行列为"亲告罪","告诉乃论",即在受害人(或其代理人)亲自提起诉讼的前提下,国家才会启动追究施害人刑责的司法程序,否则法院将不予过问,他人与公诉机关均无权提出检控。

按中国现行刑法,纳入亲告罪的有五项罪名:侮辱罪、诽谤罪、暴力干涉婚姻自由罪、虐待家庭成员罪、侵占罪。在大陆法系地区,亲告罪的范围还要更宽一些,比如日本、意大利、韩国的刑法典都将强奸罪列为亲告罪,侵犯住宅罪在德国、意大利、瑞士也是亲告罪。

为什么国家要放弃对一部分罪行的公诉权呢?且允许我先来讲述唐宋时期的两个判例。

唐时,由于新晋进士在获得任职之前,需要先通过"铨试",

其中必试"拟判",即根据考官提供的案例草拟判决书,所以在唐朝士大夫群体中,判词几乎是必读书目。大诗人白居易便是一名拟判的高手,他年轻时起草的《百道判》,成为京师学子练习拟判的参考书,"新进士竞相传于京师"。

《百道判》中有一个案例是这么说的:假设某甲在家,被妻子殴打,还打伤了。按大唐律法,妻殴夫、夫殴妻均触犯刑法,所以邻人跑到县衙门检控甲妻,县衙门的司法官依照《唐律疏议》,判甲妻"徒三年"之刑。甲妻不服,上诉:"非夫告,不服。"请问此案当如何判决?

白居易是这么判的:"礼贵妻柔,则宜禁暴;罪非夫告,未可丽刑。……虽昧家肥,难从县见。"意思是说,尽管国家礼法禁止"家暴",但是,既然作为受害人的某甲并未起诉妻子,甲妻便不应该获刑。驳回县法庭的一审判决。

由于唐朝的判词流行用四六骈文撰写,文辞非常华丽,对法律的引用往往付之阙如,对法理的阐释也失之简单。白居易在拟判时,也是使用"不告未爽于夫和""招讼于邻,诚愧声闻于外"之类的华丽句子简略说明"亲不告,官不理"的道理,未免让人有点摸不着头脑。

不过,白居易的判决倒是合乎《唐律疏议》之规定。按《唐律疏议·斗讼律》:"诸妻殴夫,徒一年;若殴伤重者,加凡斗伤三等。"法条末尾加注:"须夫告,乃坐。"也就是说,妻子殴打丈夫属于亲告罪,邻居是不具备诉权的。白居易驳回一审判决,于法有据。

根据《唐律疏议》,丈夫殴打妻子也属于亲告罪:"诸殴伤妻者，减凡人二等；死者，以凡人论。"注云："皆须妻妾亲告乃坐。即至死者，听余人告。"如果家庭暴力闹出了人命，则不再认定为亲告罪，任何人都可以向官方检控。此外，妻妾殴詈夫家父母也是亲告罪，"须舅姑告，乃坐"；诸子孙"供养有阙"、不履行赡养父祖的义务，同样是亲告罪，"须祖父母、父母告，乃坐"。

可惜唐人判词华而不实，不肯老老实实援引法律、阐释法理。这一文风到了宋代才得以扭转过来。宋人的判词不再以骈文追求形式上的美感，转而使用平实的语言解释法意与情理。南宋理宗朝，平江府有一个姓吕的道人，与平民李高的妻子通奸，被人告到衙门，案子最后诉至浙西路提刑司。提刑官胡颖作出终审裁决："自人必贪财也，然后人疑其为盗；人必好色也，然后人疑其为淫。是岂皆无所自哉！但在法：诸奸，许夫捕。今李高既未有词，则官司不必自为多事。"

判词中的"在法：诸奸，许夫捕"，是说按大宋律法，对于民间的通奸行为，法官要不要介入，以作为受害人的丈夫是否提起控诉为准，如果当丈夫的都没什么意见，外人就不要瞎操心了。历代王朝都将通奸列为罪行，不过宋政府创造性地将通奸罪纳入亲告罪的范围，跟我国台湾地区"刑法典"对于通奸罪的规定类似。

说到这里，我们会发现，中华法系中的亲告罪，一般都发生在家庭内部，而且情节轻微，社会危害性比较低。传统的立法者显然认识到，基于血缘与亲缘结成的家庭有其独特性，不可以生硬地套用陌生人世界的冰冷规则，如果粗暴地将家庭内部发生的纠纷、轻微犯罪行为拎到国家的法庭上处理，很容易给家庭造成不可逆的二次伤害。因此，检察官与司法官不会轻易闯入家庭，除非当事人向司法机关提出了要求。

打一个不太恰切的比方：在国与家之间，需要有一道矮矮的围墙。必要的时候，代表国家的检察官与司法官当然有权强制性越过围墙，扑入家庭，比如在发生重大刑事犯罪行为时。通常情况下，检察官与司法官只有在获得主人许可的情况下，才可以推开民宅大门，介入家庭纠纷。

"奸从夫捕"有何深意？

按施耐庵《水浒传》的描写，西门庆与潘金莲在王婆的撮合下，勾搭成奸，"不到半月之间，街坊邻舍，都知得了，只瞒着武大一个不知"。那么问题来了，这些街坊邻舍可不可以跑到衙门，检控潘金莲与西门庆通奸呢？

答案是：不可以。根据宋朝的立法，对于通奸案，作为旁人的街坊邻舍不具有诉权，即使跑去检控了，衙门也不会受理。因为宋朝法律规定"奸从夫捕"。

什么意思呢？意思是说，妇女与他人通奸，法院要不要立案，以妇女之丈夫的意见为准。从表面看，这一立法似乎是在强调夫权，实际上却是对婚姻家庭与妻子权益的保护，以免女性被外人控告犯奸。我们换成现代的说法就比较容易理解了：宋朝法律认为通奸罪属于亲告罪，受害人（丈夫）亲告乃论，政府与其他人都没有诉权。

从这个角度来说，"奸从夫捕"是一则良法。我讲一个《名公书判清明集》收录的故事，诸位就理解了。

大约宋理宗端平年间，广南西路永福县发生一起通奸案。教书先生黄渐，原为临桂县人，为讨生活，寓居于永福县，给当地富户陶岑的孩子当私塾老师，借以养家糊口。黄渐生活清贫，没有住房，只好带着妻子阿朱寄宿在陶岑家中。

有一个法号妙成的和尚，与陶岑常有来往，不知怎的跟黄妻阿朱勾搭上了。后来，陶岑与妙成发生纠纷，闹上法庭，陶岑随便告发了妙成与阿朱通奸的隐情。县官命县尉司处理这一起通奸案。县尉司将黄渐、阿朱夫妇勾摄来，并判妙成、陶岑、黄渐三人"各杖六十"，阿朱免于杖责，押下军寨射充军妻。

这一判决，于法无据，于理不合，完全就是胡闹。

黄渐当然不服，到上级法院申诉。案子上诉至广南西路提刑司，提刑官范应铃推翻了一审判决。在终审判决书上，范应铃先回顾了国家立法的宗旨："祖宗立法，参之情理，无不曲尽。傥拂乎情，违乎理，不可以为法于后世矣。"然后指出，阿朱案一审判决，"非谬而何？守令亲民，动当执法，舍法而参用己意，民何所凭？"而且，县司受理阿朱一案，长官没有亲审，而交付给没有司法权的县尉，"俱为违法"。

最后，范应铃参酌法意人情，作出裁决："在法：诸犯奸，许从夫捕。又法：诸妻犯奸，愿与不愿听离，从夫意。"本案中，阿朱就算真的与和尚妙成有奸，但既然其夫黄渐不曾告诉，县衙就不应该受理；黄渐也未提出离婚，法庭却将阿朱判给军寨射充军妻，更是荒唐。因此，判阿朱交付本夫黄渐领回，离开永福县；和尚妙成身为出家人，却犯下通奸罪，罪加一等，押送灵川县看管；一审法吏张荫、刘松胡乱断案，各杖一百。

范应铃是一位深明法理的司法官，他的判决书申明了"奸从夫捕"的立法深意："捕必从夫，法有深意"，"若事之暧昧，奸不因夫告而坐罪，不由夫愿而从离，开告讦之门，成罗织之狱，则今之妇人，其不免于射者（指奸妇被法院强制许配为军妻）过半矣"。如果男女之间一有暧昧之事，不管当丈夫的愿不愿意告官，便被人告到官府，被有司治以通奸罪，则难免"开告讦之门，成罗织之狱"。因此，国家立法惩戒通奸罪，又不能不以"奸从夫捕"之法加以补救，将通奸罪限定为"亲不告官不理"的亲告罪，方得以避免通奸罪被滥用。

那么，"奸从夫捕"的立法，又会不会给男人滥用诉权、诬告妻子大开方便之门呢？应该说，不管是从理论，还是从实际情况来看，都是存在这种可能性的。不过，《名公书判清明集》收录的另一个判例显示，宋朝法官在司法过程中，已经注意到防范男性滥用"奸从夫捕"的诉权。

宋理宗时，有一个叫江滨叟的平民，因为妻子虞氏得罪他母亲，意欲休掉虞氏，便寻了个理由，将妻子告上法庭，"而所诉之事，又是与人私通"。法官胡颖受理了此案，并判江虞二人离婚，因为虞氏受到通奸的指控，"有何面目复归其家"？肯定无法再与丈夫、家婆相处。虞氏自己也"自称情义有亏，不愿复合，官司难以强之，合与听离"。

但是，胡颖同时又反驳了通奸的指控，并惩罚了原告江滨叟："在法，奸从夫捕，谓其形状显著，有可捕之人。江滨叟乃以暧昧之事，诬执其妻，使官司何从为据？"判处江滨臾"勘杖八十"，即杖八十，缓期执行。

从法官胡颖的判决，我们不难看出，宋时，丈夫要起诉妻子犯奸，必须有确凿的证据，有明确的奸夫，"形状显著，有可捕之人"。这一起诉门槛，应该可以将大部分诬告挡在法庭门外。

元朝初期，还沿用宋朝"奸从夫捕"之法，但在大德七年(1303)，"奸从夫捕"的旧法被废除。这是因为，元朝官员郑介夫发现，"今街市之间，设肆卖酒，纵妻求淫，暗为娼妓，明收钞物"；又有良家妇女，"私置其夫，与之对饮食，同寝处"，"都城之下，十室而九，各路郡邑，争相仿效，此风甚为不美"。由于有"奸从夫捕"的旧法，丈夫不告诉，官府无从干预，"所以为之不惮"。

郑介夫看在眼里，急在心里，觉得只有废除了"奸从夫捕"之法，才能够解决这个严重的社会问题。因此，他建议元廷：民间男女通奸，"许四邻举察"；若有通奸案未能及时举报，"则罪均四邻"。(《元代奏议·太平策》)元廷采纳了郑介夫的奏议，于大德七年颁下新法：今后四邻若发现有人通奸，准许捉奸，"许诸人首捉到官，取问明白"，本夫、奸妇、奸夫同杖八十七下，并强制本夫与奸妇离婚。

于是乎，人民群众心底的"捉奸精神"被激发了出来，南宋法官范应铃担心的"开告讦之门，成罗织之狱"景象，宣告来临。

私人复仇的罪与罚

北宋太宗雍熙年间，京兆府鄠县发生过一起惊动朝野的复仇案。一个叫甄婆儿的女子，在十岁时目睹母亲刘氏与同村的董知政发生争执后，被董知政杀死。甄婆儿将尚在襁褓中的妹妹托付给邻人张氏乳养，自己远走他乡避仇。数年后，甄婆儿长大成人，回乡祭母，在母亲坟前恸哭，随后拿了一把斧头，藏于袖中，悄悄摸至董知政家中。董知政正在逗儿子玩，甄婆儿趁其不备，"出其后，以斧斫其脑杀之"，报了杀母大仇。

当地官府在抓获凶手甄婆儿之后，上奏朝廷，请皇帝裁决。那么宋太宗如何判决这一起复仇案呢？按《宋史·孝义传》的记载，"太宗嘉其能复母仇，特贷焉"。今天有些讲述甄婆儿复仇案的朋友，都据此认为皇帝最后豁免了甄婆儿的罪责。还有一些朋友引述儒家经义，提出儒家是支持血亲复仇的。这种解释误导性很大，不能不辨正。

确实，在先秦儒家的观念中，血亲复仇是一种"自然正义"。《礼记》记载，"父之雠，弗与共戴天；兄弟之雠，不反兵；交游之雠，不同国"。意思是说，杀父之仇，不共戴天，不是你死，就是我亡；杀兄之仇，随时可以报复，路上见了仇人，抄家伙就上；杀友之仇，不与仇人同待一国。但这种朴素的正义观，反映的应该是国家法律正义尚未建立起来的丛林状态下的自然正义。不独东方的先秦儒家认同这样的复仇正义，西方的《圣经·旧约》也宣扬类似的观念，比如《出埃及记》说："若有别害，就要以命偿命，以眼还眼，以牙还牙，以手还手，以脚还脚，以烙还烙，以伤还伤，以打还打。"

然而，如果"以眼还眼，以牙还牙"的同态报复受到鼓励，社会必将陷入"冤冤相报何时了"的困境，无法形成安全、稳定的公共秩序。因此，《新约》对《旧约》的同态报复观作出了修正："你们听见有话说：以眼还眼，以牙还牙。只是我告诉你们：不要与恶人作对。有人打你的右脸，连左脸也转过来由他打。"中国的儒家也对血亲复仇提出限制，《春秋公羊传》说："父不受诛，子复仇可也。父受诛，子复仇，此推刃之道，复仇不除害。"意思是说，父亲若是无辜被诛，儿子应该报仇；但是，父亲若是犯罪当杀，儿子的报仇便不具正义性。

但即便限制了不具正义性的复仇行为，那些符合自然正义的血亲报复仍然会导致社会盛行暴戾之气。东汉的《轻侮法》便是一个教训。汉和帝时，朝廷出台《轻侮法》，根据这项立法，为人子者，若因父亲受人侮辱而动手杀了辱父者，可以免除法律制裁。结果，受此立法的激励，民间一下子出现了无数"报辱父之仇"的私人复仇案件。最后朝廷不得不将《轻侮法》废除。

东汉《轻侮法》作废以降，历代王朝的立法都不再鼓励私人复仇。三国时期的魏国更是针对民间复仇行为立下严厉禁令："今海内初定，敢有私复仇者，皆族之。"《唐律疏议》对私人复仇避而不谈，但唐朝发生的几起复仇案，复仇者都受到了法律制裁。只有元朝是一个例外：按元朝刑法，"诸人杀死其父，子殴之死者，不坐；仍于杀父者之家，征烧埋银五十两"。元朝法律不但允许私人复杀父之仇，且杀父仇人要赔偿"烧埋银"。我们绝不能因此说，元朝的立法更为先进。

若论宋人的法制观念，南宋人张孝祥认为，复仇具有自然正义，但若允许私人复仇，则天下将永无宁日。因此，需要以国家惩罚的法律正义取代私人复仇的自然正义，只要国家能够主持正义，人们便不会寻求私人报复，"而惟法是听"。北宋人王安石也说，复仇"非治世之道也"，只因为国家无力主持正义，冤民无处可告，才会出现私人复仇，《礼记》才会记录下"复仇之义"，这是"为乱世之为子弟者言之也"，非治世所宜取用。

也就是说，宋朝士大夫并没有在法理上否认复仇的自然正义，但认为应该将私人复仇的自然正义转化为国家刑罚的法律正义。私人的复仇行为不应该受到鼓励。这是宋人对先秦儒家复仇观念的修正。

但是，法律正义毕竟也有覆盖不到的地方，私人复仇行为还是无法完全杜绝，那怎么办？《宋刑统》以"臣等参详"的形式作出规定："如有复祖父母、父母仇者，请令今后具察，奏请敕裁。"宋政府将复仇案当成特殊案件来处理。回到前面我们说到的甄婆儿复仇案，地方官府的处理方式便是按刑统规定，奏请敕裁。

而"敕裁"的结果，并非如今天一些朋友解读的那样：甄婆儿获得赦免。《宋史·孝义传》对甄婆儿复仇案的记述其实是不完整的。据宋人王栐《燕翼诒谋录》的记载，"京兆府鄠县民甄婆儿，报母仇杀人，诏决杖遣之"。也就是说，宋太宗只是豁免了甄婆儿的死罪，改为杖刑。复仇者最终还是要承担法律责任。

除了甄婆儿案，宋代还发生过几起私人复仇案。比如宋仁宗时，单州人刘玉之父被王德殴死，王德获刑后恰好遇上国家大赦，免死，刘玉私自杀了王德，以复父仇。宋神宗时，青州人王赟之父被人殴死，王赟年幼，未能复仇，但他长大后，便伺机刺杀了仇人。这些复仇者最后都按特殊的杀人案处理：豁免死刑，但没有免除刑罚，如刘玉被"决杖、编管"，王赟"诏贷死，刺配邻州"。换言之，中央法司的法官（君主的裁决通常都是采纳法司讨论后的意见）通过衡平考虑情、理、法，对一部分私人复仇案作出了减刑判决。

一个判例：刺死辱母者

我也想讲一个"刺死辱母者"的故事。这个故事发生的时间是南宋绍兴年间，发生的空间恰好也叫绍兴。

绍兴府在南宋初年出了一个状元——王佐，这是一个很有操守的士大夫，他当秘书省校书郎时，恰好是权相秦桧之子秦熺提举秘书省，同僚都忙着奉承秦公子，唯王佐"未尝交一语"，话都不跟秦熺说一句。

王佐的母亲去世后，葬于绍兴狮子坞。绍兴二十七年（1157）十月，王佐母亲的坟墓突然被人盗掘，遗骸被乱丢于荒野。在中国人的观念中，掘人坟墓、戮人尸骸，是对人最严重的羞辱，也是罪同杀人、法有严惩的恶行。当时王佐的弟弟王公衮，刚刚被提名为乌江县县尉（相当于县警局警长），还未赴任，正居家候任。得悉母亲遗骸被辱，他当然十分愤怒。

但是，当地衙门却迟迟破不了案。王公衮是一个有着刑侦天赋之人，决定亲自出手抓捕盗墓贼。经过一番明察暗访，他果然查出发掘母亲坟墓的人，是本村无赖嵇泗德。那个嵇泗德，也是一个盗墓的惯犯，"掘冢至十数"，曾因掘墓事败而被官府逮住过，却未知何故，又给放了出来，继续偷偷干着盗墓的勾当。

王公衮访得嵇泗德下落，很快就将他抓住，押送到绍兴府治罪。按照《宋刑统》，"诸发冢者，加役流；已开棺椁者，绞"。犯下盗掘他人坟墓罪行的人，判加役流刑；如果不但掘墓，还打开棺椁，属于侮辱尸体，罪至绞刑。嵇泗德掘墓开棺，曝人尸骸，显然已经触犯了死罪。

然而不知为何，绍兴府的法庭却给嵇泗德判了轻刑。关于嵇泗德所获何刑，史料的记载略有差异，有的称"止从徒断，黥隶他州"，即刺配他州；也有的称"杖之而已"，只是打了十几板子。总之被轻判了。

王公衮得知侮辱母亲遗骸的罪犯才给判了一个挠痒痒一般的刑罚，"不胜悲愤"。此时嵇泗德还被关在绍兴府钤辖司的监狱内，尚未释放。王公衮便寻了一个理由，诱使监狱的守卒饮酒，将几个守卒灌醉，随后手执尖刀，进入关押嵇泗德的牢房，手起刀落，一刀结果了嵇泗德的性命。然后到衙门投案自首。

依大宋律法，故意杀人，当判死刑。但在中华法系中，这类"刺杀辱母者"的血亲复仇，一直都得到一定程度的谅解。即便在现代法治国家，王公衮的行为通常也会归入暴力型"私力救济"的范畴，跟一般杀人罪不太一样。宋朝政府也是将血亲复仇跟一般杀伤罪区别开来。《宋刑统》规定："如有复祖父母、父母之仇者，请令今后具案，奏取敕裁。"宋徽宗时又立法补充，"有因祖父母为人所殴而子孙殴之以致死者，并坐情理可悯奏裁"。据此法意，"刺死辱母者"显然属于"情理可悯"的行为，对这一刑案，地方无权作出终审判决，需奏请中央法司裁决。

因此，绍兴府将王公衮系狱之后，马上呈报朝廷裁断。王公衮的兄长王佐当时是吏部员外郎，得知弟弟杀了人，入了狱，也赶紧设法相营救——他将自己的官诰交还皇帝，说愿意用自己的功名、官职来替弟弟赎罪。

宋高宗下诏让给事中杨椿、中书舍人张孝祥等人议法。这叫"杂议"，是宋代裁决疑案的一项司法机制——"天下疑狱，谳有不能决，则下两制与大臣若台谏杂议"。

议法的时候，张孝祥发表了一番立意深刻的演说，阐明国家立法与司法的基本精神。他的这番意见，我觉得值得今日的法官细细体会。

张孝祥首先提出："复仇，义也。夫仇可复，则天下之人，将交仇而不止。于是圣人为法以制之，当诛也，吾为尔诛之；当刑也，吾为尔刑之。以尔之仇，丽吾之法。于是为人子而仇于其父母者，不敢复，而惟法之听。何也？法行则复仇之义在焉故也。"张孝祥认为，血亲复仇乃自然正义的表现，但如果任由复仇行为肆行，则天下将陷入"冤冤相报何时了"的死循环。故而，需要国家立法控制私人暴力，由法律来实施"报复"的正义：杀伤人者抵罪。这里，我们顺便澄清一点：尽管《春秋》等儒家经典高度赞赏复仇，但儒家实际上并不支持自然状态下的同态报复行为，而是将复仇背后的自然正义抽象出来，注入国家法律精神之中，从而将"自然正义"转化为"法律正义"。为人子者，当他们的父母不幸被人侮辱、杀害，却不敢以私人暴力复仇，那是因为他们相信，法律将会给他们主持公道、实现正义。

基于这样一种对法律精神的理解，张孝祥又说："今夫佐、公衮之母，既葬而暴其骨，戮尸也，父母之仇，莫大于是。佐、公衮得贼而辄杀之，义也。而莫之敢杀也，以谓有法焉。律曰：'发冢开棺者，绞。'二子之母遗骸散逸于故藏之外，则贼之死无疑矣。贼诚死，则二子之仇亦报。此佐、公衮所以不敢杀之于其始获而必归之吏也。"张孝祥的意思是说，王佐、王公衮兄弟的母亲安葬于地下，却被嵇泗德挖出来，曝尸于野外，王公衮抓获嵇泗德，若是私自杀了，也不违自然正义。但王公衮没有杀人，而是将贼人交给法庭。按大宋律法，嵇泗德理当判死刑。此人伏法，即表示法律为王氏兄弟伸张了正义。这也是王公衮没有私自复仇的原因。

然后，张孝祥锋芒一转，指向审理嵇泗德案的绍兴府司法官："狱成，而吏出之，使贼洋洋出入闾巷，与齐民齿。夫父母之仇，不共戴天者也。二子之始不敢杀也，盖不敢以私义故乱法；今狱已成矣，法不当死，二子杀之，罪也；法当死，而吏废法，则地下之辱，沉痛郁结，终莫之伸，为之子者，尚安得自比于人也哉！佐有官守，则公衮之杀是贼，协于义而宜于法者也。"

王公衮之所以最后杀了嵇泗德，是因为法律没有替他受辱的母亲讨回公道。假如嵇泗德法不当死，而王公衮杀了他，那显然需要问王公衮杀人之罪；但现在分明是嵇泗德罪已至死，却被法庭故纵。罔顾法律的是绍兴府的司法官，而不是王公衮。试问：看着掘墓戮尸的贼人逍遥于法外，如何告慰受辱的母亲地下之灵？为人子者又如何心安于人世间？王公衮杀嵇泗德，合乎自然正义，也不违背国家立法的精神。

说到这里，张孝祥提出他的司法建议："公衮杀掘冢法应死之人，为无罪；纳官赎弟佐之请，当不许；故纵失刑有司之罚，宜如律。"王公衮刺死辱母者，应判无罪；王佐提出替弟弟赎罪之请，请朝廷驳回；依法追究绍兴府法院司法官员"故纵失刑"的法律责任。如此，方能彰显法律的正义，树立法律的威信。

张孝祥的演说，显然说服了议法的同僚，他们一致同意张孝祥的看法，呈报给皇帝。宋高宗诏："给舍议是。"命王佐"依旧供职"；"绍兴府当职官皆抵罪"；王公衮不用负刑事责任，只是他毕竟杀了人，所以还是受到"降一官"的行政处分。

张孝祥提出的裁决意见，也经受了时间的考验。宋孝宗乾道年间，王公衮被任命为"敕令所删定官"（主持立法的官员）。一日孝宗皇帝召王公衮入对，跟左右说："这位便是当年手斩发冢盗的王先生"，对王公衮昔日的复仇行为颇为赞赏。当世及后世的学者，但凡提及王公衮复仇案的人，都一致认为王公衮无罪。明代学者丘濬还在《大学衍义补》中为王公衮受了行政处分而鸣不平："朝廷坐有司之罪，是也；而降公衮一官，岂所以为训乎？"

今天，你对这个案子的看法呢？

杨志杀了牛二，依法当如何判？

《水浒传》中有个"杨志杀牛二"的故事，大家都非常熟悉了，不过，为了方便我们通过故事了解宋代的司法制度，我还是简单复述一下：

北宋末，京师有一个破落户泼皮，叫"没毛大虫"牛二，"专在街上撒泼、行凶、撞闹，连为几头官司，开封府也治他不下；以此，满城人见那厮来都躲了"。这一日，牛二见杨志在闹市卖刀，便强行要买刀，杨志说道："你要买，将钱来。"牛二道："我没钱。"说着，挥起右手一拳打来，要强抢。"杨志霍地躲过，拿着刀抢入来，一时性起，望牛二颡根上搠个着，扑地倒了，杨志赶入去，把牛二胸脯上又连搠了两刀，血流满地，死在地上。"

杨志杀了牛二，一人做事一人当，自行到开封府自首，过堂之后，被关入死囚大牢。开封府推司敬佩杨志是条好汉，"又与东京街上除了一害"，有意放他一马，便私自涂改了杨志的供词，改为"一时斗殴杀伤，误伤人命"，判他脊杖二十，刺配大名府充军。

若按现代法律来判，杨志也是罪不至死，判有期徒刑（相当于宋代的刺配之刑）是适当的。开封府的司法官为帮杨志一把，私自涂改供状，与其说是彰显司法正义，不如说是法官徇私，是对司法公正的败坏。《水浒传》这么编排情节，其实反映了元明时期下层文人（《水浒传》成书于元末明初）不但缺乏司法程序正义的观念，而且对宋代法律与司法制度也是极不熟悉。

按照宋朝法律，"诸斗殴，杀人者绞，以刃及故杀人者斩，虽因斗而用兵刃杀者，与故杀同"。斗殴杀伤之罪虽然轻于谋杀罪、故杀罪，但如果斗殴过程中使用兵刃，罪同故杀。杨志杀牛二，可是用了刀。开封府推司将杨志的犯罪情节改为"一时斗殴杀伤，误伤人命"，那么按律是要判死刑的。这不是帮杨志，而是害了杨志啊。宋朝的司法官当然不会这么蠢。

那么，杨志杀牛二一案，若完全按宋朝司法制度审下来，是不是就一定会判杨志杀人偿命呢？不会。因为宋朝司法制度中有一项很重要的原则，叫"原情定罪"。宋朝君主说："原情定罪，有国之通规。"南宋法官蔡久轩也说："决断大辟公事，要见行凶人起争之因，所谓原情定罪者是也。"所谓"原情定罪"，是说法官对一项罪行的裁定，需要衡平考虑情理法，顾及具体情景下的情理，包括犯罪行为的起因。宋朝刑法中虽然没有"正当防卫""应激犯罪"之类的条款，但其立法精神却是包含在"原情定罪"中。

宋代司法制度中还有一项重要机制，叫"疑案奏谳"。宋人说的疑案，不仅指案情有疑点的案子，还包括"情法不协""情理可悯"的刑案，这类案子，都要依法奏裁，即奏请中央法司作出裁决。宋仁宗曾告诉众臣："一成之法，朕与天下共守，如情轻法重、情重法轻之类，皆当以理裁断，具狱以闻。"如果确实是"情理可悯"，那么按"原情定罪"的司法原则，犯人通常都会获得减刑或者赦免。

杨志杀牛二一案，属于"情理可悯"的范围，如果开封府依法受理，那么将以"疑案奏谳"的方式送中央法司裁决，中央法司会根据"原情定罪"原则给予减刑，罪不至死。这才是既符合宋朝司法制度，又体现司法正义的审判。但写《水浒传》的元明文人并不知道这一司法传统。

说到这里，你可能会质问：你说的是纸上的制度吧？实际情况呢？有实例来证明吗？有。前面提到的南宋法官蔡久轩，受理过一个刑事案子。

南宋淳祐年间，江南东路有一个土豪，叫胡小七。他有一块近年购置的田地，位于山坡，与余家祖坟相邻。余家祖坟向来植有林木，胡小七认为这些林木挡住了光线，便指使家丁胡再五、周先等人，率领百余个佃户，带了刀斧，将余家墓林几乎砍了个精光。在传统社会，砍人墓林，可不是一般的民事纠纷，而是对墓主的莫大羞辱，因而构成刑事犯罪。宋朝法律规定，"诸以墓地及林木土石非理毁伐者，杖一百"。

余家户主余超听说胡家派人砍伐祖墓林木，赶紧带了儿子余再六、侄儿余再三上山救护，却发现墓林已毁，胡家人已散去，只好愤然回家。下山时候，恰好撞见胡家的家丁危辛乙持斧上山，意欲再砍余家墓林。双方马上发生冲突：危辛乙先用斧头动手，余再六则以管刀对抗，余再三用长棒助阵。打斗中，危辛乙要害中刀，伤重身死。

案发后，余再六、余再三被当成肇事者与杀人凶手抓起来，问成死罪。狱中，余再三不幸"瘐毙"。而那个"以威力激成凶祸"的罪魁祸首胡小七却免被追究刑责，因为他花了钱打点法吏。余家人当然不服，上诉，案子最后诉至江东提刑司那里。

江东提刑官就是蔡久轩。他认为，"余再六所以不忿者，爱护墓木也，爱护墓木者，所以爱护其祖宗也，人谁无坟墓？此其起因，原情实有可悯"，用现代法学术语来说，是应激犯罪，情有可原，罪不至死。经刑部"特与贷命"，杀了危辛乙的余再六被判"决脊杖二十，刺配二千里军州牢城"。你看，通过法定的司法程序，余再六便能够获得宽贷。

蔡久轩又对挑起事端的胡家人作出严惩："凭恃威势，号召诸佃"的胡再五、周先"决脊杖十三，编管一千里"；"佐助胡小七为恶"的方辛四、梁兴二"勘杖一百，编管邻州"；接受胡家贿赂的县吏周元，州吏徐必选、周思民"杖一百，罢逐"。由于胡小七已潜逃，提刑司又行文州县，通缉胡小七。其他人无罪释放。

司法应当彰显正义。彰显正义的判决，必定是既合乎法律与法意，又合乎情理，合乎普通人的朴素正义观。蔡久轩的这一判决庶几近之。

从西门庆与潘金莲说起：
为何会有通奸罪？

西门庆与潘金莲通奸的故事众所周知。在《水浒传》中，此二人不但通奸，还合谋毒杀了武大郎，他们自己的下场也很惨——双双被复仇的武松杀死。早知如此，何必当初？假设潘金莲并没有毒杀亲夫，只是与西门庆有奸情，按宋代的法律，他们又会受到什么惩罚呢？

有些朋友可能要说，在古代，通奸的奸夫淫妇会被"浸猪笼"啊。但是，我们查历朝律法，找不到任何法令规定犯通奸罪的人将被"浸猪笼"。可以肯定地说，"浸猪笼"只是旧时民间的私刑。我还曾查阅、检索多本地方志与族规族谱，也难觅"浸猪笼"之类的记载。所以我的基本判断是，所谓的"浸猪笼"，只存在于个别落后、封闭的地方，既为主流社会所反对，也为国家法律所禁止。只不过后世文人喜欢拿来再三渲染，今人才形成了"通奸＝浸猪笼"的刻板印象。

《水浒传》的故事发生在宋代，按《宋刑统》，"诸奸者，徒一年半；有夫者，徒二年"。通奸的男女会被判处一年半的徒刑，如果女方有丈夫，则徒二年。显然宋朝法律并没有将通奸列为重罪。

如果西门庆与潘金莲生活在北魏，可能就有性命之忧，因为北魏的刑法规定，"男女不以礼交，皆死"。犯通奸罪者，居然会被判处极刑。

唐宋时期，通奸出现了轻罪化的趋势，只是将奸夫奸妇处以徒刑。宋代实际执行的处罚，还要更轻一些，因为宋朝创设"折杖法"，除了死刑之外，流刑、徒刑在实际执行时均折成杖刑。按《宋刑统》对通奸罪的量刑及宋徽宗时期的折杖法，西门庆与潘金莲通奸，如果没有发生毒杀武大郎的情节，"徒二年"之刑折"脊杖十五"，即打脊背各十五下就可释放了。

如果西门庆与潘金莲生活在元明清时期，按元朝刑法，"诸和奸者，杖七十七；有夫者，杖八十七。诱奸妇逃者，加一等，男女罪同，妇人去衣受刑"。二人会被杖臀部八十七下。按明清律例，"凡和奸，杖八十；有夫者，杖九十；刁奸者，杖一百"，则杖臀部九十下。杖刑并非重罪，但在行杖的时候，女性会受到羞辱："其妇人犯罪，应决杖者，奸罪去衣受刑。"犯通奸罪的女性将脱掉裤子受杖。为什么要这么做呢？一名清朝人解释说："奸妇去衣受刑，以其不知耻而耻之也。"（黄六鸿《福惠全书》）

而且元明清时期的通奸者还面临着致命的风险，因为法律允许私刑，奸夫淫妇若被捉奸在床，或者拒捕，当场登时杀死无罪。如元朝刑法规定，"诸夫获妻奸，妻拒捕，杀之无罪"。《大明律》与《大清律》均规定："凡妻妾与人奸通而［本夫］于奸所亲获奸夫奸妇，登时杀死者勿论，若止杀死奸夫者，奸妇依［和奸］律断罪，当官嫁卖，身价入官。"

总的来说，在历代王朝中，宋朝对通奸罪的惩罚是最轻的。西门庆与潘金莲如果不是使出杀人的昏招，哪怕被武大郎告到衙门，也不过打十几板子而已。走出衙门后，潘金莲与武大郎必定离婚，西门大官人将她娶过门就是了。

看到这里，有些朋友可能又会说，即使如此，宋王朝将男女奸情列为一种罪行，这本身就是野蛮的法律，侵犯了成年人的性权利。可是，我们翻开法制史，便会发现，不论中西，都曾经将通奸行为入罪入刑。比如希伯来《摩西法典》对和奸罪处以绞刑、石刑与火刑，古印度《摩奴法典》对已婚妇女的通奸行为处以兽刑，都比传说中的"浸猪笼"还要残酷。

直到 20 世纪，不少西方国家的刑法中仍然有通奸罪，比如1971 年《西班牙刑法》编有"通奸罪"一章，对通奸的男女均处短期徒刑六个月至六年；1994 年《法国刑法典》规定，通奸行为可以处五年监禁并科罚金；美国的一部分州至今也没有废除通奸罪。我国台湾地区的"刑法典"也有通奸罪（这一罪名 2021 年才废止）："有配偶而与他人通奸者，处一年以下有期徒刑。其相奸者亦同。"不过，通奸罪在台湾属于亲告罪，"告诉乃论，配偶纵容或宥恕者，不得告诉"。

为什么古今中外的法律普遍设立了通奸罪？因为不论古今中外，甚至在可以预见的未来，家庭都是社会的基石；到目前为止，人类社会的文明乃建立在家庭的基础之上；家庭伦理一直是主流社会倡导的价值。而通奸行为，不但背叛了对配偶的忠诚，同时也是对家庭伦理的挑战，对家庭制度的破坏。为了维护家庭与家庭价值，从前的立法者都倾向于运用刑罚来减少人们的通奸行为。

以一名现代人的眼光来看，将有通奸行为的人"浸猪笼"，或者处以兽刑、石刑、火刑，无疑都是人类社会的野蛮时段或野蛮地区的做法。随着文明的演进，中西社会都出现了通奸轻罪化、非罪化的趋势。但是，如果你非要认为通奸是成年人的一项正当的性权利，那就未免有点"小清新"了。即使在未设通奸罪的香港，民法也是允许离婚诉讼的一方，将奸夫与奸妇列为共同被告，向其要求损害赔偿。

要不要让国家法律对民间的通奸行为保持某种程度的压力，取决于我们的权衡：当一个人的欲望构成了对另一个人的伤害，并且这种行为有损社会主流价值时，政府是应该采取克制、容忍的态度，还是应当做出适当的干涉？像台湾地区那样，将通奸界定为轻罪且是亲告罪，或者像香港社会那样，准许婚姻关系中受伤害的一方有权向奸夫奸妇提出民事赔偿请求，我觉得都是现代人可以接受的立法。

假如杀武大郎的人是西门庆，潘金莲会被判死刑吗？

"水浒"故事里的潘金莲，受王婆教唆，将一碗砒霜灌进了武大郎之口，谋杀了亲夫。她的下场也比较凄惨：被武松一刀杀死，以命偿命。武松杀嫂属于私人复仇，如果走司法程序呢？抛开《水浒传》对宋代司法的抹黑化描述不提，按宋朝法律，潘金莲也是罪无可恕、难逃一死。

潘金莲谋杀亲夫的行为，涉及两条刑律。《宋刑统·贼盗律》"谋杀条"规定："诸谋杀周亲尊长、外祖父母、夫、夫之祖父母、父母者，皆斩。"宋朝经常有大赦，死罪有时候可以获得赦免，改为流刑之类。但潘金莲之罪不在大赦之内，因为《宋刑统·名例律》"十恶条"又规定："恶逆，谓殴及谋杀祖父母、父母，杀伯叔父母、姑、兄姐、外祖父母、夫、夫之祖父母、父母"，注云："恶逆者，常赦不免，决不待时。"谋杀亲夫属于十恶不赦的重罪，即使国家有大赦，十恶罪也不在赦减之列。

总而言之，潘金莲犯下之罪行，以及应得之刑罚，是当时法律规定得十分清楚的，不存在争议。值得我们拿出来讨论的是另一个问题：假如武大郎不是死于潘金莲亲自喂下的一碗砒霜，而是被西门庆一脚端死，潘金莲只有与西门庆通奸的事实，而无参与杀人的行为，那么她又该当何罪？

我看过一篇评析武松复仇案法律问题的文章，作者说："假设当初西门庆脚踢武大，致使其死亡，不但要追究西门庆的责任，潘金莲也是死罪；或者，在谋害武大的过程中，即便潘金莲没有实施具体的谋害行为，而仅是一个毫不知情的局外人，那么，只要武大死于西门庆之手，潘金莲仍然是死罪。"[1] 真的是这样吗？

作者的结论当然有宋朝法律提供支持，因为《宋刑统·贼盗律》"谋杀条"中有这么一条规定："犯奸而奸人杀其夫，所奸妻妾虽不知情，与同罪。"并附注说明："犯奸而奸人杀其夫，谓妻妾与人奸通，而奸人杀其夫，谋而已杀、故杀、斗杀者，所奸妻妾虽不知情，与杀者同罪，谓所奸妻妾亦合绞。"按这一立法，潘金莲自然是与西门庆同罪。

以今天的司法文明准则来衡量，《宋刑统·贼盗律》的这一条规定无疑是比较野蛮的，与我们印象中宋代司法的文明化进程大为不合。这到底是怎么回事？

其实，熟悉《宋刑统》的朋友都会知道，《宋刑统》的内容基本上抄自《唐律疏议》，连诸多不合时宜的条款都照抄不误，其中就包括"犯奸而奸人杀其夫，所奸妻妾虽不知情，与同罪"

---

1 张未然：《武松复仇案件的法律评析》，《人民法院报》2018年3月30日。

的条文。而在实际的司法过程中，地方法院碰到这类案件时，并不是直接援引《宋刑统》的相关条款判奸妇死刑，而是作为疑案奏谳。

熙宁年间，邵武军便发生了一起"犯奸而奸人杀其夫"的案子："妇陈与人奸，谋杀其夫已定，其夫醉归，陈不键门，奸者因入杀之。"邵武军有个姓陈的妇女与人通奸，奸夫计划谋杀亲夫。这一日，亲夫喝醉酒归来，陈氏没有锁门，奸夫得以推门而入，杀掉昏睡中的亲夫。如果按《宋刑统·贼盗律》的规定，邵武军的法院应该判陈氏死罪，但法院没有这么判，而是以法律适用有疑为由，呈送中央法司议法。

中央法司在议法时，发生了争论。大理寺认为，本案中，陈氏只是从犯，而且没有"加功"，依法当判流刑。宋朝法律概念中的"加功"，是指有协同杀人的行为："虽不下手杀人，当时共相拥迫，由其遮遏，逃窜无所，既相因藉，始得杀之，如此经营，皆是加功之类。"也就是说，大理寺的判决秉持这样一种定罪原则：看奸妇是主谋还是从犯，是否有"加功"行为，而不是不问青红皂白一律定为死罪。

不过，大理寺的判决在送刑部审核时，被刑部郎中杜纮驳回。杜纮认为，大理寺议法不当，因为案中陈氏故意不锁门，是协助杀人，有"加功"的行为。按律，"从而加功者，绞"，陈氏应该判死刑。杜纮其实并没有否定大理寺的定罪原则，只是不同意大理寺关于陈氏"从而不加功"的裁定。

由于杜纮对大理寺的判决提出了异议，宋政府便将案子发到御史台"详审定度"。御史台详议了本案之后，首先对崔台符、韩晋卿、莫君陈等几名刑部官员提出了弹劾，认为他们在刑部与大理寺发生司法辩论时，"无所可否，但据状申都省"，"循默苟简，无任责之心"。结果崔台符被"罚铜十斤"，韩晋卿、莫君陈"各八斤"。

那么是不是说明御史台赞同杜纮的主张呢？不是，因为御史台最后裁定，刑部郎中杜纮"驳议不当"，也要惩罚，导致"杜纮罚铜八斤，展磨勘二年（延长两年晋升的考察时间）"，所受处分还重于不作为的崔台符、韩晋卿诸人。据此，我们可以合理推测，邵武军因奸杀人案最终的结果，应该是维持大理寺的判决，陈氏并没有被判死刑。

南宋时，法律更是明确规定，"诸犯奸而奸人缘奸杀其夫，妻不知情者，奏裁"。这则敕文收入《庆元条法事类》。按宋朝的司法制度，敕文的适用优先于刑统，换言之，《宋刑统》中关于"犯奸而奸人杀其夫，所奸妻妾虽不知情，与同罪"的条款，早已经成了存而不论的"睡眠条款"。

因此，潘金莲如果没有参与谋杀武大郎，按照宋朝法律与司法惯例，是罪不至死的。

奸幼女者，罪无可恕

我先讲一起记录在清人吴炽昌《客窗闲话》中的"强奸幼女案"：

某地"有七十余岁老翁，爱邻女幼慧，保抱提携，胜于己出。父母知翁诚实，使女拜翁为义父，往来无间"。这女孩子才十岁，正是半懂事半不懂事的年纪。一日，女孩父母因为要到亲戚家奔丧，将女儿托付给老翁看护，老翁于是过来家里暂住。次日，父母归来，见女儿走路姿势不大对劲，便叫来问话。女儿的回话让爹娘如雷轰顶：她被老翁奸污了，因下体疼痛，所以才行走不便。父母又怒又悲，将老翁告上衙门。

在古代，强奸幼女是一项大罪。县官赶忙升堂。一问讯，得知详情：当日，小姑娘因父母不在家，便到邻舍听大人闲谈。聊天的都是些刚成婚的妇女，所谈尽是"阴阳交合之事"。小姑娘听了很是好奇，便回家"与义父同榻"，想与老翁试行云雨。

老翁开始还不敢干这禽兽之事，说，"汝年幼稚，决不能成事"。小姑娘说，邻家姐姐说这事儿"乐不可支也"，非要试试。老翁"久鳏，闻言心动"，一试之下，小姑娘"疼极几毙"，老翁怕出事，也不敢硬来，只是责怪小姑娘："叫你不要试，你偏要，现在受伤了吧？你爸妈回来，千万不可告诉他们，切记切记。"

根据审讯所得，这是一起情节离奇的强奸未遂案。那时候的官府，倒不敢回护老翁，将责任推到不懂事的小姑娘身上，而是比较讲求"情法两得其平"，一方面，"先开导其父母，为此女留名节地步，将来择配，不至为人所弃"；另一方面，按律作出判决：强奸幼女已成者，当斩；老翁"因喊即止"，属强奸未遂，"依强奸十二岁以下幼女未成例，改发烟瘴充军。即年逾七十，不准收赎"。

清代的刑律规定了"强奸幼女罪"：强奸十二岁以下幼女致死，或将十岁以下幼女诱奸者，判斩刑；强奸十二岁以下幼女幼童未遂，发配远边为奴。清律"强奸幼女罪"的立法渊源为南宋的《庆元条法事类》。

宋代之前，法律对强奸罪的处罚并不严厉，比如《唐律疏议》规定："和奸（通奸）者，男女各徒一年半；有夫者，徒两年"；"强者各加一等"。对强奸罪的惩罚只是在"通奸罪"刑罚的基础上"各加一等"而已。大概也因为此，唐人的男女关系很是混乱，以致有"脏唐"之说。宋人加大了对强奸罪的惩罚力度，北宋时，对强奸有夫之妇者，"决杀"。南宋制定的《庆元条法事类》，在"诸色犯奸"条目下规定："诸强奸者（女十岁以下虽和也同），流三千里，配远恶州；未成，配五百里；折伤者，绞。"

这个在立法史上具有开创性的法条，这里不妨略加解读一番。显而易见，宋律对强奸罪的处罚已经很严厉了："流三千里，配远恶州"；如果对被侵犯妇女的身体造成损伤（宋代法律术语叫"折伤"），则判处绞刑；就算强奸未遂（宋代法律术语叫"未成"），也要刺配五百里。应该说，这一立法显示了宋人更加注重对女性的法律保护。另外，按宋朝的法律伦理，妇女被强暴时奋起反抗、杀死施暴者，是免罪的。宋徽宗建中靖国元年，昌州有个叫阿任的妇人，"夫死已经十年，守志不嫁"，一次亡夫的兄弟卢化邻竟来逼奸，"阿任仓卒之间，无可逃免"，杀了卢化邻。因为出了人命，便进入刑事司法程序，并作为疑案上报到中央法司。最后，皇帝下诏宣布阿任无罪，并表彰了她，"支赐绢五十匹"。

需要特别指出的是，《庆元条法事类》创造性地确立了"强奸幼女罪"：奸污"女十岁以下虽和也同"。意思是说，对十岁以下的幼女进行性侵犯，即使幼女同意或主动，也等同于强奸罪（宋代法律术语叫"虽和也同"）。这是中国历史上第一次针对"强奸幼女罪"的立法惩罚。这一立法背后的法理，跟现代社会保护未成年人的道理并无不同：未成年人的心智尚未发育健全，不具备独立的法律人格，因此，她们的意愿并不构成否定强奸的要件。根据这样的法理，所谓"和奸幼女""嫖宿幼女"之类的罪名是立不住脚的。

宋朝诸多优良的司法制度，比如"鞫谳分司"制（事实审与法律审分离）、"翻异别勘"制（犯人翻供就必须更换法官或法庭重审）、"司法考试"等，在宋亡之后都烟消云散了，所幸"强奸幼女罪"的立法还是为后来的元明清所继承。《元史·刑法志》载："诸强奸人幼女者处死，虽和同强，女不坐。凡称幼女，止十岁以下。"《大明律》规定："强奸者，绞"，"奸幼女十二岁以下者，虽和，同强论。"将"幼女"的法定年龄提高到十二岁，换言之，跟十二岁以下的幼女发生关系，即构成强奸罪。不过清代又将"幼女"的法定年龄降为十岁："将未至十岁之幼女诱去强行奸污者，照光棍例，斩决。"

不管怎么说，自宋之后，强奸幼女都是极严重的罪行，朝廷也不敢等闲对付。清道光年间，直隶文安县发生了一起强奸十一岁幼女未遂案，知县因未将嫌犯及时监禁，"延至二十余日"，便受到弹劾，皇帝下诏要求调查该知县是否"有听嘱受贿及意图消弭情事"。回到《客窗闲话》记载的那宗强奸幼女案，曾有人替那老翁求情："这老头毕竟是被小姑娘所诱，与一般老光棍立意诱奸者大相径庭，有法挽回乎？"官府答道："奸幼女者，虽和同强，法无可贷。"

这便是古人对待强奸幼女罪行的态度。

为何要将贩卖人口定为罪行？

旧时，贩卖人口是一门合法的生意。按《周礼》，先秦时候已有合法的奴婢交易市场，政府设了"质人"一职，"掌成市之货贿、人民、牛马、兵器、车辇、珍异"。这里的"人民"，便指奴婢，跟"牛马、兵器、车辇、珍异"一样都是供交易的货物。

东晋时，政府还从奴婢交易中征税。《隋书·食货志》载，"晋自过江，凡货卖奴婢、马牛、田宅，有文券，率钱一万，输估四百入官，卖者三百，买者一百"。税率为4%，其中3%由卖家承担，1%由买家承担。

这些允许合法贩卖的人口，是奴隶，又叫"奴婢贱口"。在宋代之前，中国社会一直存在着"奴婢贱口"制度，奴婢在法律上被划入贱民，不具备"国民"身份，而是视同主家的私有财产，可以牵到市场上买卖，如《唐律》便明文规定："奴婢贱人，律比畜产"，"奴婢既同资财，即合由主处分"。贩卖奴婢是合法的，跟你牵头牛到市场上贩卖没有什么区别。

入宋之后，奴婢贱口制度开始瓦解，宋代"奴婢"的含义已不同于之前的"奴婢贱口"，不再是主家的私产，而是具有独立法律人格的自由民。奴婢与主家的关系也不是人身依附关系，而是经济意义上的雇佣关系，法律将这些奴婢称为"女使""人力"。雇佣奴婢必须订立契约，写明雇佣的期限、工钱，到期之后，主仆关系即解除。也就是说，从前那种合法的奴婢贱口买卖，在宋代已经不合法了。

为什么说贩卖人口是一种罪行？从历史渊源的角度来说，是因为人口若允许自由贩卖，即意味着将人当成了猪狗牛羊一样的牲口，人的尊严何存？

当然，奴婢贱口制度在宋朝的瓦解有一个过程。大致而言，北宋时尚有良贱制度的残余，所以还有零零星星的合法的奴婢贱口交易，最后一次史有记载的奴婢贱口交易是熙宁四年（1071），庆州发生小股兵变，首犯的亲属被没官为奴，"其老、疾、幼及妇女配京东、西，许人请为奴婢，余配江南、两浙、福建为奴"。到了南宋时期，良贱制度就基本上消亡了，法律不再承认有奴婢贱口了，当然也就不再有合法的奴婢贱口交易了。我们说，美国用一场南北战争结束了奴隶制度，宋朝则靠文明的自发演进逐渐告别了奴婢贱口制。可惜这个"去奴婢化"的进程在宋亡之后又中断了，元明清时期均出现了奴婢贱口制的回流。

需要注意的是，宋人在语言习惯上还保留着"奴婢"的说法，也经常将"雇佣"与"买卖"混用。《宋刑统》由于照抄《唐律疏议》，也存留大量的"奴婢"字眼，容易让不明就里的读者误以为宋代还有奴婢贱口制度。这一点我们在读史时不可不察。其实，南宋人已经说明白了："《刑统》皆汉唐旧文，法家之五经也。国初，尝修之，颇存南北朝之法及五代一时指挥，如'奴婢不得与齐民伍'，有'奴婢贱人，类同畜产'之语，……不可为训，皆当删去。"（赵彦卫《云麓漫钞》卷四）

尽管奴婢贱口交易已被法律宣告不合法，但这并不意味着宋朝就没有贩卖人口现象。实际上，宋代的略卖人口犯罪是相当猖獗的。如北宋末，福建的"牙人或无图辈巧设计倖，或以些小钱物，多端弄赚人家妇女并使女，称要妇为妻，或养为子，因而引诱出偏僻人家停藏经日后，便带往逐处，展转贩卖，深觅厚利"。（梁克家《三山志》卷三十九）又如南宋初叶，四川"多有浮浪不逞之人规图厚利，于恭、涪、泸州与生口牙人通同，诱略良民妇女，或于江边用船津载，每船不下数十人"。（《宋会要辑稿·刑法二》）这里的"生口牙人"，是当时的职业人贩子，专门干拐卖儿童、诱拐妇女的勾当。

宋朝法律对这种贩卖人口的行为是严惩不贷的，宋人自谓："略人之法，最为严重。"按《宋刑统》，"略卖人（不和为略，十岁以下虽和，亦同略法）为奴婢者，绞；为部曲者，流三千里；为妻妾、子孙者，徒三年；因而杀伤人者，同强盗法；和诱者，各减一等"。宋政府将贩卖人口的行为区分为"略卖"与"和诱"，略卖相当于拐卖，和诱相当于拐诱。和诱的罪行比略卖减一等。但对十岁以下的儿童，即使是和诱，也按略卖人口罪处置。

根据这条立法，我们可以确知，宋朝政府如果抓到一名人贩子，将按被拐人口的遭遇给予不同的惩罚：凡略卖人口为他人奴婢的，判绞刑；略卖为庄园农奴的，流放三千里；略卖为他人子孙的，判徒刑三年；对被略卖人的身体造成伤害的，按强盗法处置，宋代的强盗法很严厉，为首者一般就是死刑了。

过去我们的刑法对人贩子处罚较重，对买家却几乎不处罚，因而不少法律学者都在呼吁修订刑法，加大对买方的惩罚力度。而按宋朝立法，如果你明知这孩子是被拐卖的，却掏钱买下来，那么你也要负刑事责任："诸知略、和诱、和同相卖，及略、和诱部曲、奴婢而买之，各减卖者罪一等；展转知情而买，各与初买者同；虽买时不知，买后知而不言者，亦以知情论。"买家的罪责比人贩子减一等。对藏匿被拐人口的交易中介，法律也会给予严惩："其知情引领牙保，若藏匿被略诱者，依藏匿犯人法。"

那些被略卖的儿童、妇女，一经发现，即由官府解救出来，送回原来的家庭，如宋太宗时的一道立法规定："验认到［被略卖］人口，便仰根问来处，牒送所属州府，付本家。仍令逐处粉壁晓示。"宋仁宗时，"湖南之人掠良人，逾岭卖为奴婢。周湛为广东提点刑狱，下令捉搦，及令自陈，得男女二千六百余人，还其家，而世少知之"（范镇《东斋记事》卷三）。广南东路提刑官周湛破了一个大案子，解救出被拐人口二千六百余人，送他们回到各自的家庭。宋朝这种解救被拐人口的做法，跟现代社会没什么两样。

闹市"飙车"，该当何罪？

　　不独现在的"官二代""富二代"喜欢飙车于闹市，古时的公子哥儿也有这种坏习惯——不过那时候飙的当然不是法拉利、兰博基尼跑车，而是四条腿的宝马。试想一下，众目睽睽之下，你策马奔腾，绝尘而过，多么拉风！

　　但是，纵马闹市，拉风是拉风，对公众安全却构成严重威胁。清院本《清明上河图》就画了一个快马撞人的场景：在河边的一条道路上，有两个人纵马驰骋，一名挑担的农民（也可能是小商贩）被撞翻在地，担子倾倒在路边，但骑马的两人并无停下来的意思，继续疾驰而去。这场"马祸"发生在行人稀疏的郊外，要是在热闹的街市上"飙马"，就不知要撞翻多少人了。

　　清院本《清明上河图》虽出自清代宫廷画师手笔，却假托宋朝背景，宣称画的是宋朝市井风情。那么在宋朝，驰马伤人的行为会受到什么处罚呢？

针对交通肇事行为，宋朝政府已有专门立法，叫"走车马伤杀人"罪。《宋刑统》规定，"诸于城内街巷及人众中，无故走车马者，笞五十；以故杀伤人者，减斗杀伤一等；杀伤畜产者，偿所减价。若有公私要速而走者，不坐；以故杀伤人者，以过失论；其因惊骇不可禁止而杀伤人者，减过失二等"。

又议曰："公私要速者，'公'谓公事要速，及乘邮驿并奉敕使之辈；'私'谓吉凶疾病之类，须求医药并急追人而走车马者，不坐；虽有公私要急而走车马，因有杀伤人者，并依过失收赎之法；其因惊骇力不能制而杀伤人者，减过失二等，听赎其铜，各入被伤杀家。"

宋政府的这一法条，需要解释一下。

唐宋时期行文中的"走"，不是"行走"之意，而是指"疾跑"，这个意思还保留在"走马观花""三十六计，走为上计"等成语中。"走车马"即策马疾驰或驾车疾行。

"无故"，指没有公私紧急事务。"公务"指急递公文、传送敕令、消防官兵救火等公共事务，需快马加鞭，不容逗留；"私务"指报丧、送病人治病、紧急追人等私人急事，也不可耽误。

"人众"，按唐宋法律的解释，"众谓三人以上"，有三个人以上即可称"众"。

也就是说，宋朝政府对市区交通实行"限速"制度，除非有公私紧急事情，任何人不得在城市街巷以及有三名行人以上的地方快速策马、驾车，否则，不管有没有撞伤行人，均视同"危险驾驶"，给予"笞五十"（屁股打五十小板）的刑罚。就如同今天超速驾驶，不管是否造成事故，都要对驾驶员扣分。

如果因为"飙马""飙车"而撞伤路人，则比照"故意伤害罪""减一等"进行处罚。宋代刑法将故意伤害罪称为"斗杀伤"罪，根据伤势轻重给予不同量刑——以"见血为伤"，轻伤"杖八十"，导致耳鼻出血或吐血的，加二等；打掉人牙齿、毁坏人耳鼻、损伤人眼睛、折断人手指脚趾、打破人脑袋、烫伤人肌肤，为重伤，"徒一年"；打掉人两颗牙齿、折断人两根手指以上，及揪掉人头发，"徒一年半"；"殴人十指并折，不堪执物"，致人终身残疾，为严重伤害，"流三千里"；因斗殴致人死亡，处绞刑；使用凶器故意杀人，处斩刑。

　　宋朝法律对"无故走车马伤杀人"的处罚，将比照"斗杀伤"量刑，不过会相应地"减一等"，比如"斗杀伤"致人终身残疾，依法应"流三千里"，而"无故走车马"致人终身残疾，则"流二千五百里"。

　　如果有公私紧急事务要办，法律允许办事人不受"限速"制度的限制，可以在街巷快马加鞭。但是，如果因此致人受伤或死亡，则以"过失伤害罪"论处。宋朝法律对"过失伤害罪"的处罚较对"故意伤害罪"为轻，而且允许赎刑。赎金支付给被车马撞伤亡的人家，相当于支付经济赔偿后达成刑事和解。

　　如果有公私急事而在街巷"走车马"，由于马匹受惊、不可控制而致人伤亡，则按过失伤害罪"减二等"论处，也允许赎刑，赎金会少一些，但同样作为经济赔偿金支付给受害者家庭。

　　如果"走车马"并没有伤人，只是造成他人财产损失，则必须向受害者支付赔偿，赔偿标准按"减价"即财物因受损坏而发生价值减损的那部分计算，如果致使他人财物灭失则按市价全部赔偿。

可以看出，宋朝政府针对交通肇事行为的立法，是相当周密的。不过执行情况如何，还需要再加考察。那时候有条件养宝马、备豪车的，想来都不是寻常家庭，非富即贵；而敢于在闹市"无故走车马者"，恐怕也要以飞扬跋扈的"官二代""富二代"居多。这些人有钱有势，撞伤了他人，法官对他们能够秉公执法吗？这还真是一个问题。

我不敢说宋朝的衙内之流"走车马伤杀人"不可能受到有司偏袒，不过，许多事例表明，宋朝衙内如果触犯了法律，他们的爹也未必罩得住。宋人主张"法律面前，人人平等"，用司马光的话来说："有罪则刑之，虽贵为公卿，亲若兄弟，近在耳目之前，皆不可宽假。"北宋时，"长安多仕族子弟，恃荫纵横"，少不得要闹市"飙马""飙车"，其中有个李姓衙内尤其横暴，其父乃知永兴军（长安市长）陈尧咨的旧交。但陈尧咨赴永兴军上任之后，便立即严惩了这帮"官二代"，包括他旧交的儿子李衙内。南宋时，监察御史黄用和的族人"纵恶马踏人"，黄用和也是严惩族人，并"斩其马足以谢所伤"，将踏伤人的那匹马杀掉，以弥补受害者受到的伤害。

我再来说个故事。宋孝宗淳熙年间，朱熹知南康军，当地有个衙内，"跃马于市"，踏伤一小儿，伤势严重，"将死"。朱熹立即命令吏人将肇事者送入监狱，等候审判。次日一大早，朱熹便交代具体负责审理这起肇事案的"知录事参军"（法官），让他"栲治如法"。按照法律，无故于闹市内"走车马"者，先打五十板子再说。

到了晚上，知录事参军过来禀报，"早上所喻，已栲治如法"。朱熹心里不大相信，亲自到监狱中查验，却见那肇事者"冠屦俨然"，哪里像是被"栲治"过的样子？原来肇事者已买通吏人，"栲治"只是虚应故事而已。朱熹大怒，立即将吏人与肇事者一同提审。第二天，吏人被"杖脊"，并开除公职。

这时候，有一名相识的朋友登门拜访，对朱熹说："此是人家子弟，何苦辱之？"意思是说，那纵马伤人的肇事者，是个"官二代"，你老人家何不高抬贵手，放他一马？

但朱熹不买账，说道："人命所系，岂可宽弛！若云子弟得跃马踏人，则后日将有甚于此者矣。况州郡乃朝廷行法之地，保佑善良，抑挫豪横，乃其职也。纵而不问，其可得耶！"（《朱子语类》卷一百六）

后来那名肇事的"官二代"受到什么处罚，朱熹没有细说，只说"遂痛责之"。若依宋朝立法，他受到的刑罚，将视那名被马踏到的小儿的伤势而定，但那名小儿最后是不是不治身亡，朱熹也没有交代清楚。因为记录这件事的是朱熹的个人谈话录，而不是司法档案，所以许多细节都语焉不详。假如那名小儿伤重不治，肇事者将按"斗殴致人死亡"之罪减一等处罚，即判处流刑——流三千里。

尽管故事的细节已不可考，不过，当我们讨论"官二代"或"富二代"的飙车现象时，朱熹的那段话无疑是值得记住的。

为何要设立"见危不救罪"？

曾有人提议国家立法，将"见危不救"列为罪行，但这一提议受到舆论的诘难，反对者认为，见危不救只是道德层面的问题，国家刑法不应当介入。其实，不论古今中外，将"见危不救"入罪的情况并不罕见。

中国社会自秦汉至明清，历代律法也都设有"见危不救罪"。《睡虎地秦墓竹简》的记载显示，在秦朝，如果一户人家进了盗贼，主人呼救，四邻听到后不加施救的话，将会被治罪。《大清律例》也规定，"强盗行劫，邻佑知而不协拿者，杖八十"。

宋朝关于"见危不救罪"的立法尤其周详。《宋刑统》规定："诸邻里被强盗及杀人，告而不救助者，杖一百；闻而不救助者，减一等；力势不能赴救者，速告随近官司；若不告者，亦以不救助论；其官司不即救助者，徒一年。"根据这一立法，如果你的邻居被强盗抢劫，他向你求救，你袖手旁观，那么你将被处以"杖一百"的刑罚；其他听到呼救声而不施救的人，则处以"杖九十"之刑；如果你迫于情势，无法救援，比如盗贼人多势众，而你这边"人少或老小羸弱"，可以豁免上前施救的责任；但你必须立即"报警"，报告附近的政府部门，否则还是要负见危不救的罪责；如果接警的政府部门没有立即展开救援，也将被问责，处"徒一年"之刑。

这里有两点值得我们留意：其一，政府部门见危不救的责任大于平民；其二，平民在"力势不能赴救"的情况下，可免除救援之责。这两点是我们在明清时期的立法中看不到的。

南宋笔记小说《夷坚志》提供了一个"见危不救罪"的事例。淳熙年间（1174—1189），在浦城县与永丰县的交界处，有一家旅店。一日，一名严州商人带着一担丝绢前来投宿。旅店的老板娘生性淫荡，进入客房勾引丝绢商人。然后又回房告诉丈夫："我发现那商人货物不少，又孤身出门，不如……"她丈夫便假意请丝绢商人喝酒，喝到半夜，持刀杀了他。丝绢商人被刺杀时，"大叫救人，声彻于邻"。可是那旅店地处偏僻，周围没什么人家，只有一个老汉听到呼救声，跑了过来。老板娘挡住他，说：您老莫管闲事。又给了他一把丝绢。老汉得了便宜，便乐滋滋地走开了。那严州商人遂被杀死。后来，这起凶杀案暴露，店主夫妇一并伏诛，老汉也因为见危不救，被官府判了"杖脊"之刑。

上面我们说到的"见危不救罪"，主要都是针对发现有歹徒行凶而不加救助的情况。还有一些情况也适用"见危不救罪"，比如发现官私建筑物失火，人们有义务报警或施救。《宋刑统》规定，"诸见火起，应告不告、应救不救，减失火罪二等。……

疏议曰:见火起烧公私廨宇、舍宅、财物者,并须告见在[官司]及邻近之人共救,若不告、不救,减失火罪二等"。不过,宋朝的开封府与临安府均设有发达的专业公共消防队,一般来说,救火不劳百姓动手。

发生交通事故,有人严重受伤,旁人也有施救的法律义务。古代社会没有机动车,发生在陆路的交通事故一般都不怎么严重。不过,宋朝海上贸易发达,翻船落水往往会酿成非常严重的交通事故。政和三年(1113)十月二十一日,钱塘江口便发生了一起重大事故:一艘载着商货前来杭州贸易的蕃船,在停泊的时候,"为江潮倾覆,沉溺物货,损失人命"。江边生活的宋朝居民与渔户却趁"水"打劫,"乘急盗取财物";而那些熟悉水性的艄徒,见人落水,也不施救,盼着蕃商淹死了,他们好捞走财物。

显然,这是一起丢尽了宋朝人颜面的事故。杭州官府马上将事情上报朝廷。尚书省责令杭州方面"研究根究,不得灭裂。未获人名,立赏三百贯告捉,不原赦降",意思是说,对所有捞取落水财物的人,全部追究法律责任,他们的罪行不得赦免;未曾落网的逃犯,悬赏三百贯钱捉拿。

次年,即四年正月二十一日,宋政府又专门出台了一道法律,将海上交通事故中的见危不救行为列为犯罪:"诸州船因风水损失,或靠阁收救未毕,……本船艄徒互相计会,利于私取财,坐视不救,……非若纵人盗者,徒二年;故纵而盗罪重者,与同罪;取财赃重者,加公取罪一等。"(《宋会要辑稿·食货五》)

按照这一立法,凡水上发生翻船落水事故,艄徒如果心怀鬼胎、坐视不救，但尚未纵人盗捞财物，将被判处"徒二年"之刑；如果故意纵人盗捞，艄徒与盗捞者同罪；如果盗捞的财物特别贵重，则加罪处罚。换言之，在水上事故中，熟悉水性的艄徒负有救人之义务，否则会被追究见危不救的罪责。

如果你以为"见危不救罪"是中国"封建社会"才会有的产物，那就未免有些想当然了。事实上，今日不少法治国家都立法规定了对"见危不救"的惩罚，比如法国《刑法典》曾于1994年增订了一项"怠于给予救助罪"："任何人对处于危险中的他人，能够个人采取行动，或者能唤起救助行动，且对其本人或第三人均无危险，而故意放弃给予救助的，处五年监禁，并扣五十万法郎罚金。"

对照一下前引《宋刑统》的规定，我们会发现，宋朝与法国，尽管一古一今、一中一西，但双方关于"见危不救罪"的立法精神，却是不谋而合的。

宋朝衙内如果犯了法

晚清京师大学堂的总教习吴汝纶在一封教训儿子的家书上说："凡为官者，子孙往往无德，以习于骄恣浇薄故也。"他点破了一个自古存在的"官二代"现象。

在宋朝，官二代叫"衙内"，今日人们从《水浒传》中了解到的高衙内，就是一个典型的"习于骄恣浇薄"的恶少形象——"那厮在东京倚势豪强，专一爱淫垢人家妻女。京师人惧怕他权势，谁敢与他争口，叫他做花花太岁"。不过宋代的"衙内"并未含有道德暗示的意义，凡官家子弟都惯称衙内，不一定就是骄横之徒。只因元朝时王孙公子为非作歹，欺男霸女，无法无天，令人忿恨，于是在元杂剧中，衙内多以横行不法的角色出现。

《水浒传》里面的高衙内，有姓无名，只说是"高太尉螟蛉之子"，因为"高俅新发迹，不曾有亲儿，无人帮助，因此过房这高阿叔高三郎儿子在房内为子。本是叔伯弟兄，却与他做干儿子"。将堂兄弟认作干儿子，乱了人伦，自然是小说家言，故意恶心高太尉的。历史上的高俅其实有三个亲生儿子，都沾老爹的光当了官，但似乎谈不上臭名昭著，因为史料中找不到他们作恶的故事，如果真的劣迹斑斑，应该是难逃史笔的。

到了清代宫廷连台大戏《忠义璇图》中，高衙内有了一个名字，叫"高登"，其中一出《拿高登》的戏，说的便是高衙内的故事：高俅儿子高登倚仗父势，为害一方。一日带着家丁在郊外游玩，碰到上山扫墓的梁山后人徐士英一家，高登见徐士英的妹子徐佩珠生得貌美如花，色心大起，竟叫唤家丁将徐佩珠抢回府中，欲纳为妾。佩珠誓死不从，被软禁在艳阳楼上。徐士英为救妹子，一路追来，得花逢春、呼延豹、秦仁三位好汉（这三位也是梁山后人）拔刀相助，潜入高府，杀了高登及其爪牙，救出徐佩珠。

中国传统戏剧有个套路：人物初登场时，往往先来一段自白，以亮明身份与品格。高登的出场，便是以四句摇板开唱："我父在朝为首相，亚赛东京小宋王，人来带马会场上，顺者昌来逆者亡。"高衙内敢强抢民女，自然是倚着爹爹高俅之势。

面对高衙内的欺凌，徐士英采取的是"私力救济"的方法。这是一种高风险的行为，如果没有花逢春、呼延豹、秦仁三位好汉拔刀相助，徐士英未必能从虎口中救出妹子；即使现在救出来了，也意味着从此可能要走上"逼上梁山"之路。若不是公力救济的司法渠道淤塞不通，恐怕没有多少人愿意选择这种铤而走险的私力救济方式。

不过小说《水浒传》与戏剧《拿高登》都是虚构出来的文

艺作品，不足为信。平心而论，宋代的司法体系还不至让人这么绝望。一般来说，衙内如果触犯国法，恐怕还是难逃法律的惩处，即使有个地位显赫的爹，也未必罩得住。

宋哲宗元祐年间，时任京西北路颍昌府阳翟县知县的赵仁恕，不但枉法贪赃，且私制酷刑，迫害无辜，"又强取民家女使数十人"，劣迹斑斑。这赵仁恕就是一名高级衙内，其父为翰林学士兼侍读赵彦若。但他的劣迹被京西路提刑官锺浚查悉、告发，非要法办他。赵彦若护犊心切，也不说请朝廷宽容他儿子之类的场面话，直接就给皇帝打了一个报告："臣往为谏官，尝劾王安礼，浚实安礼党，恐挟此报怨，狱有不平，愿移狱改推。"意思是说，他以前当台谏官时，得罪过资政殿学士、青州知州王安礼（前宰相王安石之弟），而锺浚呢，是王安礼的党羽，他这次乃挟私报怨，我儿子的案子不能由他来审，请异地审理。

宋哲宗与垂帘听政的太皇太后高氏没有同意异地审理，而是采取了一个折中的方法：委任淮南东路宿州符离县知县孟易为制勘院法官，前往颍昌府主持推勘赵仁恕案。孟易并不是一个有风骨的司法官，而是"观望风旨"，将天平向赵家倾斜（也难怪，老赵是皇室宗亲，又是天子近臣，不可谓不显贵），得出一个犯罪情节较轻的审讯结果，跟之前提刑官所推勘的罪情大有出入。

这时候，宋代司法制度中的防弊设计功能就发挥出来了。独立于推勘官的录问官对孟易的推勘结果很有疑问，便上疏反驳。朝廷只好另派法官再勘，审了十余月，还不能结案。最后才由大理寺与刑部作出裁决：认定赵仁恕一部分犯罪事实，给予撤职除名处分，并"罚铜十斤"。应该说，这个判决太轻了，"刑名未当罪"。

这一下，负有监督、审查、司法之权责的台谏官炸开锅了，"公议甚喧"。左谏议大夫郑雍，右正言姚勔，监察御史安鼎、虞策等都上疏抗议，认为此案中赵仁恕"酷虐贪赃，犯状甚明"，必须严惩；主审官孟易"观望事势，出入人罪"，也应处罚；赵仁恕之父赵彦若"欲示人以形势，动摇狱情"，更是"罪不可赦"。"言者既不止"，迫于台谏压力，赵仁恕案不得不改判，"增仁恕以陈州编管"。"编管"是宋朝创设的刑罚，即将赵仁恕流放陈州，看管起来，限制其人身自由。其父赵彦若也因为台谏的弹劾，被罢去侍读一职。但台谏官们还是不依不饶，赵彦若复罢翰林学士之官，怏然回青州老家。宋代的台谏，权力、声势都很大，被他们弹劾下台的宰相也有不少，他们才不怕赵彦若哩。

台谏官在抗议赵仁恕案被轻判的奏疏中，再三强调了一个观点：司法公正。右正言姚勔说，"臣窃以法者，天下之公共，非一人法也"，因此，绝不可为赵彦若一人而"屈天下法"；监察御史安鼎说，若不追究赵彦若之责，则"示朝廷用法不平，急疏贱而缓贵近也"；侍御史贾易说，"臣闻公义胜则天下治，公义废则天下乱"，对赵氏父子当"究其实犯，然后议罪定刑，以示天下大公无私之政"（《续资治通鉴长编》卷四百六十）。追求公正之司法也是宋代士大夫的共识，司马光说得很明白："有罪则刑之，虽贵为公卿，亲若兄弟，近在耳目之前，皆不可宽假。"

官宦子弟"习于骄恣浇薄"，在所难免。要紧的是，法律不能成为他们的挡箭牌，"有罪则刑之"，即便是衙内，也不得法外施恩。

"零口供"也可以定罪

　　中国传统司法制度有一个颇受人诟病的地方，就是过于重口供，为取得犯人认罪的供词，允许用刑讯逼供。而刑讯逼供的口子一旦打开，滥刑几乎无可避免。费孝通先生的《乡土中国》对此有幽默的描述："在旧小说上，我们常见的听讼，亦称折狱的程序是：把'犯人'拖上堂，先各打屁股若干板，然后一方面大呼冤枉。父母官用了他'看相'式的眼光，分出那个'獐头鼠目'，必非好人，重加呵责，逼出供状，结果好恶分辨，冤也伸了，大呼青天。——这种程序在现代眼光中，会感觉到没有道理；但是在乡土社会中，这却是公认正当的。否则为什么这类记载，《包公案》《施公案》等能成了传统的畅销书呢？"

　　然而，如此审案程序，只能说是写"旧小说"之市井文人的想象，不可能是国家司法的制度设计，也不是真实的司法情景。中国古代虽说允许刑讯，但法律对于刑讯的使用其实有着严格的限制，尤以唐宋时期的"拷囚之法"最为周密。《唐律疏议》与《宋刑统》均规定：一名嫌犯不管庭审多少次，刑讯最多只能三次；两次刑讯之间须相隔二十日以上；刑讯只限用杖，杖笞的总数不得超过二百；嫌疑人所犯若是杖罪，则刑讯的杖笞数不得超过其罪罚之数；嫌疑人三度刑讯仍然拒绝招供，必须保释（犯盗、杀重罪之人除外）。

宋朝立国，对刑讯的条件限制更为严格。宋太祖曾下诏："诸州获盗，非状验明白，未得掠治。"在没有佐证的情况下，不得对嫌犯用刑。太祖立法的本意，大概是为防止司法官滥刑，因为"时天下甫定，刑典弛废，吏不明习律令，牧守又多武人，率意用法"。

不过，这一立法却带来了一个悖论：如果"状验明白"、证据确凿，那又为什么还要逼问犯人口供呢？宋真宗大中祥符年间的一道诏令也许可以回答这个疑问："自今获贼，如赃伏露验，事实显白，而拒抗不即承引及隐蔽徒伴者，许量拷讯，数勿过二十。"（《宋会辑稿·兵一一》）拷讯的目的之一，是为了审问出犯罪的同伙、破案的线索。

应该说，传统司法确实重口供，但相较之下，宋人更重证据。宋代也是司法证据制度得到空前发展的时代，诞生了《洗冤录》这样的司法检验学著作。《洗冤录》的作者——南宋提刑官宋慈提出："狱事莫重于大辟，大辟莫重于初情，初情莫重于检验。"今人以为口供是传统司法的"证据之王"，但宋慈显然不这么认为。检验所得的法医报告，其实是比口供更加重要的定罪证据。

一本宋代的州县行政—司法指南书《州县提纲》告诫审案的

州县官:"凡事有涉疑似者,虽其辞已伏,亦须察之以缓,或终于疑罪须当从轻。"有口供而证据不足,不可以定罪,只能按"疑罪从轻"的原则作出裁决。

那么有证据而无口供呢?按《唐律疏议》与《宋刑统》的规定,"若赃状露验,理不可疑,虽不承引,据状断之"。意思是说,如果犯罪证据确凿,能够排除合理怀疑,那么即便犯人拒不招供,法官也可以根据证据作出判决,这叫"据状定罪"。换言之,唐宋时期的司法已在一定程度上突破了从前的"据供定罪"模式。

《宋史·张近传》记载了宋代的一起"据状定罪"案:前副宰相吕惠卿之弟吕温卿,因为胡作非为,"以不法闻",大理寺正张近"受召鞫治"。哲宗皇帝告诉他:"此出朕命,卿毋畏惠卿。"张近说:"法之所在,虽陛下不能使臣轻重,何况惠卿也?"审讯时,吕温卿一言不发,摆出"我有权保持沉默"的架势,始终"不肯置对"。但本案证据确凿,"温卿所坐明白",法官张近又考虑到"倘听其蔓词,惧为株连者累",也就没有要求吕温卿招供。在请示皇帝许可之后,最后"以众证定其罪"。这是发生在北宋的一个承认犯人"沉默权"、以"零口供"定罪的案例。

由于《宋刑统》有"虽不承引,据状断之"的规定,我们相信宋代还应该出现过其他一些"零口供"定罪的判例。不过,应当承认,"据供定罪"还是当时主流的判决模式。我们也不能苛责宋人为什么不将"零口供"列为普遍的司法原则,以一千年前的刑侦技术,绝对无法做到"零口供"定罪。同时期的西方司法虽然不怎么重视口供,却不能不忍受更荒谬的"神判",一个人有罪或无罪,取决于上帝;说破了,其实就取决于运气。

但中国传统司法制度的发展也确有令人遗憾之处，那就是唐宋时期萌发的证据重于口供的文明趋势，未能在后来的明清时代发展下去。《大明律》与《大清律》均删去"虽不承引，据状断之"的条款，同时补充规定"凡诸衙门鞫问刑名等项，必据犯者招草以定其罪"，又回到唐宋之前的"口供至上主义"旧路。

而且唐宋法律对刑讯的种种条件限制，也被《大明律》删得干干净净；同时"拶指""夹棍"等以前列为非法的拷讯刑具也得到官方的认可。因此，刑讯逼供在明清时期无可避免地出现了泛滥之势，诚如清末法学家沈家本所说："《唐律》于拷囚之法甚详，《明律》概行删去，遂无节度，遇有疑难之案，仁厚者束手难行，暴戾者恣意捶打，枉滥之害，势所不免。"但也不至如旧小说所写的，"把'犯人'拖上堂，先各打屁股若干板"。

杖刑究竟是怎么个杖法？

　　自隋唐至清末，传统的"五刑"体系一直保留着笞杖之刑，分别是笞刑：笞一十、笞二十、笞三十、笞四十、笞五十；杖刑：杖六十、杖七十、杖八十、杖九十、杖一百。笞杖刑轻于徒刑、流刑与死刑，适用于轻微刑事犯罪。那么这笞杖刑到底是怎么行刑的呢？我们从古装影视作品中看到的情况：行刑的杖是一根胳臂粗的棍子，受刑的犯人被摁倒在地，衙役抡起那根大棍，狠狠击打犯人的臀部。

　　如果是这么个打法，我相信没有一个人能挨下六十大棍；就算是一只老虎，也可以打死。然而，如果"杖六十"就足以致人于死地，那杖刑作为次轻的刑罚（最轻为笞刑），就失去了存在的意义。古人不可能愚蠢到将屡屡打死人的杖刑列为轻于死刑、流刑、徒刑的刑罚。因此，一定是表演古代杖刑的古装影视作品弄错了。

实际上，古时用于招待杖刑的法杖并不是一根粗棍子。唐朝时，用于杖刑的法杖为荆条制成，"长三尺五寸，大头二分七厘，小头一分七厘"；宋代的法杖尺寸略大，"长三尺五寸，大头阔不得过二寸，厚及小头径不得过九分"，重量不得超过十五两，且"不得以筋、胶及诸物装钉"；元代的法杖改为柳条，大头径三分二厘，小头径二分二厘，长度还是三尺五寸；明代的法杖大头径三分二厘，小头径二分二厘，长三尺五寸；清代的法杖改用大竹板，大头阔二寸，小头阔一寸五分，长五尺五寸，重不过二斤。

可以看出来，唐朝法杖的尺寸最小，粗细如同树枝，就算是"杖一百"，也不可能将人打死。清代法杖的尺寸最大，不过，我们不能据此认为清代的杖刑重于前朝，因为清代从康熙朝开始，对笞杖刑实行"四折除零"的折杖制，即笞杖刑在执行时，将法定的笞杖数打四折，再减去不足五或十的零头，按五或十的整数责打，比如，按《大清律例》的规定，"凡赌博财物者，皆杖八十；所摊在场之财物入官"。执行时，"杖八十"打四折，即杖三十二，再去掉零头，实际只执行"杖三十"。

宋代法杖的尺寸仅次于清代，但我们也不能简单地说宋朝杖刑重于唐朝、元朝与明朝，因为宋王朝这一刑具尺寸的变化，是为了因应"折杖法"的推行——宋朝将所有的刑罚，除了死刑，都折成笞杖刑执行。折杖法创设于宋太祖建隆年间，宋徽宗大观与政和年间又作了更加轻刑化的改革，其后延续至南宋。

按政和改革后的折杖法，仅次于绞刑的"加役流"在执行时，折成"脊杖二十"加服役三年；"流三千里"折成"脊杖二十"

加服役一年;"流二千五百里"折成"脊杖十八"加服役一年;"流二千里"折成"脊杖十八"加服役一年;"徒三年"折"脊杖二十";"徒二年半"折"脊杖十七";"徒二年"折"脊杖十五";"徒一年半"折"脊杖十三";"徒一年"折"脊杖十二";"杖一百"只执行"臀杖二十";"杖九十"折成"臀杖十七";"杖八十"折成"臀杖十五";"杖七十"折成"臀杖十三";"杖六十"折成"臀杖十二";"笞五十"只执行"笞一十";"笞四十"折"笞八";"笞三十"折"笞七";"笞二十"折"笞六";"笞一十"折"笞五"。

宋代执行笞刑的刑具为小杖,北宋初,小杖长"不过四尺五寸,大头径六分,小头径五分";南宋时,改为"长止四尺,上阔六分,厚四分,下径四分"。长短与粗细不会比一根拐杖更大。笞刑的最高刑为"笞五十",但执行时只笞打臀部十下,可谓"薄惩"。

不过宋代的流刑与徒刑在折成杖刑时,是"脊杖",而非"臀杖"。众所周知,脊背靠近人体器脏,"脊杖"肯定比"臀杖"更容易打死人。我们不能排除有死于"脊杖"的犯人,不过,一般情况下,正常的"脊杖"是不至于致命的,因为宋代的笞杖刑行刑方式跟我们想象的又有不同。

宋末元初有个文人叫方回,他记录说:"近世笞刑十至九十,小木杖;杖刑六十至百,大木杖,立而杖臀;……徒刑五、流刑三,坐而杖。"意思是说,宋朝的法定笞刑与杖刑,在执行时,犯人站着,以臀部受杖,徒刑与流刑折成"脊杖"执行时,犯人则是坐着以背部受杖,都不是如后世那样摁倒在地打一顿。站着或者坐着受杖,身体受力时候会有缓冲,可以消解掉一部分力道,因而受到的创伤也会轻一些。

而且，按宋时立法，犯人若应决杖，却患有疮病，那么这时便不可执行杖刑，得候其痊愈再决；孕妇亦不可决杖；妇人产后未满百日也不可决杖；在执行杖刑的过程中，行刑人不得停下休息一下再打，也不可中途换人。——想想明代的廷杖，每决五杖换一个行刑人，以保证行刑人有足够的气力打人，孰重孰轻？

因此，尽管宋代的法杖尺寸大于唐元明之杖，但其推行的折杖法，却并非刑罚趋重的表现。恰恰相反，宋人认为，折杖法一洗五代时期刑法之苛严，使"流罪得免远徒，徒罪得免役年，笞杖得减决数，而省刑之意，遂冠百王"。（《文献通考》卷一六八）

元朝人将法杖的尺寸改小，但我们也不能说元代杖刑更轻，因为宋时的折杖法也被废除了。而且，从元朝开始，犯人受杖时须俯伏在地，文科生回以为"伏而决臀视前代轻"，显然是因为他不具备基本的力学知识。元时笞杖刑还有一个特色：尾数都是七，据传"元世祖笞杖之刑既定，曰'天饶他一下，地饶他一下，我饶他一下'，自是合笞五十，止笞四十七"。（赵吉士《寄园寄所寄》卷八）按这官方的标榜，是各减三杖，但实际上是各增七杖，如唐宋时的杖刑，最高为"杖一百"，元时则是"杖一百七"。

当然，笞杖之刑属于肉刑，肯定不合现代司法文明，但我们也不要受古装剧的误导，以为杖刑是用致命的大棍抡打。

宋仁宗为何要动用凌迟之刑？

宋真宗时，有一位叫钱易的士大夫，上书请求废除凌迟等法外之刑："窃见近代以来，非法之刑异不可测。不知建于何朝，本于何法，律文不载，无以证之。亦累代法吏不敢言而行之，至于今日，或行劫杀人、白日夺物、背军逃越与造恶逆者，或时有非常之罪者，不从法司所断，皆支解脔割，断截手足。……望乞自今后明下诏书，断天下非法之刑，止存绞、斩。"（《宋文鉴》卷四十二）

钱易看来并不知道凌迟之刑建于何时、本于何法。后世学者的研究表明：凌迟作为一种法定刑名，最早见于辽朝。大辽立国后，"定治契丹及诸夷之法，汉人则断以律令"（《辽史·刑法志》），意思是说，对契丹人及其他部落适用契丹习惯法，对辽地汉人则沿用唐朝律令。而凌迟之刑只用于契丹人。由此可见，凌迟应该来自契丹部族的习惯法。

宋人对凌迟的称呼，有时也记作"陵迟"，有时又记作"凌持"，这是音译外来词的常见语象，看来"凌迟"应该是对契丹语的音译。[1] 据此，我们认为，凌迟之刑起源于辽国，并于五代时传入中原。

不过，凌迟毕竟不是中原王朝的法定刑，宋王朝只是偶尔用来对付穷凶极恶之辈，行刑方式也不是明清凌迟的"寸而磔之，必至体无余胔"，而是"先断斫其支体，次绝其吭"，但这也已经非常残忍了。宋末马端临编撰《文献通考》，称"凌迟之法，昭陵以前，虽凶强杀人之盗，亦未尝轻用"。"昭陵"即永昭陵，指宋仁宗。马氏言外之意，可能是暗示宋仁宗"轻用"凌迟之刑。

宋仁宗确实曾经下诏启用凌迟。那是天圣九年（1031），仁宗皇帝颁下一道诏书："如闻荆湖杀人祭鬼，自今首谋若加功者，凌迟、斩；募告者，悉畀犯人家资；捕杀者，重其赏。"这是首次以敕令的形式提出在特定范围内适用凌迟之刑。如果是其他君主动用凌迟，我们不会觉得意外；但宋仁宗下诏启用凌迟，真的有点让人意想不到。

在我们的印象中，宋仁宗显然是一位仁厚之君。宋人笔记《东轩笔录》说："仁宗圣性仁恕，尤恶深文，狱官有失入人罪者，终身不复进用。至于仁民爱物，孜孜惟恐不及。"曾有一名叫韩中正的官员，在担任司法官任上，犯了"失入人罪"的错误，被停职。多年后刑部又举荐他当"详覆官"（负责复核刑案的法官），宋仁宗仍记得他的名字，说道：此人以前不是失入人罪吗？

1　孔学：《论凌迟之刑的起源及在宋代的发展》，《史学月刊》2004 年第 6 期。

"既尝用法不当，乃可以为法官乎？"诏令台谏弹劾举荐者之罪。

元人编撰《宋史》，赞颂宋仁宗："《传》曰：'为人君，止于仁。'帝诚无愧焉。"但就是这位庙号"仁宗"的君主，却特别下诏宣布对荆湖地区的"杀人祭鬼"犯罪分子动用凌迟之刑。这又是为何？有些人看了一点简单的介绍，就大骂宋仁宗是"残暴而伪善的典型"。但我敢说，这些人对历史认知十分浅薄的可能性，远远大于宋仁宗伪善的可能性。

要理解宋仁宗为什么会启用凌迟之刑，应当回到历史现场，设身处地感受一个正常人面对"杀人祭鬼"行为时的爱憎。今天的人可能不知道：宋朝之时，巴峡、荆湖一带，民未开化，一直保留着诸多原始而野蛮的部落习俗，其中最为违背华夏文明的恶俗，便是"杀人祭鬼"。让我引述几名宋朝人的记述吧。

北宋淳化元年（990），一位叫罗处约的官员出使峡州，向朝廷报告说："巴峡之俗，杀人为牺牲以祀鬼，以钱募人求之，谓之'采牲'。"当地土著向祚、向收兄弟，收受富人十贯钱，替其"采牲"，诱杀县民李祈之女，"割截耳、鼻，断支节，以与富人"。这个案子震动朝廷，宋太宗遂下诏"剑南东西川、峡路、荆湖、岭南等处管内州县，戒吏谨捕之，犯者论死"。（《宋会要辑稿·刑法二》）

然而，尽管官方严令禁止，但荆湖地区"杀人祭鬼"的恶俗非常顽固，到了宋仁宗时朝，还有官员记述："湖南之俗，好事妖神，杀人以祭之。凡得儒生为上，僧为次，余人为下。"（彭乘《墨客挥犀》卷二）南宋淳熙年间，又有地方官员向朝廷报告说："湖外风俗，用人祭鬼，每以小儿妇女，生剔眼目，截取耳鼻，埋之陷穽，沃以沸汤，糜烂肌肤，无所不至。"（《宋会要辑稿·刑法二》）直至南宋后期，荆湖地区的地方官还不得不发布"杀人祭鬼禁约"："访闻本路所在乡村，多有杀人祭鬼之家，平时分遣徒党，贩卖生口，诱掠平民，或无所得，则用奴仆，或不得已，则用亲生男女充代，脔割烹炮，备极惨酷，湘阴尤甚。……如有违犯，不分首从，并行凌迟处斩，家属断配，家业抄籍充赏。"（《名公书判清明集》卷十四）

请想象一下：当这些报告"杀人祭鬼"恶俗的奏疏送达御前，如果你是宋仁宗，你会不会感到愤慨，内心有没有生出一种试图以重典惩治之的冲动？我相信，宋仁宗应该是深深震惊于"杀人祭鬼"的野蛮行径，才愤然下诏："如闻荆湖杀人祭鬼，自今首谋若加功者，凌迟、斩！"

但是，今人对这种基于激愤的重典主义提出批判，也是对的，因为凌迟一旦成为刑名，便不可避免地存在着被滥用的危险，尽管宋仁宗本人已注意到凌迟之刑被滥用的情况：明道元年（1032），他又下诏限制凌迟的适用：凡"获劫盗而情涉巨害者，毋得擅行凌迟，须奏听裁"。然而，凌迟之刑毕竟还是出现了滥用之势。

南宋时，凌迟之刑的施行，已经引起了一部分士大夫的不安。陆游向皇帝上了一道札子说：凌迟之刑，"感伤至和，亏损仁政，实非圣世所宜遵也。议者习熟见闻，以为当然，乃谓如支解人者，非陵迟无以报之。臣谓不然。若支解人者必报以陵迟，则盗贼盖有灭人之族者矣，盖有发人之丘墓者矣，则亦将灭其族、发其丘墓以报之乎？国家之法，奈何必欲称盗贼之残忍哉？"

陆游认为，国家的刑罚怎么可以跟盗贼比赛残忍呢？

第四辑

民事篇

中国自古无民法？

英国法律史学家亨利·梅因（Henry Maine，1822—1888）提过一条论断："一个国家文化的高低，看它的民法和刑法的比例就能知道。大凡半开化的国家，民法少而刑法多；进化的国家，民法多而刑法少。"[1] 晚清之时，中国的知识分子基于梅因式理论，以及落后于西方的客观事实、自卑的文化心理，都认定中国自古无民法，比如梁任公先生在《论中国成文法编制之沿革得失》中感叹说："我国法律之发达垂三千年，法典之文，万牛可汗，

1　严格说来，这句被广泛引用但几乎都不标明出处的话并非出自梅因本人，而是源于李祖荫在《古代法》商务印书馆 1959 年版"小引"中对梅因所谓"错误论调"的归纳。在该书第十章中，梅因认为，所有已知的古代法与成熟的法律学制度"最显著的差别在于刑法和民法所占的比重"。"法典愈古老，它的刑事立法就愈详细、完备"，刑法和民法的现代关系在古代法典中是被颠倒过来的。

而关于私法之规定，殆绝无之"，"此所以法令虽如牛毛，而民法竟如麟角"。

这样的观点直至今日，仍不乏拥趸，如法律史学者梁治平先生就认为："数千年来，中国只有一种法律，那就是'刑律'……〔它〕构成一张包罗万象的大网，其中无所谓民事与刑事，私生活与公共生活，只有事之大小，刑之重轻。"[1]

真的如此吗？

假如古代中国确实缺乏民法，那古时候发生的民事纠纷又如何裁决呢？难道都靠司法机关之外的民间调解不成？明显不可能嘛。实际上，古代地方衙门平日需要审断的案件，绝大多数都是婚户田宅之类的民商事纠纷，而不是杀人放火的刑事案。从司法的角度来看，古代司法习惯将诉讼案分为两大类：词讼与刑案。前者基本上都是民商事纠纷，适用民法，如果古代没有民法，那司法官又是依据什么作出判决？都靠自由心证吗？如果这样，岂不是乱了套？

再从立法的角度看，不管是《唐律疏议》，还是《大明律》《大清律》，确实是以刑律为主，《宋刑统》则干脆以"刑"命名。但《宋刑统》是宋初仓促订立的成文法，基本抄自《唐律疏议》，许多条款都无法适用于宋朝社会。因此，在宋人的司法实践中，优先适用的法律为"敕、令、格、式"，用宋人的话来说，《宋刑统》"与敕、令、格、式兼行，文意相妨者，从敕、令、格、式"。

敕，原为《宋刑统》的补充条款，但由于《宋刑统》是脱

1　梁治平：《寻求自然秩序中的和谐》，上海人民出版社 1991 年版，第 230 页。

离社会现实的僵化法律，其效力渐为敕所取代。在宋仁宗《嘉祐编敕》之前，敕属于综合性法律，其中包含了刑法、民法。北宋嘉祐二年（1057），宋王朝又着手编敕，历时五年方告完成，编成十二卷，另有"但行约束而不立刑名者"，析为《续附令敕》五卷。也就是说，《嘉祐编敕》是刑事法，《续附令敕》则为包含民商事法在内的非刑事法。稍后的宋神宗朝，又进一步将敕明确为刑法，从此，宋朝的编敕不再是综合性法律，而是单纯的刑法。刑法独立成编，类似于刑法典。

刑法之外的民商法、经济法、行政法等，不涉刑名，统称为"令"。至于"格"，为令的细则及行政程序；式则指公文程式。

敕、令、格、式构成了宋代成文法的庞大体系，其中，敕与令是两大主干。就立法数目而言，宋令的数量远多于敕文，如南宋《绍兴重修敕令格式》中，敕有十二卷，令有五十卷，格与式各三十卷；《乾道重修敕令格式》亦是如此。也就是说，刑法在宋朝法律体系中并不占主体地位。梁治平先生认为数千年来中国只有刑律，恐怕失之武断，可能对宋代立法缺乏了解。

在宋令中，包含有大量民商事法律，比如《田令》《户令》《关市令》《理欠令》，等等。此外，有宋一代，还时常有单独的民商事立法，比如宋仁宗与宋哲宗时修订的《天圣户绝条贯》《嘉祐遗嘱法》与《元符户婚法》，都是民商事立法。梁任公认为传统中国"法令虽如牛毛，而民法竟如麟角"的论断，显然与宋代的立法事实不相符。

事实上，宋朝立法频仍，法令繁密，不论是婚姻、继承、收养、遗嘱，还是物权的所有、占有、转让，以及日常交易、借贷、租赁、合伙、委托、代理诸方面，都有法可依，发生纠纷、出现诉讼之后，司法官完全可以根据法律进行裁断。我们去读南宋司法判决书辑录《名公书判清明集》(绝大部分为民商事判决)，便会发现，这本判决书辑录中出现得最为频繁的词语，就是"在法""准法""准令"等，表明法官的判决都有法律与法理依据。

让我们再来看《名公书判清明集》未收录的一起司法判例。南宋末，平江府府学诉官，控告当地豪民陈焕冒占了府学的六百余亩学田，请求平江府追还田产。陈焕利用伪造田契等手段，冒占平江府学的学田十九年之久，直到绍定元年(1228)，经佃户举报，府学才发现有学田被人侵占，这才至平江府起诉陈焕。

这起讼案，既是府学与陈焕之间的民事纠纷，又是一起刑案，因为侵占官田属于犯罪。因此，受理讼案的司法官在裁决时，同时引用了敕(刑法)和令(民法)："敕：诸盗耕种及贸易官田，各论如律"；"令：诸盗耕种及贸易官田，若冒占官宅，欺隐税租赁值者，并追理。积年虽多，至十年止。贫乏不能全纳者，每年理二分，自首者免"。

需要说明的是，敕文所说的"各论如律"，是指《宋刑统》的两个条款：诸盗耕种公私田者，一亩以下笞三十，五亩加一等，过杖一百，十亩加一等，罪止徒一年半，荒田减一等，强者各加一等，苗子归官、主；诸妄认公私田，若盗贸卖者，一亩以下笞五十，五亩加一等，过杖一百，十亩加一等，罪止徒二年。

根据敕文及律文(刑法)，盗耕学田的被告人将按照其盗耕田亩数处以"笞三十"至"徒一年半"的刑罚；同时，根据令文(民法)，被告人除了交还所盗耕田产之外，还将偿还盗耕所得，允许分期还款，如果盗耕多年，最多只追偿十年所得。你看，单是针对盗耕官田的行为，宋代的立法就分立了刑法与民法。

最后，司法官对平江府学诉陈焕的讼案作出判决：被告退还冒占的田产，退还所侵占学田的十年租利；由于诉讼期间陈焕病故，不再追究被告刑责。

假如平江府学延迟一年起诉陈焕，很可能它的诉求便得不到法律支持，因为宋代民法还规定了物权的消灭时效："准法：诸理诉田宅，而契要不明，过二十年，钱主或业主死者，不得受理。"这一法条列出了田产纠纷诉权消灭的三个条件：契要不明；过二十年未起诉；钱主或业主死亡。二十年不起诉侵权，即丧失了诉权。

宋代商业发达，交易繁多，宋政府对田宅买卖、钱物借贷、典当取赎诸方面的争端都设立了诉讼时效。更令我们惊奇的是，宋朝民事诉讼不但设有时效，还出现了类似今日民法中"时效中止"的规定。举个例子说，按宋朝立法，收赎典当物的民事纠纷有诉讼时效："经二十年以上不论"，即二十年为诉权消灭的时效，但同时，法律又规定，"有故留滞在外者，即与出除在外之年"，即"留滞在外"的时间不计入时效。

宋代民事立法之发达，由此可见一斑。所谓的"中国自古无民法"，毫无疑问是不合宋代史实的成见、偏见。

"国"对"家"的监护

我曾模拟训诂的方法别解"国"与"家"的字义：繁体的"國"字，由"戈"与"囗"组成，戈者，兵器也，可引申为国家暴力机器、公共权力；囗者，围也，形同牢笼。将戈置于囗内，其寓意便是：为防止被滥用，需要将国家权力关进笼子里。"家"字由"宀"与"豕"组成，豕指家猪，引申为畜产、财产；宀指房屋。将豕置于宀下，寓意为：家庭乃保护财产的堡垒。

但在某些特殊情况下，"家"会丧失保护财产的功能，比如对于不幸失去双亲的未成年人来说，他的家庭很可能便提供不了保护。这个时候，往往需要"国"介入，向未成年人提供代替性的保护，比如设立监护人制度。这也是国家存在的意义之一。

学习过法制史的朋友应该都会被告知：监护人制度起源于罗马法，而中国传统社会宗法组织发达，国家职能萎缩，政府信奉"清官难断家务事"的观念，因此，不可能发展出"国家监护"的制度。事实是不是如此呢？我还是先讲述《名公书判清明集》收录的一个宋代司法案例吧。

大约宋理宗年间，曾任浙西提点刑狱的南宋理学家胡颖审理过一起诉讼案。有一个叫李文孜的孩子，自幼父母双亡，家中再无直系血亲，只有父亲留下来的一笔遗产。他的叔叔李细二十三，为侵吞李文孜的财产，宣称将自己的儿子李少二十一过继给兄长，将兄长的家产，包括田业、室庐、器用之资，全都据为己有。李文孜无家可归，逃亡在外，被刘宗汉收留。之后，刘宗汉以李文孜的名义，将李细二十三、李少二十一父子告到衙门，检控他们霸占自己的财产。审理这个案子的法官就是胡颖。

胡颖的判决书，首先援引了一条宋朝法律："准敕：诸身死有财产者，男女孤幼，厢耆、邻人不申官抄籍者，杖八十。因致侵欺规隐者，加二等。"这一敕令涉及宋朝特有的一项制度：检校。

什么是检校制度呢？《名公书判清明集》载："揆之条法，所谓检校者，盖身亡男孤幼，官为检校财物，度所须，给之孤幼，责付亲戚可托者抚养，候年及格，官尽给还。"意思是说，根据大宋立法，凡系血亲俱不在世的孤幼，政府有责任将他们的财产核查清楚、登记在册，存入检校库代为保管，并为孤幼指定监护人，孤幼的生活费则定时从检校库划拨，等孤幼长大成人，政府再将扣除了开支的剩余财产给还他们。

宋政府之所以推行检校制，初衷当然是希望为失去直系亲属的未成年人提供监护，以免他们的财产被觊觎者侵占。这些觊觎者往往都是孤幼家族内部的旁亲、族亲，比如像李细二十三这样的叔父，因为他们更容易制造巧取豪夺的机会。

宋朝的检校是强制性的。法律规定，如果身边出现符合检校条件的孤幼，厢耆与邻人有义务报告官府，否则将被处以杖八十的刑罚；如果因为瞒报而导致孤幼财产被人侵夺，则罪加二等，杖一百。也就是说，姑且不论李细二十三的侵占财产之罪，单论其隐瞒不申官检校，就可以判他杖八十之刑。

最后，李细二十三数罪并罚，被法官胡颖判处"决脊杖十五，编管五百里"；其子李少二十一为从犯，"勘杖一百，押归本生父家"，判杖刑，缓期执行；被李家父子侵占的财物与契书，全部归还李文孜。

同时，考虑到李文孜尚未成年，尚不具备处分财产的能力，胡颖又根据宋朝的检校法，将李文孜财产"从官司检校"，钱物由官方的检校库代为托管，田宅等不动产则出租，每一年的租课"官与之拘榷"。

李文孜年幼，还需要有人监护。法官认为：收留过李文孜的刘宗汉终究是外人，"难责以托孤之任"，不适合当李文孜的监护人。权衡再三，胡颖判处将李文孜送入府学读书，并委请一位老成士友作为李文孜的监护人，"随分教导，并视其衣服饮食，加意以长育之"。李文孜的学费、生活费，都在官方托管的李家财产中开支，"有余则附籍收管，候成丁日给还"。

你看，这一安排是不是跟现代国家的监护信托制度很接近？实际上，日本汉学家仁井田陞便将宋朝的检校定义为一种"公共的监护制度"。

当然，恰如本文开头所指出的，国家权力需要关入制度的笼子里，否则很容易被滥用。宋朝的检校也是一种国家权力，自然也极有可能被不法官吏滥用来侵占民家的财产。宋政府其实已预见了这种可能性，并在制度上设了三道防线：

其一，凡不符合检校条件而官府强加检校的，许人越级控告："州县不应检校辄检校者，许越诉。"

其二，官吏如果挪用检校的财物，按挪用公款罪追究刑事责任："辄支用已检校财产者，论如擅支朝廷封桩钱物法，徒二年。"

其三，检校库内的财物如有损坏或遗失，官府必须给予赔偿："州县寄纳人户物色在官库者，若有毁失"，"依弃毁亡失及误毁官私器物律备偿"。

我们不敢说这样的制度安排可以杜绝检校权的腐败，却不能不承认，宋朝的检校制度已经相当完备了。今人每每说起现代法制的流源，几乎言必称希腊、罗马，却不知道中华法系传统的深处也流淌着诸如监护信托制度的源泉。

"父债"未必要"子还"

　　"父债子还"这句话大家耳熟能详，在许多人的印象中，这是古代债务关系中的一项通则，被中国人视为天经地义。有人因此批判传统的法律文化漠视子女的独立性，将他们当成了父亲的附庸；但也有人从另外的角度，认为"子还父债"恰恰反映了中国人讲诚信的传统美德。

　　但是，如此臧否的人未必知道，传统中华法系中实际上并无"父债子还"的规定，宋朝的立法还否决了"父债子还"的有效性，直到明清时，法律才承认"父债子还"。当然，"父债子还"作为民间习惯法出现的历史，则相当早，从出土的唐代借贷契约文书，便可以看到"若身东西没落者，一仰妻儿及收后保人替偿"之类的文词，意思是说：若借款人身故，债务将由他的妻儿、继承人或担保人负责偿还。但这一"父债子还"的合同条款，应该只是私人间的约定，因为查唐朝法律，并无"父债子还"的规定，法律只是要求债务人"家资尽者，役身折酬"，"负债者逃，保人代偿"。

最早让我对"父债子还"在传统社会里的法律效力产生疑问的，是宋人钱观复的墓志铭，里面有一个细节是这么说的："初，朝议公（钱观复之父钱衍）尝称债于人，至三百万。晚岁赀产耗，无以偿，忧见于色。君（即钱观复）窃诣子钱家，以己名就易券，别示必偿，朝议意乃安。"这段记载说的是，北宋末南宋初，有一位叫钱衍的苏州人向"子钱家"（高利贷商人）借了三千贯钱，晚年因为家中开销过大，偿还不了债务，很是忧虑。他的儿子钱观复得知后，悄悄找到"子钱家"，将债务合同的债务人换成自己的名字，然后回家告诉父亲，这笔债务由他来偿还。钱衍这才安下心来。

看这个故事时，我心想：如果宋代有"父债子还"的法律义务，钱观复应该不用跑到"子钱家"那里重订合同，因为这显然是多此一举。反过来说，如果儿子没有偿还父债的法律责任，重订合同就是必要的程序了。

但如果没有查宋朝法律，我们还不能肯定地说"父债子还并非法律义务"。中国传统民商法发展到宋朝时，已经相当发达了，不但法律中有专门的"理欠"立法（相当于《债务法》），政府居然还成立了"理欠司"（相当于债务清偿执行局）。查《宋刑统·公私债务门》与《庆元条法事类·出举债负／理欠》，我找到了两个比较有意思的条款："理欠令：诸欠官物有欺弊者，尽估财产偿纳；不足，以保人财产均偿；又不足，关理欠司；又不足，保奏除放"；"诸欠无欺弊而身死者，除放；有欺弊应配及身死而财产已竭者，准此"。

根据这两个法律条款，我们可以知道：在宋代，债务人有偿还债务的法律义务，如果恶意欠债不还，将以其财产清偿；如果资不抵债，以担保人的财物填还；如果还不足以偿还债务，将债务人关押入理欠司（意味着其家人要筹资还债、赎人）；若还是不足以还清债务，则按程序"除放"债务，债务至此宣告结束；如果债务人身故且无欺弊记录，其债务也随之消灭；如果债务人有欺弊记录，但已受过处理，财产已经清偿，债务也将因债务人身故而消灭。换言之，债务人的子女并无偿还其父母生前欠债的法律义务。

南宋绍熙年间，民间有人拖欠官债，已经用债务人与担保人的资产清偿，但资不抵债，有关部门勒令债务人的亲戚填还。朝廷针对这一现象，发布法令，禁止政府部门向债务人亲属索债："在法，违欠茶盐钱物，止合估欠人并牙保人物产折还，即无监系亲戚填还，及妻已改嫁尚行追理之文。"

我从南宋《庆元条法事类》里还看到一则更富有现代性的债务清偿条款："诸欠人纳尽家资，已经官释放后别置到财产者，不在陈告之限。"这里的"不在陈告之限"，意为不列入诉讼的范围。整个立法条款的意思是：债务人以其所有资产清偿债务，尽管资不抵债，但已按程序宣告债务消灭，之后债务人若因种种原因别置到财产，债权人不能因此起诉他，向他再索债。这一立法，是不是有点接近简约版的"个人破产法"？

现在，我们可以明确地说，根据宋朝的债务立法，负有偿还债务义务的法律主体，只有债务人本人以及担保人，其他人无此义务。一项债务的清偿顺序大体上是这样的：

一、债务人本人为第一清偿责任人，如果他欠债不还或无力偿还，债权人可以向担保人追债；

二、如果担保人不能偿还债务，将由官方清算债务人名下财产，以其财产偿还债务；

三、不足部分，以担保人的财产抵债；

四、债务关系至此消灭，不管债务是不是已经完全还清；

五、债务人之后若获得新的财产，将不需要抵债。也就是说，宋朝法律并不承认"父债子还"的约束力。

不过，有证据显示，至迟在明清时期，"父债子还"的民间习惯已获得国家法律的承认。明代判词集《廉明公案》收录的一则判决书说，"父债子还，律有定例"。清代的《樊山判牍》也提到，"俗语云：'欠债还钱'，又云：'父债子还'，乃是一定之理"。可知当时的法官在裁决债务纠纷时，一般都会认可"父债子还"的习惯法。

最后，我们再来看一则清末光绪年间的债务诉讼判决文："黄知高之父新春，实有契借吴漳发银洋三十元，并货钱二十余千，无如知高弟兄二人均属寒苦，断将利银减免，由知高以家存器具抵还银四十元，作为清账，具结完案。此谕。"（《台湾私法债权编》）被告人黄知高被法官判变卖家产偿还父亲的欠债，尽管他本人的生活可以用"寒苦"相形容。如果这一诉讼案发生在宋代，我相信，宋朝法官会根据"诸欠无欺弊而身死者，除放"的立法，将黄知高之父的债务"除放"掉。

如此说来，宋朝的债务立法可能更具现代性，而明清时期的债务立法反而恢复了一部分中世纪色彩。

讲述我们自己的"国王与磨坊"故事

相信许多人都听说过"德国皇帝与磨坊主"的故事。这故事在中文世界流传颇广，演绎出各种版本，文字或长或短，记述或详或略，感情色彩或浓或淡，但大体内容都是差不多的，立意更是一致。传播最广的版本之一，是一位知名法学教授在一次演讲中叙述的一个版本。这里我且抄录下来：

> 上世纪德国有个皇帝威廉一世，他雄才大略，也富于侵略性。在国内他有和毛主席同样的习惯，喜欢走遍祖国大地，喜欢到处巡视。他派人在波茨坦盖了个行宫。盖完之后，他发现前面有个房子特别碍眼，正好把朝前看的视线挡住了。皇帝很不高兴，马上找来他的内务大臣，知道那是个磨坊。他就说："问问磨坊主的意见，看他愿不愿意把房子卖给我，咱们买下来拆掉。"结果内务大臣去交涉，

想不到老磨坊主脖子一梗，坚决不卖："那是祖宗传下来的财产，我的任务就是维护下来，一代一代传下去。皇帝要买我也不卖，那是无价之宝。"皇帝说给他提高补偿标准，给他高额补偿，但是他还是不卖。皇帝一生气，派宫廷卫队把房子给拆了。

拆房子的时候，老磨坊主站在旁边，袖手旁观，摇头晃脑说了下面几句话："你做皇帝的当然权高势重，你可以为此事。但我德国尚有法院在，此不公平之事我必诉之于法庭解决。"一纸控状送到德国地方法院，法院作出判决，皇帝必须"恢复原状"，赔偿由于拆毁房子造成的损失，皇帝败诉。皇帝拿着这个判决书，只好苦笑几声，说是"我做皇帝的有时候也会利令智昏，权令智昏，认为自己可以无所不为，幸亏我们国家还有这样的法官在，这种情况下判我败诉，这是多么可喜的事情。赶快，恢复原状"。又给盖起来了。

当然这故事还没完，过了几年，老威廉死了，威廉二世登基，老磨坊主也死了，小磨坊主"登基"。小磨坊主想进城，想把房子卖了，他自己手头也特别拮据。突然想起他爸爸以前说过，这房子老皇帝想要，小皇帝会不会还想要呢？他就写了封信给威廉二世，想把房子卖给他。威廉二世给他回了信："我亲爱的邻居，你的来信我已收到。听说你现在手头紧张，作为邻居我深表同情。你说你要把磨坊卖掉，我以为期期不可。毕竟这间磨坊已经成为我德国司法独立之象征，理当世世代代保留在你磨坊主家的名下。至于你的经济困难，请务必理解我作为一个邻居的心态，我派人送去三千马克，请务必收下。如果你不好意思收的话，就算是我借给你的，解决你一时燃眉之急。你的邻居威廉二世。"

到现在那个磨坊，德国司法独立的象征还巍然屹立在德国的土地上。这是件非常感人的事。[1]

故事当然不是这位法学教授编造出来的，虽然他作了一些修辞上的演绎。追溯起来，这个"国王与磨坊"故事应该翻译自杨昌济先生写于1914年的日记。杨昌济1912年毕业于英国阿伯丁大学，获得文学学士学位，随后往德国考察，曾参观波茨坦的离宫，听到关于离宫与磨坊的种种传说。回国之后，他在《达化斋日记》与《静观室札记》中都讲述了"国王与磨坊"的故事。

这里我们也将杨昌济版本的"国王与磨坊"故事抄录出来：

> 德国前皇威廉第一在位时，有一离宫在坡疵坦地方。离宫之前有磨房，欲登高远览一切景象，为所障碍。德皇厌之，传语磨房主人曰："此房价值几何，汝自言之，可售之于我。"孰意磨房主人殊强项，应之曰："我之房基，无价值可言。"

> 德皇闻之赫然怒，令人将磨房毁去。磨房主人袖手任

1　贺卫方：《法官的法袍代表了什么（上）》，《中国律师》2002年第1期。

其拆毁，从容曰："为帝王者或可为此事，然吾德尚有法律在，此不平事，我必诉之法庭。"

彼竟与德皇构讼。法庭依法判决德皇重将磨房建筑，并赔偿其损失。德皇为法律屈，为人民屈，竟如法庭所判。事后且与人曰："吾国法官正直如此，我之大错，彼竟有胆识毅然判决之，此吾国至可喜之事也。"

及威廉第一逝世，磨房主人亦殁，其子孙竟至破产，乃上书今皇威廉第二自述拮据，愿将房基售与德皇，并述其先人与先皇之交涉。

德皇览之，因手书答之曰："吾可爱之邻人鉴之：吾何忍使汝弃去此产？汝当竭力保守，传之子孙，使世世常在汝家主权之下。此事与吾国家极有关系，当长留之以为吾国司法独立及裁判公正之纪念。汝今穷乏，我甚矜怜，今赠汝六千元，俾汝偿债。汝亲爱的邻人威廉复"

竟签字付以六千元，此磨房至今日尚属诸强项者之子孙。

这应该是"国王与磨坊"故事的最早中文版本。按杨昌济先生的自述，故事是他昔日游德国波茨坦时听同游的"李偁君"讲述的。至于"李偁君"又听自何人之口，已不可考。非常遗憾的是，"德国皇帝与磨坊主"其实是一个以讹传讹的故事，在德国历史上，并没有发生过皇帝因为强拆磨坊而被人告上法庭的事情。可以确定，中文世界流传的"国王与磨坊"故事是糅合了德国多个

传说与史事而来 [1]，我们分述如下。

"国王与磨坊"故事的第一个源头，是一件可能真实发生过的历史小故事。主角就是著名的普鲁士国王腓特烈二世（请注意，不是威廉一世），这件小事讲的是：

> 腓特烈大王在波茨坦建造了一座无忧宫，无忧宫外面有一个风水磨坊。腓特烈大王很喜欢这个磨坊，认为磨坊装饰了无忧宫外的风景。但是磨坊主认为，高大的无忧宫挡住了吹送到磨坊的风，导致磨坊的风力不足。因此，磨坊主请求腓特烈大王批准他到另一个地方再建一座磨坊，由王室替他掏这笔钱。腓特烈大王最后同意批准磨坊主另建一座磨坊，也同意掏钱，但他不准无忧宫外的磨坊停止营业，因为他太喜欢那一个点缀无忧宫风景的磨坊了。

在这个真实的历史小故事中，并没有国王拆掉磨坊的情节，恰恰相反，居住在无忧宫的国王因为喜欢磨坊点缀风景，一直想保住磨坊。那么，为什么又会衍生出国王拆磨坊的故事呢？可能从 18 世纪末德国出现的一则传说演绎而来。这就要说到"国王与磨坊"故事的第二个源头。

这第二个源头是一则关于腓特烈二世的传说（请注意是传说，不是真实历史）：

1　袁治杰：《磨坊主阿诺德案考论》，《比较法研究》2011 年第 2 期。

腓特烈大王在波茨坦建造了一座无忧宫，但行宫外面有一个风力磨坊，嘎吱嘎吱的风车响声影响了国王的休息，所以腓特烈大王命人将磨坊买下来，却遭到磨坊主拒绝，腓特烈大王便威胁磨坊主："你知道我能够动用国王的权力征用这座磨坊，一文钱都不用出。"磨坊主说："陛下权高势重，但柏林尚有上诉法院在。"腓特烈大王对这个回答很满意，大度地放过了磨坊主，不再坚持征用他的磨坊。

在这个传说中，并没有国王被磨坊主告上法庭的情节，更无从解读出"司法独立及裁判公正"的内涵。恰恰相反，如果腓特烈二世不是自我克制的话，是有权征用磨坊的，只不过他很大度，没有这么做而已。那么"闹上法庭"的情节又是从哪里来的呢？这就需要讲到"国王与磨坊"故事的第三个源头。

　　第三个源头是发生在 1770 年代的一件颇为轰动的磨坊主诉讼案，刚好腓特烈二世也介入了这个案子。案子说的是：

　　1770 年代，普鲁士奥德河支流上有一个水力磨坊，由于磨坊主未能按照契约缴纳租金，被领主告上法庭。法院支持了原告的请求，将磨坊拍卖抵债。磨坊主不服，一次次申诉，最后惊动了国王腓特烈大王。大王认为，这分明是法官跟地方权贵勾结起来欺负平民，下令将审过磨坊案的所有法官都逮捕起来。尽管高等法院经过调查，认定法官的判决并无不妥，但国王还是亲自作出裁决：几名法官判处一年监禁，磨坊恢复原样归还磨坊主。

这个真实的历史故事，与其说显示了国王尊重司法的西方传统，不如说恰恰相反，腓特烈二世粗暴地干预了司法；与其说体现了国王对磨坊主财产权的保护，不如反过来说，腓特烈二世漠视了领主的合法利益诉求。因此，在腓特烈二世去世后，他的裁决便被撤销了。

中文世界流传的"国王与磨坊"故事，应该是糅合了前述传说与历史事件而来，并且裁剪得完全脱离了原来的故事主旨。故事经过大量中文作者的引用、传播，越传越广，最后被越来越多的人当成了西方法制史上的一个范例。很多人讲这个故事，是想强调西方社会源远流长的司法独立与产权保护的传统，并暗示中国社会恰恰缺乏这样的文明传承。杨昌济先生在讲述这个以讹传讹的异邦故事时，就感慨地说："西人之尊重法则不屈于权势有若此者，乃东洋人之所未梦见也。"这其实也是一百年来中国知识分子反思传统的基调。

这些致力于启蒙的知识分子绝不会告诉你流淌于中华历史深处的文明传统。还是让我来讲述两个发生在宋代中国的真实故事吧。

第一个故事：北宋开封城内的皇城，前身为节度使的治所，比较狭窄，所以皇帝一直想将皇城扩建得更宽阔一些。雍熙二年（985）九月十七日，皇城内楚王宫失火，让宋太宗下了决心"欲广宫城"，还让人测绘了图纸。按照图纸规划，需要拆迁不少平民的住宅，主持工程的官员去找拆迁范围内的居民征询意见，结果"居民多不欲徙"，宋太宗不敢搞强拆，只好作罢。

第二个故事：南宋绍兴二十九年（1159），韦太后去世，附葬于绍兴帝陵。宋高宗下诏："攒宫禁地内，有迁士庶坟冢屋宇及收买士庶田产山林地段，专委守臣同检察宫陵所攒置告谕，先估实直，倍数支还。"并强调人吏不得骚扰拆迁户。这次修建太后攒宫，虽然需要拆迁，但朝廷向业主支付了两倍价钱。

之后，又有御史上书：攒宫禁地范围之内尚有士庶坟冢七百六十六穴，"虽山林掩蔽皆在禁地，若一旦悉令挑去，恐顿泄地气，兼于人情有所未安"，所以，御史建议：由绍兴府专委守臣出榜，晓谕民间，"如对界内旧坟有愿迁出，仰召保闻说，经府自陈，令巡尉监视，听其迁出，如不愿者，仍旧"。高宗采纳了这一建议。

这两个记载于文献史料的宋朝事例，恐怕不入那些津津乐道"德国皇帝与磨坊主"故事的启蒙主义知识分子的法眼，因为自近代以来，他们似乎更热衷于给我们构建优良的异邦传统，哪怕是以讹传讹。他们的确成功地借着"国王与磨坊"的故事传播了"国家应该尊重居民财产权"的价值观，但构建异邦传统的叙事性质却让这样的价值观游离于中国人的历史与传统之外，宛如异己之物。

为什么不转过身来，讲述那些生长在我们的历史之内的故事呢？为什么不将那些美好的价值观构建在我们自己的文明传统之内呢？

条例，还是斧头？

　　小说《水浒传》中有一个关于权势之家强占民宅的故事。宋徽宗宣和年间，高唐州知州高廉的妻舅殷天赐，相中了当地大户人家柴皇城的后花园，便带了二三十名奸诈不良的打手，跑到柴家，叫柴皇城三日之内搬迁出去，将柴宅让出来，否则，带到官府问罪。柴皇城与他理论，却被一帮打手"推抢殴打"了一番，因此"一卧不起，饮食不吃，服药无效，眼见得上天远，入地近"。柴老头膝下无子嗣，只好叫人快马加鞭前往沧州柴家庄，将他的侄儿叫来商量对策。他这侄儿，便是"小旋风"柴进。恰好当时"黑旋风"李逵就在柴家庄闲住，于是也随了柴进前往高唐州。

　　到了柴皇城家，在如何对付殷天赐仗势欺人、强占民宅这件事上，"小旋风"与"黑旋风"发生了意见分歧——

　　贵族出身的柴进主张通过司法途径解决："放着明明的条例，

和他打官司。"即使在高唐州和殷天赐理论不得，还可以告到京师去，知州高廉算什么大官？"京师也有大似他的。"

江湖莽夫李逵则不相信宋朝的"条例"能够主持正义，提出用他的"斧头"讨回公道："条例，条例，若还依得，天下不乱了！我只是前打后商量。那厮若还去告，和那鸟官一发都砍了！"

正当他们争论"条例"管用还是"斧头"管用时，柴皇城却因伤重不治，一命呜呼。偏偏这个时候，殷天赐又带了二三十条闲汉，骑着高头大马，上门搞"拆迁"来了："我只限你三日，便要出屋！三日外不搬，先把你这厮枷号起，先吃我一百讯棍！"躲在门缝后张看的李逵见殷天赐招呼左右打人，忍不住"拽开房门，大吼一声，直抢到马边，早把殷天赐揪下马来"，再三五记老拳，就将他打死了。

这场由侵占财产权引发的民事冲突，至此全面恶化、升级，成了人命官司。杀了人的李逵连夜逃回梁山，柴进则被捉到衙门，先打得"皮开肉绽，鲜血进流"，再关进大牢受苦，等待判罪。最后，还是梁山好汉发兵破了高唐州，救出已经被折磨得奄奄一息的柴大官人。

《水浒传》的作者这么推演情节，很容易给读者造成一种印象：宋朝的司法系统已经完全溃坏，不但主持不了公道，而且成了助虐为纣的工具。因此，柴进主张的司法途径不可能走得通，最终还得靠体制外的暴力解决问题。

然而，小说毕竟是小说，不是历史。宋代的司法制度如果真的像《水浒传》讲述的那般不堪，这个王朝便不可能维持三百余年，而且三百余年间从未爆发大规模的民变。《水浒传》渲染的"梁山聚义"，不过是一小股民变而已。宋朝又是历史上唯一不是亡于内乱的正统王朝——两宋均亡于恶劣的地缘政治与军事失败。非亡于内乱，庶几可说明宋王朝的内部系统一直尚能保持正常的运作，没有发生崩溃。

司法系统是维持社会正常运转的最重要机制。那么宋朝的司法系统能不能够保护臣民的合法财产？或者说，当宋代臣民的合法财产受到侵犯，司法系统是不是可以提供有效的救济呢？从法律条文上看，宋人当然并未在立法上标明"私有产权神圣不可侵犯"，但赵宋立国，即标榜"不抑兼并""田制不立"，在政治上放弃了对土地产权的干涉，并在法律上严禁官私侵占人民的私有财产。因此，说宋人的私有财产权受法律保护，是毫无疑义的。

但在实际效果上又如何呢？我们只能通过事例来判断个大概。

宋真宗时，京师也发生一起地方豪强强占民宅的案子。当时有一个叫崔白的恶霸，"家京城，素无赖，凌胁群小，取财以致富"。这崔白看中了邻居梁文尉的住宅，要求梁文尉断卖给他——看来他还不敢像小说人物殷天赐那样强抢，只是想强买。但梁文尉硬是不卖，因此经常受到崔白的"诟辱"——看来崔白也不敢像殷天赐那样动手打人。

后来梁文尉不幸去世，留下遗孀张氏与两个未成年的儿子，孤儿寡母，相依为命。崔白发现这正是拿下梁宅的天赐良机，便指使手下到梁家骚扰，"日夕遣人投瓦石以骇之"。张氏不胜其烦，家中又没了可依靠的男人，只好搬家，将梁宅典卖给崔白。

张氏叫价一百三十万钱，即一千三百贯，以对大米的购买力折算，相当于今天七八十万元人民币。但崔白倚势欺人，只出了九十万钱（九百贯），便强行将宅子盘买下来。张氏卖了房子之后，可能觉得不服气，又跑到开封府起诉崔白强买人宅。崔白"遂增钱三十万"，同意再补偿张氏三十万钱，即三百贯。

但崔白事后又咽不下这口气——从来只有他占别人的便宜，没有别人可以从他这里虎口夺食——遂将张氏告上开封府，称张氏在交易完成后，擅自增钱。又指使自己的仆人作证，还向开封府的法官行了贿。另外，"权大理少卿"阎允恭（相当于最高法院代理副院长）也是崔白的老朋友，阎允恭便交代开封府判官韩允帮帮忙。所以这场官司打下来，张氏输定了，被判"妄增屋课"，打了板子。

崔白从这场官司中得到实际的利益没有？好像没有。相反，他还得多掏一笔钱去贿赂法官。他之所以要控告张氏，想来应该是为了出一口恶气，灭灭对方的威风，同时展示自己的势力——看以后还有谁敢与他作对。

赢了官司后，崔白自鸣得意，在市井间到处吹嘘自己的威风："大理寺少卿是俺哥们儿，开封府法官是俺朋友，你们不是想告我吗？去告啊，告啊！"这话很快传到皇城司那里。宋朝的皇城司是一个准司法机构，负责刺探京城臣民的不法情事，也掌握着一部分司法权，但审讯的对象只限皇室人员及间谍，职能有点像明代的锦衣卫，但权势远不如锦衣卫。皇城司将听到的信息报告了皇帝。宋真宗立即诏令御史台立案调查崔白。

御史台组成的特别法庭很快就"鞫问得实",并判涉案的阎允恭、韩允"除名";崔白"决杖,配崖州牢城";崔白的儿子也因为作恶多端,被判"决杖,配江州本城"。

从这个案子里,我们可以发现,宋朝社会确实会发生强占民宅的事情,但争端一般都是通过诉讼的方式解决,不管是受到欺负的张氏,还是想欺负人的崔白,都是找法院起诉,而不是诉诸暴力。当然法院也可能发生腐败,比如法官被有钱有势的一方收买,但整个司法系统还是存在着自我纠错的机制。可能还有朋友会说,崔白只是市井恶霸,土豪而已,朝中无人;殷天赐则是知州高廉的妻舅,而高廉又是当朝太尉高俅的叔伯兄弟,势力远非市井恶霸崔白可比,所以法律能惩罚崔白,却未必可以对付殷天赐。那么我们再来看另一个时距"水浒时代"不远的案子。

宋哲宗绍圣年间,向太后的娘家向氏想在自家祖坟上修建一间慈云寺。当时正好是《水浒传》中的那个大奸臣蔡京当户部尚书,他欲巴结皇亲,便圈了一大块地献给向氏,下令"四邻田庐"赶快拆迁,让给向氏修建佛寺。被拆迁的人家不服,到开封府起诉蔡京。开封府法官范正平(范仲淹之孙)作出判决:"所拓皆民业,不可夺。"意思是,被划入拆迁范围的田庐,均是居民产业,他们的财产权应当受法律保护,不可侵夺。

不过,被拆迁户对范正平的判决还是觉得不满意,"又挝鼓上诉",告到登闻鼓院。登闻鼓院是宋朝的直诉法院,主要接受"民告官"的诉讼。直诉法院的设置,可以让平民在普通法院得不到救济时,还有机会通过司法系统讨回公道。那么登闻鼓院怎么判这个拆迁案呢？不但维护了被拆迁户的财产权，还惩罚了侵犯平民财产权的蔡京，"罚金二十斤"。

就我对宋代历史的了解，大体来说，宋朝的"条例"（法律）还是能够保护臣民的合法产权的。《水浒传》借李逵之口宣告"条例，条例，若还依得，天下不乱了"，显然是夸大了宋朝司法的黑暗面，想以此给倡导暴力解决的"梁山逻辑"提供合理性。

宋朝拆迁，每户能补偿多少钱？

拆迁这事儿，并不是今天才有，古时候也经常发生。特别是商品经济比较活跃、自发的城市化比较迅速的历史时期，人们在城市中见缝插针一样修建住宅、商铺、出租屋，侵占街道，造成城市空间的拥挤。这时候，政府往往就会要求居民拆迁。比如宋代，便是这样一个时代。

宋代时，原来的"坊市制"已经瓦解，政府不再刻意追求整齐划一的城市规划，市民获得了自由建筑房屋与商铺的机会（在坊市制时代，哪里可以建房，哪里可以开铺，都由政府严格规划好），如此一来，城市难免显得杂乱无章。同时，城市商业的兴起，又促使商民们竞相开设商铺、侵占街道，各种"违章建筑"层出不穷，在当时，这叫"侵街"。由于侵街严重，汴京甚至出现"甲第星罗，比屋鳞次，坊无广巷，市不通骑"（杨侃《皇畿赋》）的仄逼局面。

因此，从宋代史书上，我们经常可以看到"拆迁"的记载。如开宝九年（976），宋太祖"宴从臣于会节园，还经通利坊，以道狭，撤侵街民舍益之"。宋太祖赴宴归来路上，发现汴京通利坊的街道非常狭窄，便下令拆迁部分违章建筑，扩展了道路。又如大中祥符五年（1012）十二月，宋真宗曾令开封府"毁撤京城民舍之侵街者"，即将侵占街道的违章建筑拆掉，不过因为当时"方属严冬，宜俟春月"，又下诏暂停了拆迁。

需要说明的是，以前的拆迁，通常都是政府行为。至于民间的房地产交易，是不能使用强制拆迁的手段的，只能买卖双方坐下来谈价钱，谈不妥拉倒，谈妥了就签合约。当然，一些权势人家倚势欺人、强拆民宅的事情也时有发生，但这不是社会常态。而政府拆迁，通常也是出于公共用途，比如为了拓宽街道、修筑城墙。

那么宋朝有没有拆迁补偿呢？有的。中国自古承认私有物权，拆迁作为对私有物业的征用，当然必须作出合适的补偿。

宋神宗元丰六年（1083）正月，汴京又出现了一次拆迁，因为要开挖汴京新城的四面壕沟，需"移毁公私舍屋土田"。

既然要拆迁，就涉及补偿，当时朝廷便委任一个叫杨景略的官员，专门负责拆迁补偿。根据拆迁的补偿方案，对土地被征用的民户，政府"估值给之，或还以官地"；被拆迁的官营房、民坟、寺舍，则由一个叫"京城所"的机构安排"拨移修盖"。

从这次拆迁记录可以看出，当时宋政府对拆迁户的补偿，有两种方式：一种是实物补偿，即由政府另拨官地、另造房屋给拆迁户；一种是货币补偿，按照房地产的市场价，给予赔偿。但具体赔偿多少钱，史料没有记录。

不过，元丰六年闰六月的另一次拆迁，则留下了政府补偿标准的记载。

当时开封府搞了一次大规模的市容市貌整顿，按照规划，城墙内侧三十步范围内的官私建筑物都要拆迁，以便留出足够的城市公共空间。负责拆迁工程的是开封府的推官祖无颇。祖推官统计了工程涉及的拆迁户数目，并一户一户参验地契，再根据当时开封府的房地产价格，计算出被拆迁物业的估值。总共有一百三十家拆迁户，共补偿二万二千六百贯钱。算下来，平均每户可获得政府补偿一百七十多贯钱。朝廷批准了这个拆迁补偿标准，由户部拨款支付。

那么每户一百七十多贯钱的补偿到底是高是低呢？这需要参照当时汴京的物价与市民收入水平。北宋时，在汴京街边摆个小摊做小买卖的社会底层人物，一天有几十至一百文钱的收入，一百七十多贯钱是一个底层小市民五六年的收入；从物价的角度来看，北宋开封的房价，繁华地段绝对是"寸土寸金"，一百七十多贯钱肯定买不了一间像样点的房子。不过，这次拆迁的房屋都在城墙附近，属于偏僻之地，又是一般平房，房价毫无疑问要远低于市中心的豪宅，北宋前期，在开封府下辖的中牟县，一百贯钱就可以购买到一套很好的住宅了。应该说，每户一百七十多贯钱的补偿是参照时价计算出来的，虽然不高，但还算在合理区间。

南宋绍兴二十九年（1159），显仁皇太后韦氏附葬于永祐陵攒宫。高宗诏令拆迁攒宫禁地范围内的"士庶坟冢屋宇"，并出资购买禁地内的"士庶田产山林地段"。这次拆迁，宋政府是有补偿的，并强调人吏不得骚扰拆迁户。这次拆迁没有留下具体的补偿标准记录，但申明了参照市价加倍支付。

史书对上一年即绍兴二十八年的一次拆迁，则记录了详细的拆迁补偿标准。这年六月，由于杭州"皇城东南一带，未有外城"，宋高宗命令"临安府计度工料，候农隙日修筑"。高宗说，这个工程需要多少钱，临安府请先做个预算出来，报给尚书省，从皇室的内藏钱中拨款；尽量不要拆迁"民间屋宇"，如有拆迁，务必"措置优恤"。

负责拆迁补偿的官员叫张俣，负责筑城工程的官员叫杨存中。七月份，杨存中向皇帝呈交了一个报告，大意是说：根据筑城图纸，臣等做了实地勘察、测量，划定了建设路线，现在要修筑城墙的地方，十之八九是官府的"营寨教场"，只有少数"居民零碎小屋"需要拆迁。等筑城完工后，"即修盖屋宇，依旧给还民户居住"。高宗同意了这个筑城方案。

张俣也向皇帝报告了拆迁补偿措施："所有合拆移之家"，如果是业主，则在附近官地中拨给一块同等面积的宅基地；如果是租户，则由政府盖造公寓，"仍依原间数拨赁"；城墙内外，只要是"不碍道路"的屋宇，则"依旧存留"。此外，政府对所有的拆迁户，都补偿"拆移搬家钱"，业主每一间房补贴十贯钱；租户则减半，每间房五贯钱，另外五贯钱给业主。这个拆迁补偿方案，高宗皇帝也批准了，"出榜晓谕，候见实数支给"，禁止经手的官吏克扣补偿款。

杭州在南宋成为临时都城，房地产市场非常火热，繁华地段的房价高得令人咋舌。不过这次拆迁的民房也是在城墙附近，造价肯定远低于市中心。十贯钱刚好可以在两浙地区建造一间民房，如绍兴二十八年（1158），平江府建造瓦屋营房，"每间支钱一十贯文"。但请注意，宋政府补偿的十贯钱，是搬家钱，而非全部的拆迁赔偿款，政府还在"侧近修江司、红亭子等处"划拨出"空闲官地四十余丈"，分给拆迁户，等筑城工程完工后，"即修盖屋宇，依旧给还民户居住"。租户呢？政府也有安排："赁房廊舍，候将来盖造，仍依原间数拨赁。"这么算下来，这次拆迁的补偿确实"措置优恤"。

另外值得指出的是，租户也可以获得一半"拆移搬家钱"，表明当时政府对租户权益的重视。宋代由于商品经济、市场交易的发达，私人物权已经发展出多个可相分离的层次，比如一个房屋的物权，可分为所有权、占有权、用益权、典权，等等。租户能够获得搬家钱补偿，并且政府还承诺要盖公租房租赁给他们居住，说明独立的用益物权是得到政府承认的。

每个拆迁户补偿十贯的"拆移搬家钱"，是宋高宗时的补偿标准。到了宋孝宗时，宋政府的拆迁补偿标准又有所提高。淳熙元年（1174）十二月，因为朝廷要修建皇后的家庙，需要拆迁"韩彦直房廊"，即韩彦直建来放租的公寓，政府计划给每家租户补偿三十贯搬家钱。这套公寓应该位于繁华地段，所以补偿费比较高。但这个补偿标准还是受到了反对。臣僚说，有些租户，自己在原租地上添造了房子，如果只补偿三十贯，"似觉太轻"，请委派临安府官员"再行审核，稍与添给"。最后宋政府提高了补偿标准：添造楼房的人家，增加搬家钱七千文；添造平房的人家，增加搬家钱五千文。

从宋代的拆迁补偿来看，宋人的私有物权是得到政府的尊重的。

家里有矿，是祸是福？

　　最近网络上有一个热门话题：李白一辈子没怎么工作过，整日游山玩水，他的钱从哪儿来？有人说，钱是土豪朋友送的；有人说，李白是个富二代；还有人说，李白其实不仅是诗人，还是个矿老板。有李白诗为证："我爱铜官乐，千年未拟还"（《铜官山醉后绝句》），"提携采铅客，结荷水边沐"（《宿虾湖》）。从诗中可推测，李白在安徽曾开过铜矿和铅矿，且自运自贩过铜铅矿石。

　　只能说，网友这个脑洞开得有点大。不过，如果李白真的"家里有矿"，那他确实可以把日子过得十分潇洒，但前提条件是李白生活在唐宋时期。假如李白生活在朱元璋时代，"家里有矿"则很可能会带来厄运。我先讲个小故事（见《明太祖宝训》卷四）：

　　洪武年间，广平府有一个叫王允道的吏员，对矿冶业颇有研究。他发现磁州铁矿储量丰富，元朝时朝廷曾在那里设置铁冶都提举司，负责冶铁，役使炉丁一万五千人，每年可收铁一百余万斤。王允道便向朱元璋上书进言："磁州有矿，朝廷何不置炉冶铁？"谁知朱皇帝一听大怒："现在开采的铁矿已经很多了，你还提议开矿？是想将数以万计的农民驱离农业生产，赶入矿山之中吗？"居然将王允道"杖之，流海外"，看你还敢不敢说"家里有矿"。

其实，朱元璋时代开采的铁矿并不多，与宋时相比，冶铁业出现大倒退，来看一组数据：据明史学者黄启臣教授的统计，明代永乐初年的铁产量为9700吨；而据美国汉学家郝若贝（Robert Hartwell）的评估，北宋元丰元年（1078）铁的生产规模达到7.5万—15万吨，与18世纪初整个欧洲（包括俄国）的铁总产量差不多。朱元璋之所以将提议采矿的王允道流放海外，并不是因为铁矿产能过剩，而是因为他对矿产开发的态度非常消极。

如果"家里有矿"的那个人生活在宋代呢？那还真要发大财了。我再讲一个发生在北宋的小故事（见朱彧《萍州可谈》）。元祐年间，莱州城东有一块刘姓家族的墓地，被发现有"金苗"——这意味着地下蕴藏着金矿。宋朝政府对开矿有一种超乎寻常的热情，凡勘探到矿苗，政府通常都会积极设立场务开采，只有位于"观寺、祠庙、公宇、居民坟地及近坟园林地"的矿产不许挖掘，但在开发矿冶业热情的驱动下，这一规定往往形同虚设。刘氏祖坟地发现金矿，不管是莱州官方，还是刘家人，都想着挖矿，所以，莱州官府很快就在刘氏墓地设立采矿队，发墓采矿。

这处金矿挖掘数月，才采尽黄金，"得金万亿计"。那么开采出来的黄金归谁所有呢？归墓主刘氏的子孙。按照天圣四年（1026）的一项立法，凡有主之地发现金苗，业主必须尽快开采，官府"置场收买，差职官勾当"，"凡上等［金块］，每两支钱五千，次等四千五百"；如果业主缺乏开发矿藏的人力、财力，可以有偿转让给他人："应地主如少人工淘取，许私下商量，地步断赁与人，淘沙得金，令赴官场中卖"；但不允许业主借故不予开发，如果"产地主占护，即委知州差人淘沙得金"。

莱州刘姓祖坟冒青烟，发现了金矿，但刘氏子孙却人丁单薄，又是目不识丁的村氓，没有能力组织人手采矿，所以只能由莱州官府差人淘金。开采出来的黄金，官府依法要抽取实物税，税率一般是 20%，这叫"二八抽分"。完税后的黄金即归业主所有。

另按宋朝惯例，刘家的黄金还必须由官府认购若干，比例通常是 30%，如元祐元年（1086），虢州卢氏县、朱阳县的银矿，"依旧抽收二分，和买三分，以五分给主"。由于刘家人老实窝囊，采矿、冶炼的吏人、工匠上下其手，趁机盗窃，刘家实际到手的黄金只有"十二三焉"。尽管如此，刘家还是发了大财，为认购黄金，"京东诸郡之钱尽券与刘氏"，宋政府将莱州所在的京东路各州郡的财政资金都掏出来，支付给刘氏后人。什么叫"天降横财"？什么是"家里有矿"的暴发户？这就是了。

可惜刘氏后人"乃一村氓不分菽麦者"，虽然得祖宗福荫，发了横财，却"得钱无所用，往来诸郡，恍忽醉饱"，过了一年多便去世了，留下一笔巨额遗产，无人继承。

这个故事带有一种悲观的宿命论，但从物权法的角度来看，我们可以从中看到宋朝法律对于私有产权的承认：在刘家墓地开采的金矿，所有权归刘家，虽然开采过程中出现"匠吏窥窃"的事情，但这是个人的不法行径，并不是政府行为。官府对刘家的金矿，只能依法征税、认购，却不能夺其所有，而为了认购黄金，官方不得不动用整个京东路的财政资金。假如宋政府不尊重民间产权，直接将刘家墓地金矿划为官有，岂不是更加省事？

今天许多谈论历史的人习惯于认为，古代中国乃"家天下"，所谓"普天之下，莫非王土"，民间产权怎么可能得到法律的承认与保护？其实，"普天之下，莫非王土"一语出自先秦民谣《北山》，整首歌谣的主题与产权划分没什么关系，只是在表达臣民对于国王分配徭役之不公的牢骚。更何况，自先秦"井田制"瓦解之后，普天之下已不复是"王土"，而是"民土"。

宋代有一些保守的理想主义者，比如张载、程颢等大儒，出于对贫富不均的不满和对古制的向往，梦想着恢复古老的"井田制"，但宋神宗与执政的王安石都不赞同，君臣有过一次对话。王安石说："臣见程颢云：须限民田，令如古井田。"宋神宗说："国家立法，使民知所趋避，则可；若夺人已有之田为制限，则不可。"王安石也说："如何可遽夺其田以赋贫民？此其势固不可行；纵可行，亦未为利。"（《续资治通鉴长编》卷二一三）君臣二人都认为，哪怕是出于抑兼并、均贫富的伟大目标，国家也不可以粗暴侵夺民间的私有产权。

正是基于对民间产权的尊重，宋政府尽管如饥似渴地勘探、开采矿产，但如果发现的矿产蕴藏于有主物业之地下，则不能据为己有，只能出钱购买。这是"家里有矿"得以变成家族发财传奇的制度前提。

挖到金块归谁所有？

不管是今天的民法，还是古代的法律，都对"埋藏物、隐藏物"的产权归属作出了规定，只不过有的法律规定属于国家，有的法律规定属于私人。现行《民法通则》中的"埋藏物、隐藏物"，宋朝人称之为"宿藏物"。《宋刑统》与《宋令》都非常明确、细致地划分了"宿藏物"的物权归属。请允许我将相关法律条文抄录下来：

> 诸官地内得宿藏物者，听收。

> 凡人于他人地内得宿藏物者，依令合与地主中分；若有隐而不送，计应合还主之分坐赃论减三等罪，止徒一年半。

藏在地中，非可预见，其借得官田宅者，以见住、见佃人为主，若作人（即发现人）及耕犁人得者，合与佃、住之主中分。

其私田宅各有本主，借者不施功力，而作人得者，合与本主中分，借得之人，既非本主，又不施功，不合得分。

得古器钟鼎之类形制异于常者，依令送官、酬直，隐而不送者，即准所得之器坐赃论减三等。

这些条款见于《宋刑统》。《宋令》也有类似立法："凡于官地得宿藏物者，皆入得人；于他人私地得，与地主中分之；若得古器形制异者，悉送官，酬直。"

根据上面援引的法律条文及宋人的立法精神，我们可以确知，在宋代，一件被发现的"宿藏物"应当归谁所有，将取决于这件"宿藏物"的所在地点，以及它是否属于"古器钟鼎之类""形制异于常"的珍稀文物。

——如果平民在自己的土地、住宅或者公共田宅中发现了"宿藏物"，那么"宿藏物"的物权将归发现人所有；

——如果在他人的田宅发现"宿藏物"，则"宿藏物"的物权由发现人与业主均分，倘若发现人不归还业主应得的那部分收益，则按盗窃罪减三等论罪，以发现人应交还业主的那部分收益计赃；

——如果在已经租赁出去的公地、官宅发现了"宿藏物"，

则由发现人与承租人均分"宿藏物";

——如果发现"宿藏物"的田宅乃承租自私人，由发现人与业主共同享有"宿藏物"所有权，承租人如果在发现"宿藏物"的过程中未出功力，将无权参与分配。

——如果发现的"宿藏物"是珍稀文物，则必须报官，当然官府不能无偿征收，而是要按"宿藏物"的估价掏钱购买，发现人如果"隐而不送"，同样按盗窃罪减三等论罪，以发现人得到的"宿藏物"价值计赃。

可以看出，宋朝政府对于"宿藏物"物权归属的立法，采取了"先占取得"的原则，承认并保护发现人的物权，同时兼顾"宿藏物"所在地的业主的权利。政府不与民争利，即使出于保护珍稀文物之目的，要求"得古器形制异者，悉送官"，也要向发现人支付价钱。

由于国家法律承认并保护"宿藏物"发现人的权利，宋朝洛阳形成了一个非常独特的住宅交易惯例："凡置第宅未经掘者，例出掘钱。"凡未经挖掘的宅第，如果你想盘买下来，业主会要求你补偿一笔"掘钱"。为什么？原来洛阳为前朝古都，居住者非富即贵，"地内多宿藏"，往往一挖就能挖出不知什么年代什么人埋下的财物。

当过"左丞"的宋人张观，曾经"以数千缗买洛大第"，价钱都谈好了，但卖家临时又提出要加"掘钱"千余缗，否则房子就不卖了。张左丞对这宅第志在必得，只好同意多掏一笔"掘钱"。大家都认为张氏太傻，被宰了，花了冤枉钱。谁知张左丞在翻修宅第时，真的从地下挖出一个石匣，"不甚大，而刻镂精妙，皆为花鸟异形，顶有篆字二十余，书法古怪，无人能读"。打开石匣，里面有黄金数百两。"鬻之"，"金价正如买第之直"，"不差一钱"。换言之，张左丞白得了一套大宅子。

这一故事记录在沈括的《梦溪笔谈》。沈括记载此事，本意是想表达一种"数已前定"的宿命论。但我们不妨从社会史的视角来解读这个故事：如果宋朝法律不承认发现人对于"宿藏物"的所有权，张观挖到的金子能合法地卖出去吗？洛阳能形成"凡置第宅未经掘者，例出掘钱"的交易惯例吗？显然不可能。因为你挖到的财物如果悉数被政府收为国有，必不可能影响房产交易的价格。

这里需要补充说明的是，宋朝关于"宿藏物"所有权的立法，继承自唐朝法律，只是比唐朝立法更为详尽。《唐律疏议》规定："凡人于他人地内得宿藏物者，依令合与地主中分"；"得古器、钟鼎之类，形制异于常者，依令送官酬直"。《唐令》亦规定："诸官地内得宿藏物者，听收；他人地内得者，与地主中分之；即古器形制异者，悉送官酬其值。"可见物权立法在中国其实源远流长，许多人认为中华法系没有民事立法传统，显然是偏见、成见。

明王朝对"宿藏物"的物权立法，出现了退化。《大明律》规定："若于官私地内掘得埋藏之物者，并听收用。若有古器钟鼎符印异常之物，限三十日送官，违者杖八十，其物入官。"法律不再区分"宿藏物"所在地的产权区别，一概将"宿藏物"归发现人所有，显得比较粗糙；而"古器钟鼎符印异常之物"，则没收入官，不再向发现人支付价钱。不过，明清法律对"宿藏物"物权归属的划定，大体上还是遵循"先占取得"的古老惯例。

当今绝大多数国家关于"无主物"所有权取得的民事立法，也都采用"先占取得"的原则。比如德国的《民法典》规定，"每一个自主占有人都可以先占无主动产"，"发现因长期埋藏而不能查明其所有权人的物，并因发现而占有该物时，其所有权的一半归属于发现人，另一半归属于宝藏埋藏所在地的物的所有权人"。这样的法律条文与立法精神，跟我们前面引用的宋朝律法几乎如出一辙。

"先占取得"的物权原则，在西方也有着古老的法律渊源。古罗马法就是这么规定的："某人在自己的地方发现的财宝，被尊为神的阿德里亚奴斯遵循自然平衡，把它授予发现人。如果它是某人在圣地或安魂地偶然发现的，他作了同样的规定。但如果它是某人在并非致力于这一业务，而是出于意外的情况下在他人的地方发现的，他将一半授予土地所有人。"这跟唐宋法律的相关规定也是高度一致。

古今中外的法律都对"宿藏物"归属权作出了类似的划分，并不是偶然。从法理上来说，无主物所有权的"先占取得"原则，乃是对人的自然权利的承认。所谓无主物，我们视其为造物主给予人类的恩赐，而人类获得造物主的恩赐，自古便以"先占先有"为通则。

"涨海声中万国商"背后的财产权保护

有一首宋诗这么写道:"苍官影里三洲路,涨海声中万国商"(李邴),描述的是泉州港的繁华商贸,但借用来形容宋朝的各个港口城市,也是恰如其分的。读这句诗,我总是要联想到唐朝王维的"九天阊阖开宫殿,万国衣冠拜冕旒"。如果说"万国衣冠拜冕旒"表达了朝贡体制下的政治荣耀,那么"涨海声中万国商"体现的便是通商体制下的商业繁华。我喜欢"万国商",因为它更具近代气质。

"涨海声中万国商"的海外贸易盛况,当然不是从地下冒出来的,也不是仅凭鼓励市舶的表态就能自发形成的。政府还需要建立一系列维护海上安全与合法贸易,保护蕃商私有财产与在华居留权的制度与机制,在这个基础上,繁忙的市舶贸易才得以展开、维持。

根据北宋真宗朝形成的一项惯例,凡遭遇海难的蕃船漂泊至大宋境内，当地官府有责任"据口给粮，倍加存抚，俟风顺遣还"。元丰年间，有高丽国商人"因风失船，飘流至泉州界"，获救，后高丽商人至州衙自陈："愿来明州，候有便船，却归本国。"于是泉州官方"给与沿路口券，差人押来"。明州知州曾巩认为，泉州方面只是给落难蕃商"口券"（免费食品券），不太厚道，"恐于朝廷矜恤之恩有所未称"，因此建议，"今后高丽等国人船，因风势不便，或有飘失到沿海诸州县，并令置酒食犒设，送系官屋舍安泊，逐日给与食物；仍数日一次别设酒食；阙衣服者，官为置造；道路随水陆给借鞍马舟船，具析奏闻；其欲归本国者，取禀朝旨"。（《元丰类稿》卷三二）

按元符年间确立的一条法令，"蕃舶为风飘着沿海州界，若损败及舶主不在，官为拯救，录物货，许其亲属召保认还，及立防守盗纵诈冒断罪法"。（《宋会要辑稿·职官四四》）地方官府若发现有遭遇海难的蕃船漂至境内，有责任打捞、保全他们的货物，登记在案，日后交还给货主或其亲属，冒领、盗取、诈骗落水蕃船的财物，都将会被判罪。南宋时，"常有船遇风至吴江境上，部使者藉之，凡得数万缗"，当地官府企图将这些落水财物籍没充公。后来船主找上门来，要求取回财产，地方官不答应，船主便起诉至户部。户部支持船主的诉求，行文让地方政府归还财产。

宋政府对蕃商财产的保护，还包含了对其财产继承权的尊重。北宋元祐年间，广州有一好事之人，跑到京师户部检举一事："蕃商辛押陀罗者，居广州数十年矣，家赀数百万缗"，"近岁还蕃，为其国主所诛"。辛押陀罗没有亲属，只收养过一个童奴为养子，留在蕃国。按大宋法律，辛押陁罗为"户绝"，其财产应当收归政府。户部的郎官说，"陁罗家赀如此，不可失也"。当时任户部侍郎的苏辙将举报人叫来，问他："陁罗死蕃国，为有报来广州耶？"举报人说："否，传闻耳。"苏辙又问："陁罗养子所生父母、所养父母有在者耶？"举报人说："无有也。"苏辙再问他："法告户绝，必于本州县，汝何故告于户部？"举报人说："户部于财赋无所不治。"苏辙说：你的举报完全不合法律程序，"此三项皆违法，汝姑伏此三不当，吾贷汝"。举报人不服。苏辙告诉他："汝不服，可出诣御史台、尚书省诉之。"（苏辙《龙川略志》卷五）其人乃服。在这个故事中，苏辙公正地维护了蕃商辛押陁罗养子的财产继承权。

南宋乾道年间，一位真腊（今柬埔寨境内）商人不幸死于明州，留下巨万遗产，却没有亲人在侧。当时有吏人提出，何不将这笔遗产没收入官。明州政府不同意，而是"为具棺殓，属其徒护丧以归"，将商人的遗体与遗产送回他的国家。真腊国王很受感动，发来感谢信："吾国贵近亡没，尚籍其家。今见中国仁政，不胜感慕，遂除籍没之例矣。"送信的使者还说，"死商之家，尽捐所归之赀，建三浮屠，绘王像以祈寿"。（楼钥《楼钥集》卷八九）"王"是指当时知明州的崇宪靖王赵伯圭。

蕃商的在华合法贸易与正当商业利益，当然也受宋朝法律保护。北宋初，太宗皇帝下诏："市舶司监官及知州、通判等，今后不得收买蕃商杂货及违禁物色。如违，当重置之法。"禁止官员私自向蕃商购买蕃货。宋政府为什么要出台一条有些奇怪的禁令呢？原来，当时"南海官员及经过使臣多请托市舶官，如传语蕃长所买香药，多亏价直"，许多官员都请托市舶官向蕃商购买香药，交易时又倚仗权力压低价格，损害了蕃商利益。谏官向宋太宗报告了这一现象，所以朝廷才立法禁止官员向蕃商购买蕃货。

南宋初，高宗皇帝又立法："有亏蕃商者，皆重真其罪。令提刑司按举闻奏。"开禧年间，泉州与广州市舶司有些官员打着"和买"的旗号，扣留蕃商的一部分货物，要求"售以低价"，导致"蕃船颇疏，征税暗损"。宋廷得悉情况后，立法规范了市舶司对蕃货的抽解与博买章程："申饬泉、广市舶司，照条抽解和买入官外，其余货物不得毫发拘留，巧作名色，违法抑买。如违，许蕃商越诉，犯者计赃坐罪。"（《宋会要辑稿·职官四四》）蕃商若受不公待遇，允许越级申诉。

不妨跟大清乾隆时代的做法比较一下。乾隆二十四年（1759），清廷已实行"一口通商"，西洋商船只准许在粤海关报关、住舶，英国东印度公司欲打开大清国更多口岸，便委派英商洪任辉（James Flint）"赴宁波开港，既不得请，自海道入天津，仍乞通市宁波，并讦粤海关陋弊"。此事让乾隆龙颜大怒，认为洋人"挟词干禁"，挑战天朝体制。尽管洪任辉对粤海关的检控基本属实，但他还是被乾隆惩罚"在澳门圈禁三年，满日逐回本国"，理由是他"勾串内地奸民代为列款，希冀违例别通海口，则情罪难以宽贷"；与洪任辉有商业与资金往来的徽商汪圣仪也"躺着中枪"，被发边充军；更倒霉的是那个替洪任辉书写状词的"内地奸民"刘亚匾，竟被"即行正法示众"。（《清实录乾隆朝实录》卷五九八）

假如洪任辉生活的时代是宋代，事情应该会是另一种结局。

宋朝女性有没有财产继承权？

在我老家一带，直到今天，若按民间习俗，女儿是没有财产继承权的，因为人们认为，女儿终究是要嫁出去的。我不知道这一习俗形成于何时，但可以肯定，不是形成于宋代，因为宋代的女性是拥有财产继承权的。

我先说一个小故事。南宋时，巴陵县（今湖南岳阳）有一名未婚女子，姓石，人称"阿石"。这是宋朝人称呼女性的习惯，比如一个姓吴的女子，人们一般会叫她"阿吴"。阿石已有婚配，但尚未成亲，未婚夫叫廖万英。阿石父母双亡，也没给她留下什么遗产。她的叔叔石居易——跟唐朝大诗人白居易同名，可怜这个侄女，便送了她一块田产。阿石委托她的亲哥哥石辉将这块田产卖出去，换成现金，用来添置嫁妆。但石辉这个人是一个无赖，之前因为吃喝玩乐，欠下一屁股债，居然将卖地所得的四百贯钱据为己有，用来还债。四百贯钱折算成人民币的话，大概有二十万元。也就是说，哥哥吞占了妹妹的嫁妆，数额还不小。

阿石的未婚夫廖万英听到消息，很生气，跑上门来，向大舅子石辉索取四百贯钱。石辉不给，廖万英将他告上了法庭。那么法官会怎么判决这起财产纠纷案呢？

法官先将石辉臭骂了一顿：你作为兄长，父母不在，长兄为父，妹妹要出嫁，你本来有责任给妹妹准备嫁妆，但你非但没掏一毛钱，还将叔叔助嫁的田产霸占了，你丢不丢人？

然后，法官又将廖万英骂了一通：你男子汉大丈夫，却盯着未婚妻那点嫁妆，羞不羞啊？现在闹上法庭，就算你得到了嫁妆，但亲戚之间的感情已难以修补，岂不是得不偿失？请反省你的做法，是否恰当。

虽然法官对诉讼双方都作了道义上的谴责，但案子应该怎么判，还得按法律来。根据宋朝的法律，法官认为，廖万英有权利要求石辉归还未婚妻的陪嫁田，石辉必须将田地赎回来，还给妹妹与妹夫。

这个财产纠纷案的判决告诉我们，宋代的女性是有财产权的。一般来说，未婚的女孩子，她的财产权是以嫁妆的形式出现的。未嫁女获得一份嫁妆，作为她从娘家继承的财产，是宋朝法律明确规定的权利。我们不要小看宋朝人的嫁妆，因为宋朝流行厚嫁之风，女孩子的嫁妆非常丰厚，不仅仅是一些金银首饰，而且是几亩、十几亩甚至几十亩的田产，或者是一套、几套的房产。

南宋时，法律又对女儿所能继承的财产份额作出规定："父母已亡，儿女分产，女合得男之半。"什么意思呢？就是兄弟姐妹分家的时候，姐妹分到的财产，是她们兄弟的一半。以现在的眼光看，这当然是男女不平等，但放在中国历史上，这真的是难能可贵。要知道，不管是宋朝之前，还是之后的朝代，法律都没有赋予女性"合得男之半"的财产继承权。

"女合得男之半"是女孩子有兄弟的情况下能继承到的财产份额。还有一种情况，一户人家只生了女儿，没有生男丁，按宋朝人的说法，这叫"户绝"，因为按古人的观念，只有男丁才可以传承香火，没有男丁意味着香火要断绝。宋朝法律规定，在户绝的情况下，女儿是可以继承到父母的全部遗产的。

这里的女儿，是指未出嫁的女儿。如果这户人家既有未出嫁的女儿，又有已出嫁的女儿，那遗产怎么分割？法律规定：未出嫁的女儿继承三分之二，已出嫁的继承三分之一。这个规定我认为是合理的，因为已出嫁的女儿之前已经继承了一笔嫁妆。

前面我们说过，女孩子继承到的财产，通常是以"嫁妆"的形式保管，到了出嫁之时，她可以带到夫家，归小夫妻共同所有，娘家是不可以占用这笔财产的，所以在前面的故事中，廖万英起诉他的大舅子，才获得胜诉。

夫家也不能占用媳妇带来的嫁妆，因为宋朝法律规定："妻家所得之财，不在分限。"这又是什么意思呢？原来，古代都是大家庭，户主一般都生育几个儿女，财产是大家庭的共同财产，将来户主过世，兄弟姐妹才分家。而媳妇从娘家带来的嫁妆，属于小夫妻的私财，不是大家庭的共同财产。分家的时候，这个私财是不用拿出来分的。

因为法律有这么一个规定，有一些小伙子贪便宜，用大家庭的共同财产买房买地，然而在产权证上写明是妻子的嫁妆，这样，分家的时候，这些财产就不用拿出来分，落入自己的口袋。当时有一些大家族的家长，苦口婆心告诫子女：不要这么做，这么做虽然可以占点小便宜，但日后会吃大亏。为什么会吃大亏？我们下面会说到。

既然妻子的嫁妆归小夫妻共同所有，那么丈夫对妻子的嫁妆是不是有支配权？不一定。因为嫁妆的支配权通常还是牢牢掌握在妻子手里。也就是说，怎么保管、处分自己的嫁妆，妻子说了算。如果丈夫动用妻子的嫁妆，会被别人瞧不起，别人会指指点点说：这个男人真没出息，连老婆的嫁妆也要挪用。

当然，妻子很多时候也会将自己的嫁妆拿出来，交给丈夫使用。一个妻子这么做的时候，通常会被当成好人好事称赞一番，写入人物事迹中。这也说明，妻子不拿出自己的嫁妆，是本分，拿出来了，是美德。

由于嫁妆实际上是归妻子本人支配的，将来万一小两口离婚，妻子可以带着她的个人财产回娘家，或者改嫁。所以，宋朝有些大家族的家长，才会告诫子女：不要将大家庭的共有财产偷偷改成你妻子嫁妆的名义，这么做虽然可以占点小便宜，但日后你妻子要是改嫁了，这些财产就会被她带走啦。

宋朝的两个家庭结成亲家，在新郎新娘成亲之前，双方要交换婚帖。其中女方的婚帖会写明：出嫁的是我们家哪个小娘子，排行第几，芳名叫什么，生辰八字又是什么，还有很重要的一栏，是列出陪嫁的嫁妆，金银珠宝多少，田产多少，房产多少，写得清清楚楚，不能含糊。为什么要列明陪嫁的嫁妆？是炫富吗？不是。这是婚前财产证明啊。将来万一小夫妻离了婚，或者出于其他原因，妻子改嫁，这婚帖上的嫁妆，妻子是可以带走的。婚帖就是财产证明书。

但宋朝之后，明清时期的法律已很少提到女性的财产继承权，不过按民间习惯，女孩子一般也可以以办嫁妆的名义从父母那里继承到一部分财产。请注意，这是民间习惯，而不是法律规定。未经法律确立的权利，毕竟是不稳定的，可能有些地方有这样的习惯，有些地方则没有。而且按明清的法律，女性带着嫁妆进了夫家，这个财产也将归夫家所有，以后离婚回娘家，或者改嫁，是不可以带走的。

明清法律明确承认的女性财产权只有一种情况：在没有儿子继承香火的情况下，女儿可以继承父母的遗产。但法律同时又规定，如果父亲没有生儿子就去世了，族人有义务给他挑选一个继子继嗣，财产也由继子继承，还是没有女儿的份。跟宋代相比，明清女性的财产权可以说出现了倒退。

从李清照闹离婚说起

　　许多人都知道，宋代著名词人李清照曾经离过婚，她与第一任丈夫赵明诚情投意合、志同道合，可惜造化弄人，靖康事变后，赵李二人辗转南下，过着颠沛流离的生活，建炎三年（1129），赵明诚病逝于建康，李清照孤苦无依，只好于绍兴二年（1132）再嫁张汝舟。谁知张汝舟娶李清照，只是觊觎她随身携带的珍贵收藏品，当婚后发现妻子并无多少财产时，竟然对李清照大打出手。看透了第二任丈夫真面目的李清照，决定摆脱这段失败的婚姻，离开张汝舟，保全第一任丈夫赵明诚留给她的遗产。

　　为了跟张汝舟离婚，李清照用了一个很绝的招。她向官府揭发张汝舟掩盖多年的犯罪事实：张汝舟伪造履历、骗取功名。这到底是怎么回事？原来，宋朝的科举考试有一项政策：屡考不中的举子，如果应考的次数达到若干次，可以得到朝廷的照顾，赐予进士出身。张汝舟考不中进士，又想捞到一官半职，只好在履历上造假，谎报应试次数，骗得进士功名。这个秘密外人不知情，但李清照这个枕边人是知道的。

结果，张汝舟被开除公职，押送到柳州服役。根据宋朝的法律，"已成婚而移乡编管，其妻愿离者听"，即丈夫在外地服刑，妻子可以单方面要求离婚，李清照终于如愿以偿地与张汝舟离了婚。

不过，李清照虽然达到了离婚的目的，却因此"居图圄者九日"，坐了九日牢房。人们相信，后来因为翰林学士綦崇礼等亲友极力营救，李清照才得免牢狱之灾。有一些网文甚至演绎说：李清照的例子说明，宋代女性起诉离婚，将会受到监禁。这当然是误解。

那么，李清照坐牢的原因是什么呢？研究者认为，是因为法律有规定。制定于北宋初的《宋刑统》明文规定，妻告夫罪，"虽得实，徒两年"。李清照揭发丈夫，依律当判徒刑两年。

为什么《宋刑统》中会有这么一条以今人眼光看来很奇葩的条款？立法者的初衷，应该是为了强调一项礼法原则：亲亲得相首匿。亲人犯了罪，礼法允许你替其隐匿罪行。

最早将"亲亲得相首匿"纳入法律的时间点为公元前66年，汉宣帝下诏："父子之亲，夫妇之道，天性也。虽有患祸，犹蒙死而存之。诚爱结于心，仁厚之至也，岂能违之哉！自今，子首匿父母、妻匿夫、孙匿大父母，皆勿坐。其父母匿子、夫匿妻、大父母匿孙，罪殊死，皆上请廷尉以闻。"汉朝的这次立法，其实是将"亲亲得相首匿"确立为一项受保护的臣民权利。

唐人修《唐律疏议》，同样承认"亲亲得相首匿"，同时还规定，

　　　　大宋之法

"诸告期亲尊长、外祖父母、夫、夫之祖父母,虽得实,徒二年";"被告之者,与自首同"。检控尊亲属犯罪的人,将被处以"徒二年"之刑;而被检控之人,则按自首处理,可以赦免其罪行。这实际上就是将"亲亲得相首匿"确立为一项臣民义务。

《宋刑统》抄自《唐律疏议》。如果完全按照《宋刑统》,李清照举报丈夫张汝舟弄虚作假,作为妻子的李清照将被"徒二年",而犯下罪行的张汝舟将获得原谅。我们一定会觉得这样的判决非常荒谬。

其实宋朝人也觉得荒谬。宋仁宗时,开封府发生过一个案子:"有民冯怀信,尝放火,其妻力劝止之。他日,又令盗摘邻家果,不从,而胁以刃,妻惧,告夫。"开封府法官作出判决:"准律,告夫死罪当流,而怀信乃同日全免。"这样的判决完全以法律为准绳,但又严重违背了情理。所以案子上报御前时,仁宗皇帝对法官的司法教条主义非常不满:"此岂人情耶?"遂下诏:"怀信杖脊刺配广南牢城,其妻特释之。"

那么问题出在哪里呢?我认为,问题就在于立法者将"亲亲得相首匿"当成了臣民的义务,所以才会出现妻告夫罪"虽得实,徒二年"的不近人情之法。但"亲亲得相首匿"本身,却是值得赞赏的司法原则,法律承认"亲亲得相首匿",才可以避免让公民陷入"妻证夫罪""子证父罪"的人伦困境,才可以避免破坏人际间基于亲情的最基本的信任。

不要以为"亲亲得相首匿"是落后的"封建礼法",现代法治国家同样承认"亲亲得相首匿"。比如大陆法系的《德国刑法典》规定:"证人或鉴定人犯虚伪宣誓或未经宣誓的伪证罪,如果是为了避免其亲属或者其本人受刑罚处罚或剥夺自由的矫正与保安处分的，法院可根据规定酌情减轻其刑，未经宣誓而陈述的，则免除其刑罚。"普通法系的美国诉讼法也规定：夫妻之间享有证言特免权，法庭不得强迫丈夫或妻子对其配偶做出不利证言。

中国新修订的《刑事诉讼法》也间接认可了一定范围内的"亲亲得相首匿"："经人民法院依法通知，证人应当出庭作证。证人没有正当理由不按人民法院通知出庭作证的，人民法院可以强制其到庭，但是被告人的配偶、父母、子女除外。"现代国家关于"亲亲得相首匿"的立法，有一个共同点，即将"亲亲得相首匿"当成公民的权利，而不是义务，跟唐宋时期的立法有着重要不同。

不过，宋朝时，妻告夫罪基本上已成了存而不论的罪名——《宋刑统》的不少条款其实都是存而不论的。检索南宋《名公书判清明集》收录的妻子检控丈夫的诉讼案，便会发现，在宋朝的实际司法过程中，"虽得实，徒二年"的立法基本都未被执行过。李清照诉张汝舟一案也可以证明这一点。按《宋刑统》，妻子揭发丈夫之罪，视为丈夫自首，减免其罪责，但张汝舟最后还是受到开除公职、发配远方的处罚。显然法官并没有严格按《宋刑统》来裁决。

李清照亦未被"徒二年"——你也许会说，那是因为綦崇礼等人施以援手了。但我们可以提出新的解释：实际上法官从未判处李清照"徒二年"之刑，因为在类似的诉讼案中，检控丈夫的妻子都获得了豁免。李清照自述的"居囹圄者九日"，并非"徒二年"的刑期，而是诉讼期间的羁押程序，因为按宋朝的"折杖法"，所有的徒刑都会折成杖刑来执行，而不是真的监禁多少年。如果法院真的判李清照"徒二年"，只会将她决脊杖十五，然后释放，而不是关在监狱中服刑。因此，所谓"居囹圄者九日"必是诉讼羁押期无疑。当然，李清照也没有被决脊杖十五。

最后，如果让我来评价李清照诉张汝舟一案，我会说：张汝舟确实是一个渣男，离婚是正当的，但妻子告官揭发丈夫阴私，不值得鼓励——这也是古人要将"亲亲相隐"入法的初衷。

李清照可以向她的丈夫提出离婚吗？

前面我们说过，南宋女词人李清照为了跟第二任丈夫张汝舟离婚，跑到衙门检控其履历造假，将其送上编管服刑之路，从而如愿以偿地摆脱了这段失败的婚姻，为此，李氏本人也付出了"居圄圉者九日"的代价。这个离婚的过程可谓惨烈。那么李清照有没有可能与张汝舟以相对平和的方式离婚呢？

这涉及一个问题：宋朝的女性有没有主动提出离婚的权利？

可能许多人都会认为，传统社会只有"休妻"，不可能有离婚，妻子若"无子、淫佚、不事姑舅、口舌、盗窃、妒忌、恶疾"，丈夫便可以无条件休掉她，这叫"七出"。不过，按传统礼法，又有"三不去"之说："有所取无所归（女性无娘家可归），不去；与更三年丧（妻子曾为公婆守孝三年），不去；前贫贱后富贵，不去。"《唐律疏议·户婚律》规定："有三不去而出之者，杖一百，追还合。"必须承认，这个"三不去"的礼法，只是对丈夫的休妻权作出一定约束，并不表示女性有主诉离婚的权利。

宋朝无疑还是一个男权社会，解除婚姻关系的主流方式也还是"休妻"，但在"七出"的休妻方式之外，法律还承认一种夫妻协商式的离婚，叫"和离"。按《宋刑统》的规定，"夫妻不相安谐而和离者，不坐"。意思是说，夫妻若因性格不合、感情不和而私下协议离婚，政府不需要介入。

既然是夫妻协议离婚，那么主动提出离婚的一方便有可能是妻子。换言之，在承认"和离"的民法制度下，女性拥有一定的主诉离婚权。请看两个例子。宋人庞元英《谈薮》载，"曹咏侍郎妻硕人厉氏，余姚大族女，始嫁四明曹秀才，与夫不相得，仳离而归，乃适咏"。厉氏原来嫁与曹秀才，但因为夫妻感情不和，离了婚，改嫁给一位曹姓侍郎。

在敦煌出土的唐宋"放妻书"中，有一道是妻子阿孟与丈夫富盈的离婚协议，上面写道："今亲姻村巷等，与妻阿孟对众平论，判分离别，遣夫主富盈讫。"可以见出，这份"放妻书"实际上是"放夫书"，是妻子阿孟邀请了姻亲、邻居前来主持公道，见证夫妻离婚，将丈夫富盈"扫地出门"。

除了承认"和离"的法律，宋朝还立法赋予女性在一定条件下主动解除婚姻关系的权利，这类前朝未有的新立法值得我们注意：

一、"在法：……夫出外三年不归，亦听改嫁。"丈夫若外出三年不归家，妻子可以向官府申请解除婚姻。

二、宋真宗下诏："不逞之民娶妻给取其财而亡，妻不能自给者，自今即许改适。"丈夫若带着财产离家出走，导致妻子生活无法自给，妻子可单方面解除婚姻，自由改嫁。

三、"在法，雇妻与人者，同和离法。"丈夫将妻子雇给他人为奴婢，妻子可提出离婚。

四、《庆元条法事类》规定："诸令妻及子孙妇若女，使为娼，并媒合与人奸者，虽未成，并离之；虽非媒合，知而受财者，同。"丈夫如果强迫妻子为娼，妻子可以离婚。

五、《庆元条法事类》又规定："〔妻子〕被夫同居亲强奸，虽未成，而妻愿离者亦听。"妻子如果被丈夫的同居亲属强奸，即使强奸未遂，妻子也有权要求离婚。

六、古时婚约是具有法律效力的，不过宋朝在编敕中规定："诸定婚无故三年不成婚者，听离。"男女双方订婚后，如果男方三年内无故不履行婚约，女方可以单方面解除婚约。

七、"在法：已成婚而移乡编管，其妻愿离者听。"丈夫犯罪，被判"移乡编管"之刑（即强制移送他乡服役），妻子若提出离婚，将得到法律的支持。

说到这里，我马上就想到一个例子：《水浒传》里，林冲受高太尉陷害，被刺配沧州服刑，临行之前，林冲给娘子留了一封休书："东京八十万禁军教头林冲，为因身犯重罪，断配沧州，去后存亡不保。有妻张氏年少，情愿立此休书，任从改嫁，永无争执。委是自行情愿，即非相逼。恐后无凭，立此文约为照。年月日。"

林冲之所以要写休书，应该是不希望看到妻子受了自己的拖累，耽误了青春。这也是林冲讲情义的体现。有人从传统律法的角度对林冲休妻的法律效力提出质疑，因为《唐律疏议》与《宋刑统》均规定，"诸犯流应配者，……妻妾从之"，"妻妾见已成者，并合从夫。依令：犯流断定，不得弃放妻妾"。《大明律》亦有类似的规定，"凡犯流者，妻妾从之"。根据这样的立法，林冲是不可以休妻的，林冲的妻子有义务跟随丈夫到沧州服役。

这么分析的朋友可能不太了解宋代的法律特点：《宋刑统》不少条款在宋朝其实是存而不论的，宋政府已经通过编敕的方式扩展了妻子主动离婚的权利。按"已成婚而移乡编管，其妻愿离者听"的宋朝新立法，即使林冲不愿意写休书，林娘子也是可以主动要求离婚的。李清照与张汝舟闹离婚的策略，很可能也是利用了丈夫编管、"妻愿离者听"的法律——不愧是一位聪明的女子。

我们应该怎么评价前述七条新立法呢？如果说传统的"七出"礼法强调了丈夫的休妻权——在七种情况下，丈夫可以单方面解除婚姻，不管妻子是否愿意，那么宋朝的新立法则是对妻子主诉离婚权的承认——在另外七种情况下，妻子也可以单方面提出解除婚姻，不管丈夫是否同意。这是对"七出"的抗衡。

从这里我们可以看到宋朝立法的进步，不但相对《唐律疏议》是进步，相对明清律例而言也是进步。换句话说，不管与之前的唐朝相比，还是跟之后的明清时期相比，从法律的角度来看，宋朝女性都拥有更多的主诉离婚权。

从事实的角度来看，宋朝女性主诉离婚的理由更加多样。有嫌弃丈夫长得丑而提出离婚的，如李廌《师友谈记》记载的一个事例："章元弼顷娶中表陈氏，甚端丽。元弼貌寝陋，嗜学。初，《眉山集》有雕本，元弼得之也，观忘寐。陈氏有言，遂求去，元弼出之。"这个章元弼是苏东坡的超级粉丝，对苏东坡的作品爱不释手，结果冷落了美丽的娇妻。本来章元弼就长得丑，已经让妻子陈氏很不满意，现在陈氏更受不了了，便提出了离婚。

也有嫌弃丈夫落魄、贫穷而要求离婚的，如王明清《玉照新志》记载的一个事例："郑绅者，京师人，少日以宾赞事政府，坐累被逐，贫窭之甚。妻弃去适他人。"

有因为丈夫得病而闹离婚的，《名公书判清明集》记录了这么一则判例："阿张为朱四之妻，凡八年矣"，后阿张向官府提出离婚诉讼，理由是丈夫"痴愚"。虽然法官谴责了阿张的行为，并作出了惩罚，但还是承认"事至于此，岂容强合"，判阿张与朱四离婚。

还有因为丈夫"包二奶"而主诉离婚的。洪迈《夷坚志》记述了一个故事：唐州有个叫王八郎的富商，在外面包了个二奶，嫌弃结发妻子。妻子"执夫袂，走诣县，县听仳离而中分其赀产。王欲取幼女，妻诉曰：'夫无状，弃妇嬖倡，此女若随之，必流落矣。'县宰义之，遂得女而出居于别村"。妻子拉着丈夫到公堂闹离婚，法官准离，并判妻子可分得一半家产，获得女儿的抚养权。

在宋代，和离并不是什么稀罕事，因为宋人感慨说："若不满意，至有割男女之爱，辄相弃背。习俗日久，不以为怪。"（《淳熙三山志》卷三九）女性主动提出的离婚也不鲜见，因为宋人又大发感慨："为妇人者，视夫家如过传舍，偶然而合，忽尔而离，淫奔诱略之风，久而愈炽，诚可哀也！"（应俊《琴堂谕俗编》）

如此说来，不管是历史上的李清照，还是水浒故事里的潘金莲，并非完全没有主诉离婚的权利，也不是完全没有可能与丈夫"和离"。潘金莲为了摆脱武大郎而走上谋杀亲夫的不归路，实在是愚不可及。

武大郎死后，潘金莲能不能自由改嫁？

潘金莲与西门庆通奸后，为什么还要一不做二不休，干脆毒杀了丈夫武大郎？因为受了王婆的蛊惑。王婆说："大官人家里取些砒霜来，却教大娘子自去赎一帖心疼的药来，把这砒霜下在里面，把这矮子结果了，一把火烧得干干净净的，没了踪迹，便是武二回来，待敢怎地？自古道：'嫂叔不通问'，'初嫁从亲，再嫁由身'。阿叔如何管得？暗地里来往半年一载，等待夫孝满日，大官人娶了家去，这个不是长远夫妻，偕老同欢？此计如何？"西门庆说"此计神妙"。潘金莲虽是被拖着上了贼船，但还是亲手给丈夫灌下了毒药。

那么潘金莲在毒死丈夫之后，能不能如愿以偿改嫁给西门庆呢？故事有两个版本。一个是《水浒传》版本，二人尚未来得及成亲，便给武松杀掉了。另一个是《金瓶梅》版本，西门庆果然用"一顶轿子，四个灯笼"将潘金莲娶到家，做了几年名副其实的夫妻。

不管《水浒传》还是《金瓶梅》，当然都是小说家言。如果从历史的角度来看，按照宋代的法律（潘金莲故事的背景设定是宋代），潘金莲在丈夫去世之后，能不能自由地改嫁呢？（这里只讨论宋代孀妇有无再嫁权利的民法问题，至于潘金莲为嫁西门庆而毒杀了亲夫，则是另外的刑法问题了。）

也许有人会说，宋王朝不是要求寡妇守节，大肆鼓吹妇女"饿死事极小，失节事极大"（程颐语），怎么可能允许潘金莲自由改嫁？但我要告诉你，这样的看法是一种基于对宋代社会一知半解的想象与成见。事实并非如此。

孀妇改嫁，在宋朝是很常见的事。宋朝女性改嫁的自由度，远远大于其他王朝，包括许多人想象中的奔放盛世——唐王朝。宋史学者张邦炜先生研究过宋朝女性再嫁现象，他发现，单单一部《夷坚志》所载宋代妇女改嫁的事竟达六十一例之多，其中再嫁者五十五人，三嫁者六人。这虽属管中窥豹，但亦可想见其时社会风尚之一斑。张先生的结论是："宋代妇女再嫁者不是极少，而是极多"；"宋代对于妇女改嫁绝非愈禁愈严，相反倒是限制愈来愈小，越放越宽"。[1]

宋朝的法律并无任何压制民间孀妇改嫁权利的条文，只是禁止居丧改嫁、强迫改嫁、背夫改嫁——这些行为在任何时代都是应该予以限制的。

1　张邦炜：《宋代妇女再嫁问题探讨》，载于《宋代婚姻家族史论》，人民出版社2003年版。

整个两宋时期，改嫁权利一度受到限制的女性群体，只有宗室女。北宋前期是禁止宗室女再嫁的，"宗妇少丧夫，虽无子不许更嫁"，但这一禁令很快就解除了。元符二年（1099），朝廷还下诏确认了宗室女改嫁的权利："宗女夫亡服阕归宫，改嫁者听。"这个变化的过程，恰好与唐朝的相反。唐朝前期，宗室女再嫁相当普遍，但唐宣宗时，又对宗室女改嫁作出限制："公主、县主有子而寡，不得复嫁。"

按隋唐礼制，"五品以上妻妾不得改醮"，即五品以上官员的妻妾如果丧夫，是不允许改嫁的。但宋朝并无类似的禁制，官宦之家的孀妇也可以自由改嫁，改嫁也不影响她们受封。据《庆元条法事类》所载封赠令，"诸母被出若改嫁，非曾受后夫封赠者，听封赠"。可知再适的宋朝女性可凭后夫或儿子的官职、功勋而获封"诰命夫人"。

既然宗室女与官宦家庭的女性都可以改嫁，按"礼不下庶人"的礼法习惯，民间孀妇再嫁就更不是问题了。当然，按宋朝立法，孀妇在居丧期内不可以议嫁，我们不要认为这是"封建礼法"，即使从夫妻情分、人伦底线的角度来看，丈夫新亡，妻子急不可耐地改嫁，也是多数人难以接受的行为。不过，法律规定的居丧期有点长，得守孝三年，实际为二十五个月，这么长的守孝期对孀妇是非常不利的，所以元祐八年（1093）又作出了修改："女居父母丧及夫丧而贫乏不能自存，并听百日外嫁娶。"孀妇守夫孝百日便可议嫁。

宋代贫富差距很大，一部分人口没有田产，只能租佃地主之田，依附地主而食，称为"客户"。有一些客户不幸亡故，地主往往会阻挠其妻子改嫁，因为改嫁意味着原来的租佃关系中断了。针对这一阻挠客户亡妻改嫁的现象，宋政府特别立法："凡客户身故，其妻改嫁者，听其自便，女听其自嫁。"申明客户亡妻有自由改嫁的权利。

法律甚至承认父母具有要求守寡之女儿改嫁的特权："妇人夫丧服除，誓心守志，唯祖父母、父母得夺而嫁之。"以人之常情，我们相信很少有父母会愿意看到自己的女儿守寡。所以，国家固然通过旌表节妇的方式勉励女性守节，但旌表的效用肯定会被法律的反向效应冲淡。

总而言之，从法律层面说，假如武大郎为自然死亡，潘金莲守满百日夫孝后改嫁给西门庆，是不存在任何法律障碍的。故事里的王婆提过一个观点：潘金莲要不要再嫁，改嫁给哪位，作为小叔子的武松并无半点权利干涉。这话倒符合宋朝的法律精神，恰好这里有一个案例可以佐证：

南宋末，有一个叫阿区的妇女，在丈夫李孝标去世后，先后改嫁李从龙、梁肃。李孝标之弟李孝德到官府控告嫂子"背兄"，审判这个案子的法官叫胡颖，是一位理学家，他虽认为阿区"以一妇人而三易其夫，失节固已甚矣"，却不能不承认，其夫"既死之后，或嫁或不嫁，惟阿区之自择"，这是阿区的合法权利。最后胡颖维护了阿区改嫁的自由，并斥责诬告的李孝德："小人不守本分，不务正业，专好论诉。"（《名公书判清明集》卷十四）

再就社会风气而言，宋人也不以再嫁为耻，对再嫁妇女绝无歧视之意。范仲淹订立的《义庄规矩》规定："嫁女支钱三十贯，再嫁二十贯；娶妇支钱二十贯，再娶不支。"对再嫁女子的资助优于对男子再娶。范仲淹的母亲、儿媳，都有改嫁的经历。北宋河间府的风俗，对守寡的女性，"父母兄弟恐其贫穷不能终志，多劝其改节"（《嘉靖河间府志》），哪有什么"饿死事小，失节事大"的观念？

到了明清时期，士大夫开始对宋代女性的改嫁之风感到不可理解。一名清朝文人说："宋世士大夫最讲礼法，然有不可解者二：仕宦卒葬，终身不归其乡，一也。阀阅名家，不以再嫁为耻，如范文正（范仲淹）幼随其母改适朱氏，遂居长山，名朱说。既贵，凡遇推恩，多予朱姓子弟。其长子纯佑与王陶为僚婿（同襟），纯佑卒，陶妻亦亡，陶遂再婚范氏长姨（纯佑之妻），忠宣（范仲淹次子）但疏之而已，文正辄听其改适，不为之禁，尤不可解也。"（王士祺《香祖笔记》卷五）时代精神之变迁由此可见一斑，寡妇守节成了盛行于明清时期的社会风气。中山大学历史系的董家遵教授统计了《古今图书集成》收录的历代节妇烈女名单，"有明一代节妇烈女多达35829人，年平均约130人，较宋代年平均1人猛增了129倍"[1]。

但我们也需要注意，官府对节妇烈女的旌表，只是表明当局倡导女性守节的价值观，并不表示对民间改嫁行为的禁制。事实上，明清时期的法律也没有禁止民间孀妇再嫁。《大清律》倒是有一条前所未有的禁令：孀妇"夫丧服满，果愿守志，而女之祖父母、父母，及夫家之祖父母、父母强嫁之者，杖八十"，显示国家立法的价值取向已向鼓励守寡倾斜，但也不是直接禁

1　蔡凌虹：《明代节妇烈女旌表初探》，《福建论坛》1990年第6期。

止改嫁，而是通过取消娘家人强迫女儿改嫁的特权来支持女性守节。

不过，从元朝开始，命妇改嫁的权利就被剥夺了。按元朝法律，"妇人因得夫子得封郡县之号，即与庶民妻室不同，即受朝命之后，若夫子不幸亡殁，不许本妇再醮，立为定式。如不尊式，即将所受宣敕追夺，断罪离异"。按明清法律，"若命妇夫亡再嫁者"，杖一百，追夺诰命，并离异。但这一立法只适用于命妇，并不是针对社会一般女性。

因此，明清时期固然涌现了数以万计的节妇烈女，但民间，改嫁的孀妇恐怕更多，只不过她们默默无闻，被修订史志的人忽略掉了。

给"断由":特别的民事判决制度

读过英美法系民事判决书的朋友,会发现那些判决书通常都写得非常冗长,除了陈述诉讼的事实,法官还会引述大量先例,阐述对法理的理解,然后根据判例与法律作出裁决。如果我们有机会读到中国古代的判词、判牍(相当于今天的判决书),则会感受到完全不同的语言风格:古人的判词往往写得非常简洁,极少援引法律、阐明法意,但很注意文气,富有文学色彩。清初名臣于成龙撰写的《婚姻不遂案之判》,可谓古典判词中的经典。

让我先简单讲述一下这个案子的来龙去脉。顺治年间,于成龙任广西罗城县知县,有一次,县衙接到三起诉讼:冯婉姑诉吕豹变强抢民女;吕豹变诉冯婉姑刺伤亲夫;钱万青诉冯汝棠违反婚约。原来,冯婉姑系冯汝棠之女,与私塾先生钱万青两情相悦,私订终身,冯汝棠亦同意了婚事,立下婚约。吕豹变垂涎冯婉姑美色,买通冯家婢女,挑拨冯汝棠与钱万青的关系,又下厚礼求聘，冯汝棠贪图吕家财产，便将女儿许配给了吕豹变。婉姑不从，冯家强娶，拜堂之时，婉姑遂以袖中暗藏的剪刀刺伤吕豹变，逃出吕家。于是便闹出这三起诉讼。

于成龙对此案作出的判决书，便是流传一时的《婚姻不遂案之判》。判词只有三百多字，全文引述如下：

> 《关雎》咏好逑之什，《周礼》重嫁娶之仪。男欢女悦，原属恒情；夫唱妇随，斯称良偶。钱万青誉擅雕龙，才雄倚马；冯婉姑吟工柳絮，凤号针神。初则情传素简，频来问字之书；继则梦稳巫山，竟作偷香之客。以西席之嘉宾，作东床之快婿。方谓情天不老，琴瑟和谐；谁知孽海无边，风波忽起。彼吕豹变者，本刁顽无耻，好色登徒，恃财势之通神，乃因缘而作合。婢女无知，中其狡计；冯父昏聩，竟听谗言。遂以彩凤而随鸦，乃使张冠而李戴。婉姑守贞不二，至死靡他。挥颈血以溅凶徒，志岂可夺？排众难而诉令长，智有难能。仍宜复尔前盟，偿尔素愿。明月三五，堪谐凤世之欢；花烛一双，永缔百年之好。冯汝棠者，贪富嫌贫，弃良即丑，利欲熏其良知，女儿竟为奇货。须知令甲无私，本宜惩究；姑念缇萦泣请，暂免杖答。吕豹变习滑纨绔，市井淫徒，破人骨肉，败人伉俪，其情可诛，其罪难赦。应予杖责，儆彼冥顽。此判。

有一些法学学者十分赞赏此判，认为这种极富感染力的文字可以补救时下法院判决书行文的呆板、枯燥与格式化之弊。但也有一些学者对于成龙之判很不以为然，认为这恰恰是传统判词欠缺法理与逻辑性的体现："在如此注重句式、对仗、用典乃至字句的音韵、色彩、节奏的前提下，作为一篇司法判决，法官还有多少余地在其中进行法律概念和规则的阐述呢？"他们进而认为，传统语言束缚了法律思维，妨碍了法学发展，"通过观察和研究古代的司法判决，这一点已经是十分清楚了"。

然而，通过几篇判词就断言古代司法判决不讲法理与逻辑，也未免失之偏颇。因为坊间流传的古代判词，特别是文人笔记中的所谓"妙判"，多半经过文学裁剪，甚至为文人杜撰。实际上，如果我们去读《名公书判清明集》收录的真实判词，便会发现，南宋法官笔下的判决书，并不缺乏对法条的援引、对法理的阐释，而且文字相当平实。

我从《名公书判清明集》选录南宋法官叶岩峰撰写的判决书《不当检校而求检校》，与于成龙的《婚姻不遂案之判》对比着读：

> 张文更父亡，张仲寅以堂叔之故，陈理卑幼财产，意在检校。揆之条法，所谓检校者，盖身亡男孤幼，官为检校财物，度所须，给之孤幼，责付亲戚可托者抚养，候年及格，官尽给还，此法也。又准敕：州县不应检校辄检校者，许越诉。此又关防过用法者也。今张文更年已三十，尽堪家事，纵弟妹未及十岁，自有亲兄可以抚养，正合不应检校之条。张仲寅仗义入词，公耶？私耶？向尝谗间其母，致与父相离，今复挠乱其家，使不得守父之业，岂非幸灾

以报仇，挟长以凌幼，用意何惨哉！法不可行，徒然扰扰，但见心术之险，族义之薄，天道甚迩，岂可不自为子孙之虑也哉！今仰张文更主掌乃父之财产，抚养弟妹，如将来或愿分析，自有条法在，余人并不得干预。

这是比较典型的宋人判词：用散文而非韵文写成，文词晓白，不刻意用典，但十分注意引用法律。在唐人书判中，确实有着批评者所说的"注重句式、对仗、用典乃至字句的音韵、色彩、节奏"语体特点，但这一判词风格已为宋代法官所扭转。在宋朝，没有援引法律依据的判决书是难以服众的。

南宋的民事诉讼判决制度中，有一条非常特别的规定：司法官对一起讼案作出判决之后，必须给予原告与被告各一份"断由"。根据庆元年间"申严"的"旧法"，"诸路应讼事照条限结绝，限三日内即与出给断由。如过限不给，许人户陈诉"（《宋会要辑稿·刑法三》），即要求民事诉讼在结案后的三天之内，法庭必须给原告与被告发"断由"，否则诉讼人可以向上级法司提出申诉。

那么"断由"究竟是什么呢？有些研究者认为是判决书的另一种说法，但在南宋法律文件中，法官常用"判语"与"断由"分别指称不同的法律文书。显然，宋朝的"断由"跟传统的判词是有区别的。

从字面看，"断由"含有"裁断的理由"之意。史料对"断由"的描述也证明了这一点，如绍兴年间的一道诏令说，"今后民户所讼，如有婚田、差役之类，曾经结绝，官司须具情与法叙述定夺因依，谓之断由，人给一本"。（《宋会要辑稿·刑法三》）南宋法官王炎亦自述，他审理民讼，"准条令为给断由，其断由之中，必详具两争之人所供状词，然后及于理断曲直情理"。（王炎《双溪类稿》）

由此可知，宋朝的"断由"就是法官陈述判决理由的民事诉讼结案文书。"断由"文书之内，要求载明原告与被告争讼的事由、各自的利益诉求、法官审得的事实、诉讼所涉及的法律、法官对法理人情的理解，以及据此作出的裁决。

"断由"中无疑包含了判词，但"断由"与判词又有不同。判词通常比较简短，且讲究文词，除了付给诉讼两造之外，有时候，地方官府也会将一些具有典型意义的讼案判词发榜公告，作为教化、警示治下民户之用。

"断由"则写得更为详细，而且只交给诉讼当事人，不会公告。付给"断由"的目的有二：一是避免司法官以浪漫主义的"自由裁量权"随意作出判决；二是让当事人充分了解法官作出裁决的理由，以期对判决心服口服。如若不服，也可持"断由"上诉，"庶几上司见得原断是非。原断若是，则虚妄者无以肆其欺；若原断之非，则抑塞者可以伸其枉"（王炎，同前）。

想对传统司法判决文书作出评价的学者，不能只看传世的古代判词，而忽略了宋代的"断由"制度。

宋朝圣旨的著作权归谁?

如果将电视剧《清平乐》里"背诵默写天团"[1]的文集找出来细读，你将可以从欧阳修、司马光、王安石、苏轼等人的文集中找出不少以"朕"为口吻的文章，比如王安石《临川集》里有一篇《考课敕词》写道:"今朕有念功乐善之志焉，而又继之黜陟幽明之法，以待天下之大吏矣。"苏轼文集中也有一篇《手诏记》:"卿可论朕此意，令早承命，或示朕此札亦不妨。"

不明所以的朋友可能会觉得不可思议:文人士大夫怎么可以用皇帝的语气写文章，还敢大摇大摆收入自己的文集中?不怕杀头吗?

1　剧中的晏殊、范仲淹等仁宗朝士大夫，不但名字载入历史教材，他们的诗文也出现在语文课本里，要求学生会背诵、默写，所以网友将他们戏称为"背诵默写天团"。

其实说破了也不奇怪。王安石、苏轼都担任过知制诰（元丰改制后为中书舍人）、翰林学士，而知制诰与翰林学士的职责，就是替皇帝起草诏敕，亦即我们常说的"圣旨"。宋朝的圣旨，虽然以皇帝的名义颁布，但一道圣旨的出台有着严密的程序，其中草诏的程序由翰林学士或知制诰负责。如果翰林学士、知制诰认为圣旨不妥当，可以拒绝草诏；如果接下草诏的任务，即意味着认可这道圣旨的内容。总之，宋朝的圣旨，除了小部分"御笔手诏"之外，基本上都是由专职草诏的词臣代拟的。

我们可以将知制诰、翰林学士起草的圣旨视为他们的"职务作品"。由于职务就是替皇帝起草诏敕，知制诰、翰林学士不但享有俸禄，而且每次草诏还有稿费，宋人称之为"润笔"。沈括《梦溪笔谈》记载："凡草制，……皆有润笔物。太宗时，立润笔钱数，降诏刻石于舍人院。"不但有稿费，还设立了稿费标准。对写作者来说，有稿费当然是好事，不过王安石担任知制诰时，自命清高，写了一份报告，说要退回自己的稿费，却未获批准。王安石便将他的稿费吊在舍人院的屋梁上，表示拒领。

尽管圣旨属于"法人作品"，但按宋人惯例，其著作权归撰写的词臣本人，而不是归皇帝或舍人院、学士院。宋人编辑先人、老师或自己的文集时，也会将撰写的诏敕收录进来。所以，我们才会在欧阳修、司马光、王安石、苏轼等人的文集中读到许多篇以"朕"为口吻的文章。说到这里，忍不住想起前些天网络流传的一份网络写手合约，如果按这份合约，欧阳修等人若在某中文网站发表网络小说，则这些作品的著作权将属于该网站，欧阳修编自己的文集时，也不可以收入这些作品。

但在宋朝，皇帝也不能剥夺知制诰、翰林学士将自己所撰圣旨收入本人文集的著作权。宋朝词臣敢于拒绝草拟自己不认可的诏命，原因之一，也许就是因为他们起草的圣旨，最终总是要收入自己的文集，文责自负，荣辱与共。有一些骄傲的宋朝士大夫甚至很不喜欢自己撰写的诏敕草稿被人改动。

我觉得这体现了宋人对自己之文字著述的珍视，以及对他人之文字著述的尊重。从这份珍视与尊重，又生长出宋朝人的版权意识与版权保护立法。

没错，宋朝的文字创作者是有版权意识的。让我引述苏轼写给友人的一封信："某方病市人逐利，好刊某拙文，欲毁其板，矧欲更令人刊邪！当俟稍暇，尽取旧诗文，存其不甚恶者，为一集。"苏轼的意思是说：我好烦那帮书商，屡次盗版我的文章，真想将那些盗版书销毁掉。以后若有空闲，我想把旧诗文整理整理，选出过得去的诗文，结集出版。苏轼想销毁盗版书，便是版权意识的萌芽。

研究宋版书的学者会知道，宋版书通常都有"版权页"，印着出版方的"牌记"，这个"牌记"载有出版人、刻书人、出版日期等信息。有的版权页还特别印上"版权声明"，比如南宋绍熙年间，眉山程氏刻印的《东都事略》一书目录后便有一个长方牌记，上书"眉山程舍人宅刊行，已申上司，不得覆版"。所谓"已申上司，不得覆版"，就是"版权所有，翻印必究"的意思。

"已申上司"四字，还透露出宋代出版人可以向政府申请版权保护的信息。清代的大藏书家叶德辉说，"翻版有例禁，始于宋人"。换言之，正是从宋代开始出现了禁止盗版的版权保护法。

让我们再来看一个例子。

南宋祝太傅宅编印《方舆胜览》等书，便向政府提出版权保护申请："［这批书籍］系本宅贡士私自编辑，数载辛勤，今来雕版，所费浩瀚。窃恐书市嗜利之徒，辄将上件书版翻开，或改换名目，或以节略《舆地胜纪》等书为名，翻开搀夺，致本宅徒劳心力，枉费钱本，委实切害。照得雕书，合经使台申明，乞行约束，庶绝翻版之患。乞榜下衢、婺州雕书籍处，张挂晓示，如有此色，容本宅陈告，乞追人毁版，断治施行。"

接受申告的宋政府于是给祝太傅宅出具了反盗版禁令，并"张挂晓示，各令知悉，如有似此之人（指有盗版嫌疑之人），仰经所属陈告，追究毁版施行"。祝太傅宅将这一版权保护令附录进《方舆胜览》序文中，以警告盗版商。

宋朝有一部分书籍，版权是归朝廷独占的，如宋政府发布的法律，只能由政府部门刊印，民间不得私自印刷。根据绍圣年间的一道法令，民间学习法律的人，如果需要本朝法律汇编当教材，可以"召官委保"，向刑部提出申请并缴纳工本费，方可获得印好的法律书，"诈冒者论如盗印法"。这里的"盗印法"，应该便包含了反盗版的内容。

今人说起版权保护，一般都认为，18世纪初英国颁发的《安娜法令》是"世界上第一部版权法"。但是，我们翻看宋朝的历史，却明白无误地看到，宋代已经出现了保护版权的法令。

怎样的司法判决才让人心悦诚服？

司法的公信力，从某种意义上说，必定建立在一份份具体判决是否令人信服的基础之上。那么一份怎样的司法判决才让人心悦诚服呢？在说出我的答案之前，我想先讲一个记录在南宋《名公书判清明集》中的判例。

大约宋宁宗嘉定十二年（1219），有一名叫吴汝求的年轻人，到法院控告继母王氏侵吞了他父亲的财产。原来，这吴汝求的父亲叫吴和中，是一位贡士，家道也算殷实，只是结发妻子早逝，留下一子，即吴汝求。在儿子七岁时，吴和中娶了王氏为继室。老夫少妻，吴和中自然对王氏很是疼惜，并依着她的主意，购置了不少田产、房产，都以王氏奁产的名义立契。

嘉定九年（1216）九月，吴和中去世，未久王氏便带着她的全部奁产改嫁了他人。吴和中之子吴汝求，此时已长大成人，却是一个"狂荡弗检"之徒，不消几年，便将父亲留给他的财产挥霍殆尽，房产都卖光了，连个栖身之所都没有。吴汝求这才想起，继母王氏在父亲生前，多次教唆父亲以她的名义购置物业，父亲一死，她又很快将名下的财产全部带走，这分明是蓄谋已久要侵夺吴家的财产。因此，吴汝求将继母王氏告上了法庭。

如果你是这起诉讼案的法官，会如何裁决呢？

也许你会说，法律怎么规定就怎么判。按宋朝法律，妻子对自己名下的财产（法律上叫"奁产"）拥有独立的所有权与处分权，王氏改适他人，带走自己的全部财产，完全合法。原告吴汝求必败诉无疑。但是，这样的判决对吴汝求并不公道，因为王氏蓄谋侵占吴家财产也是事实。假如吴和中地下有知，一定悔不当初。

那如果法官同情吴汝求，判令王氏将吴和中生前以她名义购置的财产归还吴汝求，则是对法律条文的罔顾，也是对民间财产权的侵犯，因为王氏带走的田产、房产，契书上写的都是她的名字，非抢非偷，而这些契书都是吴和中生前心甘情愿立下的，你大宋的法律不打算承认契约吗？

也就是说，不管是法条主义的判决，还是弃法于不顾的判决，都无法折服人心。

在现实社会中，我们也确实可以看到一些司法判例，从法律适用的角度来看，似乎无可挑剔，但从情理的角度来看，又觉得它明显违背了人们的朴素情感与道德观念。比如一个人目睹母亲受到难以容忍的羞辱，激愤之下拔刀刺杀了辱母者，却被法院依法判处无期徒刑 [1]，我们会觉得这样的判决不合情理。

这个时候，我们应该重温传统中华法系的一个特点——在司法中比较注意对"情、理、法"三者的平衡考虑。所谓情，即人的道德情感、社会的风俗人情，其中包含了"习惯法"的精髓；理，即天理，类似于"自然法"的概念；法，即国法，是国家订立的"成文法"。一名出色的传统法官在仲裁一起诉讼案的时候，不会只简单地充当"法律的自动售货机"，而是要自觉地注意衡平天理、法意、人情，用宋朝法官胡颖的话来说："徇人情而违法意，不可也；守法意而拂人情，亦不可也。权衡于二者之间，使上不违于法意，下不拂于人情，则通行而无弊矣！"（《折狱龟鉴》）

我觉得，一道"理法两平""情法均衡"的司法判决，才能够让人心悦诚服，经得起时间与公众的考验。

《名公书判清明集》载有一个判例。有李五三兄弟，借了别人家一笔钱，但因为"素无生业"，穷得连饭都吃不饱，债务也就一直未能偿还。债主讨不回债务，便将李五三兄弟告上法庭。按照宋代的债法，只要债权人告到了法院，并提供确凿的证据指证债务人欠债，官府便可以强制要求债务人清偿，并处"杖一百"的处罚。官府即勒令李五三兄弟限期还钱。这在法理上是没有问题，欠债还钱，天经地义。但李五三兄弟实在太穷，"更无一钱以偿之，啼饥号寒，死已无日，纵使有欠负，亦已无可责偿"。

---

1 此处指 2017 年 2 月 17 日，山东省聊城市中级人民法院一审以故意伤害罪判处"刺死辱母者"的于欢无期徒刑。

最后，法官胡颖作出判决："债负违契不偿，官为追理，罪止杖一百"，但李五三兄弟"形容憔悴如此"，如何有可能还钱？官府"合免监理"，即终止执行清偿债务的强制措施；法律规定的杖责"亦岂可复施"？只能赦免，并"仍各于济贫米内支米一斗发遣"，让李五三兄弟分别领了一斗救济粮，打发回家了。

胡颖的判决可以说是"屈公法而徇人情"，但没有人觉得判决不当、不公，而是被当成"情法均衡"的典范判例。显然，胡颖并没有严格按照现行成文法条进行机械性的判决，而是根据他对"法意"的理解、对"人情"的参酌，提出了更加合乎情理的裁断，从而弥补了立法的不近人情之处。

而"吴汝求诉继母案"的裁决，更是展示了宋代法官衡平情、理、法的高超技艺。现在我们将这一诉讼案的仲裁结果补述出来。

受理此案的法官叫天水。他查明，王氏鼓动丈夫吴和中以她名义购置的物业有四十七种，王氏的用心如何确实令人生疑，但司法讲的是证据，"索出契照，既作王氏名成契，尚复何说？""据条任理"，法官只能裁断这些财产归王氏合法拥有。这是对法律与契约的尊重。但如果仅仅这么判，跟法条主义的机械司法又有什么区别？

宋朝名公裁决一宗案子，讲究的是"揆之条法，酌之人情"，衡平考虑情、理、法，以求作出的司法判决既合乎法意，又不违情理。因此，天水法官又补充了判决："王氏改适既得其所，吴汝求一身无归，亦为可念"；"请王氏以前夫为念，将所置到刘县尉屋子业与吴汝求居住，仍仰吴汝求不得典卖，庶几夫妇、子母之间不至断绝，生者既得相安，死者亦有以自慰于地下矣"。

法官请求王氏，将吴和中生前给她购置的其中一份物业给予吴汝求居住，但所有权仍归王氏，吴汝求不得典卖物业。如此，王氏的财产权依法得到保护，而子母的情分也得以兼顾。这一判决所展示出来的传统司法理念与仲裁技艺，纵是千载之下，也未为过时。

　　我们读《名公书判清明集》记载的判例，完全有理由说，宋朝法官更像是英伦普通法体系中的法官。他们在审判微小刑事案与民事诉讼的时候，掌握有充分的自由裁量权，可以根据自己的良心与法学知识，以及对于习惯法、自然法、成文法的衡平考虑，作出有说服力的判决。

附录

"武大郎与潘金莲"的所谓真相

我曾以《水浒传》里的潘金莲与西门庆故事为引子,写了几篇介绍宋代司法制度的小文章(均收入本书)。结果不少网友在文章下面留言:"真实历史不是这样的,历史上武大郎和潘金莲很恩爱,并且武大郎不是做烧饼的。""请多看历史、少读小说。""稍微看过历史的就不应该这么写武大郎和潘金莲,武大是县令,潘是大家闺秀。"

大谈所谓"武大郎和潘金莲真相"的网络文章非常多,随便一搜就是一大堆。这些网文都言之凿凿地说,武大郎姓武名植,河北清河人,明代进士,曾任山东阳谷县令,为官清正廉明。潘金莲是贝州潘知州的千金小姐,知书达理,和武大郎夫妻恩爱,白头偕老。

那么潘金莲与西门庆通奸的故事又是从哪里来的呢?网络地摊文煞有介事地"考证"说,原来武植有个好友,叫黄堂。

武植当上阳谷县令后，黄堂前往投奔武植，希望谋个一官半职。但武植只是好酒好菜招待，始终没有提携他。黄堂很是不满，于是不辞而别，回乡路上，四处散布武植妻子潘金莲与西门庆通奸的谣言。结果谣言传遍相邻州县的街头巷尾，施耐庵也听说了，信以为真，便写入他的《水浒传》。

稍为"严谨"一点的网文，则会先标明"据《清河县志》的记载"，然后才写道，"武大郎原名武植，幼时唤作大郎，少时聪慧，家贫，中年中进士，做了山东阳谷县的知县，相貌不俗，身材高大，为官清廉，为民除恶，乡民送万民伞。武、潘共育四子，后世子孙徙至武家那村，半数姓武"。

这些网文所谓的"武大郎和潘金莲真相"，源头来自河北清河县武家那村的民间传说。

武家那村，原叫孔宋庄，后来才改名。这个村庄的武姓族人一直坚信他们是武大郎的后裔，他们的先祖武植于明朝永乐年间从山西洪洞县老槐树下迁来河北清河县。在距武家那村约两公里的地方，还有一个黄金庄，庄中有潘姓人，他们则认为自己是潘金莲娘家人的后代。由于潘家与武家都相信"两姓是老亲"，"多年以来，武、潘两家不结儿女亲。过去，黄金庄有集市，武家人到黄金庄赶集，潘家人不收武家人的税钱"。

武家那村里有一个武植墓，现在列为河北省清河县的文化景点，据称以前是古墓，但网文关于"武植古墓"的记述非常混乱，发掘时间有的说是1946年，有的说是1992年，有的说是1994年。

现在游客看到的武植墓，是1990年代新修的，墓前石碑有碑文曰："武公，讳植字田岭，童时谓大郎，暮年尊曰四老。公

312　　　　　　　　　　　大宋之法

之夫人潘氏，名门淑媛。公先祖居晋阳郡，系殷武丁裔胄，后徙清河县孔宋庄定居。公幼年殁父，与母相依，衣食难济。少时聪敏，崇文尚武，尤喜诗书。中年举进士，官拜七品，兴利除弊，清廉公明，乡民聚万民伞敬之。然悠悠岁月，历历沧桑，名节无端诋毁，古墓横遭数劫，令良士贤妇饮恨九泉，痛惜斯哉。今修葺墓室，清源正名，告慰武公，以示后人。是为铭记焉。"

许多网文都以为这则碑文是从"武植古墓"出土的，拿来作为"武大郎和潘金莲真相"的佐证。其实，碑文是今人重修武植墓时所撰写。武植墓并没有出土碑志、谱牌，也没有任何出土文物与文献史料可以证实当地关于武植的传说。

那么《清河县志》关于武大郎与潘金莲的记载又是怎么回事？据新编《清河县志》主编沈世远先生的说法，"《清河县志》自明朝嘉靖二十九年首次修志以来，先后七次重修，但都没有关于武潘的任何记载。鉴于民间言传的原因，新编《清河县志》第二十二编'文化'条目里，以民间文学的形式收录了《武大郎与潘金莲》"。请注意，历代《清河县志》都没有记载武植的姓名与事迹，只是今人新编县志，才以"民间文学的形式"收录了武植的故事。在方志中收入民间传说，绝不是可取的修史态度，很容易误导人，不明就里的作者往往会将民间传说当成严肃的文献记载来使用。

沈世远先生又自述，为了求证武植任阳谷知县一说，他"曾经先后两次前往阳谷县，求证此事的真假。翻看《阳谷县志》，县志内记载的从宋朝到明朝的官吏，均无武姓者，就是吴姓的官吏也没有一个"。

到目前为止，关于武植是明代阳谷知县、潘金莲为贝州潘知州千金小姐的所谓"历史真相"，还没有任何文献史料与出土文物可以提供佐证，只是清河县潘氏家谱与武氏家谱有记录，黄金庄与武家那村一带有民间传说流传，但它们完全不值得历史研究者采信。

至于那个讲述黄堂造谣陷害武植与潘金莲的故事，其本身更像捏造出来的谣言，破绽百出：

其一，按那个故事所说，黄堂从山东阳谷县回河北清河县，一路散布潘金莲的谣言，传入相邻州县，被施耐庵听到了。但施耐庵一直生活在江浙，在通信技术极不发达的明代，无法想象一个小小县令的家庭八卦居然能够从河北传到江浙。

其二，就算黄堂传谣的本事太厉害了，真的将谣言传到江浙一带，但施耐庵也绝无可能听到，因为所谓的"武大郎真相"称武植是永乐年间的官员，据此可推知，黄堂传谣的时间也必定是在永乐年间，但施耐庵早在洪武初年便去世了。

其三，《水浒传》其实并不是施耐庵凭空创作出来的，自南宋以来，民间便有水浒故事流传，元杂剧中便有不少"水浒戏"，其中有一出《双献头武松大报仇》，讲的就是"武松杀嫂"的故事。《水浒传》的相关情节显然从元代"水浒戏"发展而来，跟明代的什么武植、黄堂（假如确有这么两个人的话）毫无关系。

可笑的是，据说 2009 年，曾有施耐庵的后人专程跑到清河县武大郎祠堂，代表先人向武氏后人道歉。

类似的闹剧，旧时也发生过。明末清初之时，山东阳谷县有座古墓，"俗呼西门冢"，当时大族潘吴二姓，坚持认为自己就是西门庆嫡室吴氏、妾潘氏的母系后裔。

话说清康熙年间，有一回阳谷县演社戏，应吴姓族人的要求，戏班子演了一段《水浒记》，大概就是"武松杀嫂"的故事吧。反正潘姓人看后非常生气，"谓辱其姑，聚众大哄，互控于县令"。县令接到这样的诉状后，忍不住大笑，"各扑一二人，荷校通衢"，双方各打五十大板，带枷游行。

这是一个真实的故事，清初大文人王士禛的侄子到阳谷县办事，亲眼见到这宗官司，回家后便告诉了王士禛，后来王士禛将它写入了《香祖笔记》。

依我看来，武大郎也好，潘金莲也好，都是"民间传说＋文人杜撰"而产生出来的文学形象，历史上未必真有这么一号人物。

当然，也许清河县武家那村的武姓家族确实有一位先祖叫武植，真的是明代的进士，担任过阳谷知县，但他跟《水浒传》里的武大郎未必有什么关系，可能仅仅是同名同姓而已。

你听到的对包拯的称呼，几乎都是错的

"开封有个包青天，铁面无私辨忠奸，江湖豪杰来相助，王朝和马汉在身边……"这首歌说的是北宋开封府知府包拯。哦，不对，是包公戏里的"包青天"。这"包青天"可跟历史上的包拯毫无关系，甚至可以说，从元朝开始的所有包公戏，除了包拯的名字是真的之外，其他的都是假的，包括包拯的相貌、经历、审案故事、司法程序，全都是元明清时期的民间三流文人捏造、虚构的。

不独如此，包公戏里对包拯的各种称谓，比如"包青天""包大人""包相爷""包文正""包黑子"等，差不多也都是后世文人编造出来的，而且编得比较蹩脚，完全不合宋朝历史。

包青天

几乎所有的包公戏都将包拯称为"包青天"，但宋人似乎并没有将清官叫成"青天"的习惯，检索宋代史料，我没有找到宋朝称官员为"青天"的记录（或许是我孤陋寡闻，各位若见过宋人称"青天"的史料，还请相告），倒是宋话本小说《错斩崔宁》中有一段描述："那小娘子正待分说，只见几家邻舍，一齐跪上去告道：'相公的言语，委是青天！'"这里的"青天"，算是"青天大老爷"的意思。但《错斩崔宁》为元明人辑录整理，加入了元明人的说话习惯，我们无从判断宋人是否也这么说。

有一点可以肯定，"青天"的呼谓是明清时期才流行起来的，其时一位官员若秉公执法，往往就会被民间尊称为"青天"。来看几个例子。晚明公案小说《律条公案》："次年二月，马鸣亮为河南代巡，法令甚是威严，折狱甚是明白，人民无不悦服，皆号为马青天。"清人笔记《郎潜纪闻二笔》："魏青天者，广昌魏少宰定国，知湖广应城县时，楚民争称之者也。公善决狱，惠政入人心，邻县讼者咸赴诉，上官亦知之。"

这个时期，包公题材的小说、笔记也普遍出现了"包青天"的称谓，如清代小说《海国春秋》："当年百姓无奈，俱奔开封龙图包青天跟前告状。"明清时期流传的《靖江宝卷》唱词："我不上他家去，我这次要上大忠臣包青天包大人家去要账。"但宋朝人不会将包拯叫成"包青天"。

包大人

"包大人"也是包公戏中十分常见的对于包拯的称呼，如上引《靖江宝卷》唱词就称包拯为"包大人"。但这不过是明清文人将本朝流行的称谓套到宋朝人身上罢了，因为宋朝百姓见官，或者下属见上司，并无当面称对方为"大人"的习惯。

清代学者赵翼曾考据过，"大人"之称，"南宋时尚专属子之称父，而不以称贵官。觌面称大人，则始于元、明耳"。宋人笔记《鸡肋编》载："世惟子称父为大人，若施之于他，则众骇笑之矣。"宋朝人若称包拯为"包大人"，是会被人取笑的，因为"大人"只用来称呼父亲。见官称"大人"之风，是从元朝开始的，明清相沿，到了赵翼生活的年代，"大人"之称已经泛滥，京朝官、巡按、督抚都被称"大人"。

元朝之前，当然也有以"大人"指称官员的语言习惯，如《后汉书·岑彭传》："韩歆，南阳大人。注：谓大家豪右也。"但这里的"大人"只是第三人称，跟当面称"大人"的第二人称并非同一回事，用赵翼的话来说，"唐以前称贵官为大人者，乃从旁指目之词，而非觌面相呼也"。

那么宋朝人见官怎么称呼呢？赵翼考证说："考唐宋以来，仕宦相呼敌以下或称字，尊长称丈，公卿贵官则称其官位。"意思是说，对方若为平辈或以下，则称其字；对方为尊长，则称"丈"；对方为公卿贵官，则称其官位。

包相爷

明清时期的包公戏、包公案小说还将包拯称为"相爷"，如清代公案小说《三侠五义》："忽见门上进来，禀道：'今有开封府包相爷差人到了。'县尹不知何事，一面吩咐：'快请。'"相爷是对宰相的尊称，而包拯只当过权知开封府、权御史中丞、三司使、枢密副使等职务，从未当过宰相。他担任过的最高职务只是枢密副使，顶多算是副国级干部，称其为"包相爷"是不合适的。

包文正

在《靖江宝卷》《聊斋俚曲集》《三侠五义》《呼家将》等明清戏曲与小说中，包拯又被称为"包文正"。如清代小说《说呼全传》："仁宗即召八王同包文正到官，便道："庞妃朕已赐死，庞集革除其职，今但召呼家将到来，应卿等保奏，朕好降旨加恩。"《靖江宝卷》："仁宗大发雷霆，拍动震山河：'大胆包文正，你胆有天大，竟敢陷害皇亲国戚，国法难容。'"这里的"文正"是谥号，但包拯的谥号并不是"文正"，而是"孝肃"。《靖江宝卷》称活着的包拯为"文正"，更是荒唐。

补充说明一下：在宋人的观念中，"文正"为"谥之至美，无以复加"。既然是至美至荣之谥，当然不可以轻易与人。北宋一百余年，能获得"文正"之谥的士大夫，屈指可数。只有士人典范中的典范，才可以得到"文正"的赐谥，比如范仲淹。以包拯的政声、成就，还不够资格。显然，"文正"只是民间文人赠送给包公的溢美性质的私谥。

包黑子

一些明清小说又将包拯叫成"包黑子"，如清代小说《狄青演义》："君王闻奏，看看两班文武，不知又是哪人动了包黑子之怒。有几位不法奸臣，都是面面相觑。"《三侠五义》："庞昱道：'包黑子乃吾父门生，谅不敢不回避我。'"之所以将包拯称为"包黑子"，是因为传说中包拯面如黑炭。请注意我们用了"传说中"的修饰语，因为真实的包拯貌如常人，并无什么异常之处，史料从未说过包拯"脸像焦炭漆黑"。

倒是清代有一位在包拯故里庐州当知州的学者张祥云，看了庐州包公祠供奉的包拯像，曾说道："公肖像满天下，向时所见，皆棱角峭厉，使人汗骇僵走，不敢仰视。今奉命守庐，拜公于香花墩上，岳岳怀方，和蔼溢于眉睫，无外间妄塑非常状，甚矣人之好怪也！"可见包拯相貌并无"非常状"。

故宫南薰殿旧藏历代名臣画像中，也有一幅包拯画像，绘出的包拯形象长得浓眉大耳，面目慈祥，与一般士大夫没什么不同。南薰殿旧藏包拯画像绘制年代相当早，很可能是从宋代传下来的，显然是我们了解包公相貌最可靠的图像史料。

包公

称包拯为"包公"，倒不能说错，因为宋人确实习惯将具有较高社会地位的男性尊称为"公"。不过，"公"一般为第三人称，且通常用于称呼逝者，因此在墓志铭中，特别容易找到"公"的称谓。

"包公"一称，也见诸宋朝文献。宋人笔记《邵氏闻见前录》载，章惇少年时，"私族父之妾，为人所掩，逾垣而出，误践街中一妪，为妪所讼。时包公知开封府，不复深究，赎铜而已"。不过，此时"包公"并不是包拯的专称，只要是姓包，又有点社会地位，都可以被称为"包公"。所以我们会看到，包拯的子孙也被叫"包公"，如包拯次子包绶的《墓志铭》，碑额阴刻篆书:"宋朝奉郎包公墓志铭";包拯孙子包永年《墓志铭》,碑额阴刻篆书:"宋宣教郎包公墓铭"。另外,由于"公"通常是对逝者的尊称,包拯当开封府知府时,恐怕不会有人以"包公"相称。

包龙图

有时候,包拯也被称为"包龙图",如明代话本小说《初刻拍案惊奇》:"现今开封府府尹是包龙图相公,十分聪察。"有一则网文解释说:"宋仁宗绘了幅包拯半身像赐予包拯,因皇帝自命为真龙天子,故而仁宗皇帝绘的图画便称为'龙图'。龙图不是可以随便乱挂的,仁宗就给包拯赐造一座楼阁,专供张挂龙图之用,称'龙图阁',也作为包拯的官府。自此,'龙图阁'就正式作为一种官的名称,包拯也就叫'包龙图'了。"这当然是可笑的胡说八道。

包拯之所以有"包龙图"之称,是因为他曾被授予"龙图阁直学士"的职称。龙图阁为皇家图书馆之一,设学士一员,直学士七员,待制三员,直龙图阁五员,这叫"馆职",主要用来优待文学之士,以彰显其学术地位,好比现在的官员,如果带上客座教授、博士生导师、研究员之类的学术头衔,便可以显得很有学问。不过领有"龙图阁直学士"馆职的包拯却不可简称为"龙图",非要简称,也是简略为"包直学士"。

还有些戏文将包拯的馆职说成是"龙图阁大学士",如京剧《铡美案》唱词:"老夫,包拯,宋室驾前为臣,官拜龙图阁大学士,兼理开封府府尹。"但宋代从没有什么"龙图阁大学士",

这可能是创作戏剧的草野文人将宋代馆职误会成明清时期的"殿阁大学士"了。

包待制

戏曲小说关于包拯的所有称谓当中，可能只有一个是准确的，那便是"包待制"。如罗贯中《三遂平妖传》："这官人正是开封府包待制。这包待制自从治了开封府，那一府百姓无不喜欢。"待制，跟直学士一样，也是馆职。包拯领"龙图阁直学士"职之前，曾被任命为"天章阁待制"，待制的地位在直学士之下。从待制到直学士，有点像从副教授升为正教授。

既然包拯曾领"天章阁待制"之职，那么称他为"包待制"便是恰如其分的。宋朝人也是这么称呼他的。《宋史·包拯传》载，包拯权知开封府时，因为"立朝刚毅，贵戚宦官为之敛手，闻者皆惮之"，"童稚妇女，亦知其名，呼曰'包待制'。京师为之语曰：'关节不到，有阎罗包老'"。

但是，"包待制"这个准确的称谓却流传不广，只在一部分元杂剧与元明小说中见到。而那些谬误的称呼，却是广为流传，误人至深。

一頁 folio

始于一页，抵达世界

Humanities · History · Literature · Arts

出品人　范　新

品牌总监　恰　恰

版权总监　吴攀君

印制总监　刘玲玲

营销总监　张　延

装帧设计　陈威伸

内文制作　燕　红

Folio (Beijing) Culture & Media Co., Ltd.
Bldg. 16C, Jingyuan Art Center,
Chaoyang, Beijing, China 100124

一頁 folio
微信公众号

官方微博：@一頁 folio　|　官方豆瓣：一頁 folio　|　联系我们：rights@foliobook.com.cn